U0920876

中国统计出版社
China Statistics Press

图书在版编目（CIP）数据

鄂尔多斯统计年鉴. 2014 / 鄂尔多斯市统计局编.
— 北京 : 中国统计出版社, 2014.10
ISBN 978-7-5037-7318-1

Ⅰ. ①鄂…
Ⅱ. ①鄂…
Ⅲ. ①统计资料—鄂尔多斯市—2014—年鉴
Ⅳ. ①C832.263-54

中国版本图书馆CIP数据核字（2014）第227642号

鄂尔多斯统计年鉴-2014

作　　者	鄂尔多斯市统计局
责任编辑	陈越月
责任校对	班慧丽　郝东娜　王　蕾
装帧设计	内蒙古翰墨传媒（0477）8345975
出版发行	中国统计出版社
邮政编码	100073
地　　址	北京市丰台区西三环南路甲6号
电　　话	邮购（010）63376909　书店（010）68783171
网　　址	http://csp.stats.gov.cn
印　　刷	鄂尔多斯市桥头堡印刷有限责任公司（0477）8321097
经　　销	新华书店
开　　本	880mm × 1230mm　1/16
字　　数	634千字
印　　张	25
印　　数	1-800册
版　　别	2014年10月第1版
版　　次	2014年10月第1次印刷
书　　号	ISBN 978-7-5037-7318-1
定　　价	280元

如有印装差错，由本社发行部调换。

六、固定资产投资

七、工业企业能源购进、消费及库存

八、财　政

九、物价指数

十、人民生活

十一、城镇概况

十二、农牧业

十三、工　业

十四、建筑业

十五、交通运输和邮电

十六、国内贸易

十七、对外经济贸易和旅游

十八、金融和保险

十九、教育、科技和文化

二十、体育、卫生、社会福利、环境保护和其他

二十一、旗县(区)资料

二十二、盟市资料

鄂尔多斯2014统计年鉴

第一部分

特 载

在市委三届五次全委会议暨全市经济工作会议上的讲话

白玉刚

（2014年7月24日）

同志们：

这次会议的主要任务是，深入学习贯彻习近平总书记考察内蒙古重要讲话精神，全面落实自治区“8337”发展思路、自治区党委九届十一次全委(扩大)会议精神，分析当前形势，明确今后一个时期全市经济社会发展总的要求和重点工作任务，动员各族干部群众凝心聚力、转型发展、创新创业、再铸辉煌，把鄂尔多斯建成祖国北疆亮丽风景线上的璀璨明珠。

今年年初，习近平总书记考察内蒙古，对内蒙古发展提出殷切希望和具体要求。前不久，自治区党委召开九届十一次全委(扩大)会议，审议通过了《关于深入学习贯彻习近平总书记考察内蒙古重要讲话精神的决定》(内党发〔2014〕12号)。王君书记在讲话中强调指出，总书记考察内蒙古时的重要讲话，是自治区改革开放和现代化建设的根本指针，要牢固树立持续发展、转型发展、协调发展、和谐发展的理念，努力建设经济发展、民族团结、文化繁荣、边疆安宁、生态文明、各族人民幸福生活六道亮丽风景线，开创自治区各项事业发展新局面。王君书记考察我市时，要求我们坚定信心锐意进取，真抓实干再创辉煌，为建设祖国北疆亮丽风景线作出新的更大贡献。

深入学习贯彻总书记考察内蒙古重要讲话、自治区党委九届十一次全委(扩大)会议精神和王君书记考察我市时的指示精神，要求我们牢记总书记“守望相助”的殷切期望，守好鄂尔多斯发展成果，守好鄂尔多斯人的精神家园；要求我们全面落实总书记着力转变经济发展方式、实现资源转化增值的要求，跳出鄂尔多斯看鄂尔多斯，用世界眼光和大局意识把握大势、谋划事业，推动鄂尔多斯实现转型发展；要求我们按照总书记“各族人民拧成一股绳，共同守卫祖国北疆、共同创造美好生活”的要求，凝心聚力、创新创业，顺应人民群众过上更好生活新期待，再铸鄂尔多斯发展新辉煌；要求我们按照总书记“把祖国北部边疆这道风景线打造得更加亮丽”和自治区建设六道亮丽风景线的目标，努力把我市建成祖国北疆亮丽风景线上更加璀璨的明珠。

“凝心聚力、转型发展、创新创业、再铸辉煌，把鄂尔多斯建成祖国北疆亮丽风景线上的璀璨明珠”，是鄂尔多斯当前和今后一个时期经济社会发展的总要求。凝心聚力是基础，只有坚定信心，凝识凝心、聚信聚力，才能再创发展新优势；转型发展是核心，只有加快推动产业、城市、生态、社会和人的思想观念全面转型，才能增创新活力、实现新跨越；创新创业是保障，只有着力提高创新创业能力，才能促进经济增长由主要依靠资源和劳动力支撑向主要靠创新驱动转变，真正形成地区核心竞争力；再铸辉煌是目标，只有接好鄂尔多斯改革发展的接力棒，动员各族干部群众在新的历史起点上再次创业，才能续写鄂尔多斯辉煌发展的新篇章。全市各级党组织要动员广大党员干部，团结带领各族群众，以此总要求为统领，振奋精神、奋力攻坚，开创鄂尔多斯经济社会转型发展新局面。

一、顺应发展大势，在新起点上谋划和推动鄂尔多斯转型发展

经过近年来的快速发展，我市已从低基数上的高增长转入平稳增长阶段，正处于爬坡过坎攻坚期、产业结构优化期、改革创新关键期。转型发展，成为破解发展难题，实现持续协调和谐发展的根本途径。

第一，转型发展是因应形势变化的必然选择。当前，全国正处于经济增速换档期、结构调整阵痛期，经济增长将保持在合理区间，原煤价格、销量回归平位运行，成为市场运行新常态。推进能源消费、供给、技术、体制革命，着力节能减排，提高能源综合利用效率，成为宏观调控大趋势。作为以煤炭工业为支撑的资源型城市，市场倒逼我们必须加快转变挖煤卖煤的粗放发展方式，政策要求我们必须着力调整产业结构，否则前行的路子将越走越窄。我们必须因势而动、顺势而为，加快转型发展，实现更高质量、更高效益、更可持续发展。

第二，转型发展是破解发展难题的根本出路。改革开放特别是西部大开发十多年来，鄂尔多斯经济社会快速发展，成为自治区的重要一极。但从总体上看，我市依然是一个欠发达地区，经济社会发展中存在亟待解决的矛盾和问题。从产业发展来看，一产总量小，三产支撑作用不强，二产内部煤炭产业比重过大，天然气、化工、电力等煤炭转化工业尚处成长阶段，产业结构不合理；以煤为基的多元转化尚未形成长产业链条，装备制造、高新技术等产业远未形成规模效益，链条短、层次低、初级化的局面还没有根本改观；科技、人才支撑不力，工业信息化程度不高，创新驱动内生动力不足；新型工业化总体上处于初级阶段。从新型城镇化建设来看，城镇规模扩张，承载能力增强，但城镇基础设施尚不配套、不贯通，满足城镇居民需求的基本服务体系还没有建立起来，以人为本、科学规范的城镇管理能力和水平还需进一步提升，城乡发展差距大，农村牧区基础设施落后，新型城镇化总体上处于起步阶段。从保障和改善民生来看，文化、教育、医疗、体育等社会事业的硬件条件较高与服务利用水平不高矛盾突出；农村牧区公共服务水平差，民生政策的普惠性、兜底性融合不够，全市还有9.7万人生活在贫困线以下；统筹解决政府性债务、民间借贷、房地产等突出矛盾问题任务艰巨，民生工作整体上处于兜底保障阶段。从生态文明建设来看，生态建设成效显著，但政府引导、产业拉动、企业带动、全民参与的生态建设体制机制还没有真正形成，环境保护、可持续发展面临挑战，生态文明制度建设还有很大差距。从治理体系和治理能力建设来看，政府、企业和个人不同程度存在对市场经济规律研究不够、把握不准的问题，部分干部群众的发展信心、改革创新精神、再次创业的劲头不足，各级党委、政府统筹推进经济、政治、文化、社会、生态文明和党的建设能力需要进一步加强。破解上述矛盾和问题，根本出路在于转变发展方式，尽快实现转型发展。

第三，鄂尔多斯转型发展正当其时。支撑转型发展有坚实的经济基础。“十二五”以来，全市累计完成工业固定资产投资4760亿元，其中非煤产业占75%。引进实施亿元以上项目279项，投资规模达到8810亿元，这些项目有的已建成投产，大部分项目将在今后几年内投产达效，转型发展迈出实质步伐，产业发展的接续能力进一步增强，经济发展的后劲充足。引领转型发展有良好的社会基础。一大批在市场竞争中勇立潮头、理性成熟的企业和企业家队伍，是鄂尔多斯转型发展的宝贵财富；一大批在市场洗礼中勤于实践、创业不止的广大群众，是推动转型发展的根本力量；一大批敢于担当、攻坚克难的干部队伍，是转型发展的重要组织者、推动者。推动转型发展有广泛的思想基础。全市广大干部群众对解决当前困难问题有真切期盼，对实现更好发展有强烈愿望，对生活更加幸福有美好愿景，共同推进转型发展的思路正在打开、共识正在凝聚，这必将激发出推动转型发展的巨大力量。加快转型发展有难得的政策机遇。中央和自治区围绕加快转变经济发展方式、全面深化改革、推进创新驱动，制定出台一系列政策措施，为我们提供了巨大的政策机遇。国家实施科技创新、能源革命、大气污染治理，市场对清洁能源、新型煤化工产品、高新技术产品的旺盛需求，为我们提供了良好的市场机遇。我市被国家发改委列为资源型经济创新发展综合改革试点，标志着鄂尔多斯转型发展上升到国家战略层面，转型发展有了更为明确的方向和更有力的政策支撑。

综上所述，鄂尔多斯转型发展是大势所趋，是经济规律使然，是全市人民期盼，等不得、慢不得。早转，早见效，早主动；慢转，积累的问题会越多，后续发展会更加被动。全市上下一定要清醒认识转型发展对鄂尔多斯可持续发展的重要性、紧迫性，准确把握地区发展阶段性特征，真正把转型发展内化于心、外化于行，推动经济建设由速度增长型向质量效益型转变，文化建设由资源优势型向综合优势型转变，社会建设由基本公共服务不均衡型向均等化服务转变，城乡发展由二元型向一体化转变，生态文明建设与经济社会发展由分割型向融入型转变。

到2017年，力争转型发展取得实质性成果，煤炭就地转化率达到40%左右，非煤产业增加值占工业增加值的比重达到50%左右，工业实力和效益进一步提升，现代服务业比重明显提高，一产支撑农牧民增收作用显著增强，可持续发展的产业结构基本形成；经济社会发展中突出问题得到有效化解，城乡居民收入水平、基本公共服务均等化水平位居自治区前列，地区综合实力稳中有升，成为祖国北疆亮丽风景线上经济发展质量效益更好、民族更加团结、文化更加繁荣、社会更加和谐、生态更加文明、各族人民生活更加幸福的璀璨明珠。再经过两年努力，到2019年率先在自治区全面建成小康社会，再铸鄂尔多斯发展新辉煌。

二、牢牢把握转型发展工作重点，在关键领域和关键环节取得重大突破

加快经济社会转型发展是重大而紧迫的战略任务，既要统筹兼顾、全面推进，也要突出重点、抓住关键、率先突破。

（一）*着力推动工业转型发展，夯实强市基础。*工业是鄂尔多斯的强市基础，也是支撑持续发展的根本动力。抓住了工业，就抓住了全市转型发展的牛鼻子。要尽快制定新型工业化发展规划，突出市场需求和水、环境容量、自主核心技术、人才等要素导向，指导工业产业有序、可持续发展，推进传统产业新型化、新兴产业规模化、支柱产业多元化，培育新的经济增长点。

第一，延长链条、转化增值，全力推进资源型产业转型发展。资源型产业是鄂尔多斯工业发展的基本优势，要牢牢抓住延长产业链条这一根本抓手，更好实现资源转化增值。

以煤为基、多元转化，建设国家清洁能源输出主力基地、现代煤化工生产示范基地、铝循环产业基地。一是着力推进煤炭产业洁净化发展。推进煤炭资源整合和企业兼并重组，重点建设大型、特大型安全高效矿井，平均开发规模达到300万吨以上。加强煤炭洗选配一体化建设，建立质量标准体系，打造“鄂尔多斯煤”国优品牌。到2017年采掘机械化程度、回采率、洗选率分别提高到95%、80%和95%以上。二是着力推进电力产业绿色化发展。依托蒙西—天津南、上海庙—山东等特高压输电通道，加快建设一批大型坑口电站和低热值煤电厂；积极推进蒙西—武汉、蒙西—长沙电力通道前期工作。到2017年，全市电力装机突破3000万千瓦。三是着力推进天然气行业规模化发展。加强常规天然气采气能力建设，推进天然气加工生产规模化；加快重大煤制气项目建设，同步推进天然气和煤制气输送管道建设。到2017年达到300亿立方米常规天然气、近300亿立方米煤制气产能，建成国家天然气输出主力基地。四是着力推进煤化工产业现代化发展。大力推进神华煤直接液化第二、三条生产线和伊泰200万吨煤间接液化等重大项目建设，创造条件进一步扩大煤制油生产能力；紧盯市场需求变化，构建从基础化学品开始，向下游衍生扩展的煤制烯烃及烯烃下游深加工产品链、乙二醇－芳烃－聚酯产品链、甲醇延伸加工产品链、煤制气和煤液化副产品及油品深加工产品链，促进产业高端化、产品终端化。到2017年,全市煤化工产能突破2000万吨。五是着力推进煤电铝一体化发展。依托高铝粉煤灰资源,努力构建煤—电—粉煤灰—氧化铝—铝及铝后加工循环发展模式,力争到2017年左右形成300万吨粉煤灰提取氧化铝、150万吨铝产品深加工生产能力。

以市场需求为导向,做优做强非煤资源型产业。依托我市丰富的非煤矿产资源,同步提高非煤资源综合开发利用水平,加快形成新的产业竞争优势。大力发展建筑用瓷、高档生活用瓷和礼品用瓷,把鄂尔多斯建成中高档陶瓷加工生产基地。依托国家对新能源的战略支持,建设风能、太阳能发电基地。稳步发展PVC、PVA产业,延伸产业链条,提高产品附加值。创造条件启动开发煤层气、页岩气等非常规天然气资源。

第二,以集群化建设为抓手,推动装备制造、高新技术产业规模发展。我市装备制造、高新技术产业已经迈出坚实步伐,要着力推进集群化、规模化发展,提升装备制造、高新技术产业在经济中的比例和贡献。在全国市场分工布局中找机遇,加速引进汽车零部件配套产业项目,推进整车生产规模发展。在自身主导产业配套上做文章,大力发展煤机、化机和电力装备等制造项目,积极培育"再制造"产业,建设西部装备制造基地。制定产业引导政策,围绕大项目、大企业,加快引进培育一批"专、精、特、新"配套加工项目和提供更多就业岗位的中小型企业,着力打造产业配套、产品对接、优势互补的产业集群。在战略性新兴产业发展上抢先机,加快发展以互联网为基础的高新技术产业,加强信息基础设施建设,加大对电子信息、高新技术等产业项目的招引力度,积极引进新能源汽车、机器人制造项目,加快能源硅谷大数据产业和重点项目建设,打造销售收入过千亿元的战略性新兴产业。

*(二)突出配套发展、融合发展,强化现代服务业在转型发展中的支撑作用。*现代服务业是我市的"短板",同时发展潜力和空间巨大。加快现代服务业发展,关键是加快发展为一、二产业配套的生产性服务业,均衡发展生活性服务业,促进三产内部各产业融合发展,使现代服务业成为转型发展的重要支撑。到2017年,力争服务业增加值突破2000亿元。重点围绕以下产业尽快突破。

第一,打造鄂尔多斯旅游品牌,建设我国休闲度假旅游目的地。旅游业对聚人气、扩就业、活市场、保增长、树形象具有极其独特、不可替代的作用,是鄂尔多斯极具优势的强劲产业。在发展理念上,要面向全国市场,开拓国际市场,从领略自然风光向文化体验和休闲度假转变,把一切为游客服务的理念真正变成旅游工作的具体行动。在工作重点上,一是对内建立旅游联盟,打破区域、部门分割,打通"吃、住、行、游、购、娱"需求链条所有环节,实现各地区、各部门、各环节的密切协作,为游客提供"一卡通"式服务。二是对外与全国各大旅游城市和景区结盟,开拓游客来源地市场,促进互联互通,实现互利共赢。三是市、旗两级联手,突出打造重点旅游景区、重点旅行社和重点餐饮住宿交通服务综合配套型精品路线,配套开发城市旅游、工业旅游、现代农牧业旅游产品,制定全旅游规范标准,以标准保质量、创品牌、引游客、出效益。四是把文化嵌入旅游所有环节,用独具特色的鄂尔多斯草原文化风情故事充盈旅游产品,给旅游插上文化的翅膀,推动旅游与健康、体育健身、会展、科技等产业融合发展。五是全市一盘棋,设计旅游形象,宣介旅游品牌,开展市场营销,展现鄂尔多斯旅游文化魅力。在管理机制上,成立市、旗两级旅游委员会,把所有涉及旅游的部门全部纳入旅游委员会,统一领导、统一规划、统一标准、统一管理、统一考核;设立市、旗两级扶持旅游发展专项基金,对旅游产业发展给予支持。到2017年,全市接待游客突破1000万人次,旅游收入达到250亿元。

要充分发挥鄂尔多斯文化资源丰富、对外知名度高的优势,制定更有针对性的引导政策,撬动和吸引民间资金投资文化产业,大力培育、引进大中小微文化产业项目,培育文化骨干企业,提升文化产业竞争力。促进文化与旅游、科技融合,提升文化产业附加值。力争到2017年文化产业成为鄂尔多斯支柱性产业。

第二，大力发展现代物流业，建设西部地区物流集散地。修编物流产业发展规划，充分发挥区位、交通、辐射半径、基础条件等优势，进一步明确全市物流区域布局、业态、发展路径以及具体政策。坚持分工协作、错位发展，东胜重点发展商贸物流，康巴什、阿镇依托空港园区发展现代物流。加大对大型物流市场、煤炭交易市场等扶持力度，充分激发物流产业发展活力。统筹发展生产性物流、商贸物流和电商物流，构建现代化的综合物流体系。力争到2017年，全市物流业增加值达到1200亿元。

第三，面向国内外市场，建设健康产业示范区。制定健康产业发展实施方案，充分挖掘我市空气清新、气候宜人、景观优美、医疗卫生和体育场馆条件一流的优势，发挥好避暑休闲之都、城市4A级旅游区品牌叠加效应，加快发展面向全国乃至国际市场的特色专科医疗护理、疗养度假、健身休闲等健康产业，吸引国内外宾客前来休闲、度假、康复、养老。大力发展养老育幼、家政服务等业态，不断满足居民群众多方位生活需求。

第四，大力发展生产性服务业，为转型发展提供强力支撑。制定我市关于加快生产性服务业发展的意见，做好为一产、二产服务的重点产业发展规划，着力发展金融、现代物流、科技信息、中介服务、服务外包等生产性服务业。促进生产性服务业与优势产业互动共生，大力发展为能源化工、农畜产品加工等重点行业服务的检修维修、产品包装、仓储运输业，形成生产性服务业规模效应和集聚效应。瞄准国内外知名生产性服务业企业展开招商，带动和提升我市生产性服务业发展。深入推进自治区金融综合改革试点建设，丰富金融产品，壮大金融产业，扩大金融规模，强化金融监管，化解金融风险，优化金融生态，力争到2017年，金融产业增加值占地区生产总值提高到4%。加快发展设计咨询、科技孵化、法律服务、会计审计、园林设计、创意服务、仲裁评估等，构建高度专业化、现代化、功能完备的中介服务体系。

（三）走规模发展、品牌增收的路子，扎实推进农牧业转型发展，让农牧民的日子过得更加红火。鄂尔多斯发展传统农牧业空间有限，但立地条件独特，草场耕地的土壤洁净度高，发展绿色现代农牧业优势突出，必须坚持走特色种养、精深加工、规模发展、品牌增收的路子，实行区域化布局、专业化分工、产业化经营，建设面向全国市场的绿色农畜产品生产加工输出基地。一是立足区位优势，规模发展特色优势产业。集聚土地、劳动力、资金等生产要素，突出抓好沿黄河、沿无定河现代农牧业经济带建设，瞄准全国市场，走农畜产品高端路线，重点发展肉牛、肉羊、生猪、瓜果蔬菜、家禽、林沙六大产业，大力推进规模化种养，力争到2017年沿河现代农牧业产值占全市一产比重达到60%以上。加快建设现代家庭农牧场产业发展带，大力培育养殖示范户，向市场提供更多高附加值畜产品，带动农牧民为养而种、以种促养、用养增收。二是大力培育新型农牧业经营主体，壮大种养大户、家庭农牧场、农牧民合作社和龙头企业规模，引领现代农牧业产业化发展。在此基础上，要集中扶持壮大一批本土龙头企业，引进培育一批大型龙头企业，鼓励本地工商企业转型发展农牧业产业。要通过产业化龙头企业，大力推进农畜产品工业化规模生产、精细化标准生产、市场化品牌生产，解决鄂尔多斯现代农牧业发展瓶颈问题。要充分发挥新型经营主体组织带动作用，真正与农牧民形成利益共同体，增强带动产业发展和农牧民增收能力。到2017年全市农畜产品加工产值突破300亿元，产值超10亿元的农牧业龙头企业达到11家，在全区形成5个、全国叫响1个鄂尔多斯农畜产品名优品牌。三是坚持市场化发展，切实提高农牧民收入。加强农畜产品流通体系建设，培育电子商务、农超对接、场地挂钩、同城配送等新型流通业态，提升农畜产品产销衔接水平。深化农村牧区改革，引导农牧民推进土地和草牧场流转，实现规模经营。健全农牧业社会化服务体系，加大对农牧民适用技术培训，提高土地产出率、资源利用率、劳动生产率和市场竞争力。把农牧民增收作为现代农牧业发展的根本目标,加大对各级政府考核力度,综合施策促进农牧民增收。到 2017 年,城乡收入比缩小到 2.7 : 1,农牧业产业化收入比重提高到 65%。

(四)落实以人为核心的新型城镇化理念,推进城镇发展转型,全面建设品质城市。通过近年来大规模建设,全市城镇特别是中心城区建设水平已经走在了全区乃至全国前列。今后一个时期,我们要按照以人为核心的新型城镇化发展思路和目标,从规模扩张转向质量提升,全面建设品质城市。一是着力健全城镇基本服务体系,满足人民群众生活需求。按照宜居城市标准,尽快制定并落实城市基本服务体系规划,从群众需求出发,从细微处入手,政府、市场两手抓,在群众的感受度上下功夫,为老百姓提供更加优质高效和精致便利的出行、购物、医疗、教育、文化、娱乐、健身、休闲等生活性服务,让群众感受到城镇生活的便利、舒适和美好。加强水、暖、电、气、地下管网、中水利用、网络通讯等基础设施建设,尽快实现中心城区 WiFi(无线网络)全覆盖和免费使用,不断完善城镇配套功能,夯实宜居宜业综合服务环境。对一些基础设施较为薄弱的重点镇,加强规划统筹,推进建设时效。到 2017 年,中心城区、旗府所在地城镇服务体系基本形成,主要指标处于自治区领先地位。二是加快户籍管理制度改革,集聚人气商气。出台户籍制度改革配套政策,落实教育、医疗、卫生、社会保障等基本公共服务同城待遇,为转移进城农牧民和稳定就业人群落户城镇创造条件,吸引更多大学生、产业工人等人才扎根鄂尔多斯。对来我市投资、经商、置产、休闲度假等人士提供相应同城待遇,提高他们对鄂尔多斯的满意度和认同感。三是突出中心城区带动,打造品质城市亮丽名片。尽快制定出台中心城区发展规划,明确东胜、康巴什、阿镇的发展定位和产业定位,推动基础设施一体化、公共服务同城化、产业发展差异化。创造条件推动康巴什、阿镇设区进程,统筹市区(旗)两级各部门、全社会力量,努力建设生态、健康、智慧、宜居、宜业、宜游品质城市。发挥全国文明城市、安全城市、国家卫生城市和绿化模范城市等荣誉的叠加效应,把城市功能做实、内涵做深、品质做优,加大城市形象宣传,打造亮丽城市名片,进一步提高鄂尔多斯的美誉度和竞争力。四是强化市域统筹,扎实推进新型城镇化。突出抓好准旗、达旗次中心城市建设,鼓励主动接受呼市、包头产业、人才、技术、资金等带动辐射,其它旗区主动接受周边城市经济辐射。严格按照人口发展规划编制镇村发展规划,用规划指导推动旗府所在地、特色小城镇、嘎查村、居民点和聚落点建设,从实际出发,不贪大求洋,不大拆大建,不铺新摊子,不花冤枉钱。推进县域内城镇、园区融合发展,杜绝重复建设、无序建设,实现产城互动、产城融合。加大统筹城乡发展力度,稳步推进农牧民转移;制定专门方案,下大气力推进农村牧区基本公共服务均等化,让农牧民群众共享改革发展成果。五是以人为本,提升城镇治理能力。加强城市综合治理体制机制建设,提升城市管理的规范化、精细化、立体化、智能化、人本化水平,建设和谐城市。把居民听证、专家论证、集体决策、人大决议作为调整修改城镇有关各项规划的必经程序,严格执行、强化监督。

(五)坚定不移守住绿色生命线,毫不动摇抓好生态文明建设。实践证明,生态建设是鄂尔多斯最大的基本建设,环境保护是鄂尔多斯最根本的底线,必须毫不动摇、坚持不懈,一张蓝图绘到底,一任接着一任干,真正对鄂尔多斯长远发展负责,对子孙后代负责。一是以地方性政策的形式固化生态文明建设成果。按照习近平总书记“把保护基本草原和保护耕地放在同等重要位置”的要求,设立草原保护红线,决不允许新开荒。严格执行禁牧休牧划区轮牧政策和草畜平衡制度。继续执行优化开发区、限制开发区、禁止开发区“三区”规划,专题研究解决禁止开发区内农牧民生产生活问题。二是构建政府引导、产业拉动、企业带动、全民参与的生态建设机制。充分发挥政府在政策、资金、保障等方面的引导作用。认真总结产业拉动、企业带动生态文明建设经验做法,巩固扩大生态建设成果,更加有效地用市场手段推进生态建设,让政府引导这只手硬起来，让市场推动这只手强起来，广泛动员全市各族干部群众更加积极投身建设绿色家园，向市场、向产业要绿色效益，形成生态建设持续推进稳定机制。三是设立环境保护最严门槛。通过地方规定，设定资源开发、环境保护最严门槛，严格执行污染排放国家高标准，决不允许淘汰落后产能落户我市；对严重污染项目和企业严惩重罚、直至关闭，决不迁就。推动资源综合开发利用先进技术落户鄂尔多斯，率先走出一条绿色、循环、低碳发展之路，由能源大市变为清洁能源输出城市、节能减排先进城市和环境友好城市。四是大胆先行先试，加快生态文明制度建设。围绕自然资源资产产权制度、生态环境损害责任终身追究制、资源有偿使用制度和生态补偿制度等制定推进方案，先行先试，探索出一条具有鄂尔多斯特色的生态文明发展之路。强化制度执行落实，建立督促检查长效机制。到2017年，全市植被覆盖度达到75%左右，森林覆盖率达到30%左右，形成一批生态文明制度，生态文明建设走在全区前列，筑牢祖国北疆生态屏障鄂尔多斯防线。

（六）富民安民乐民，让转型发展成果更好转化为人民群众的福祉。转型发展的根本目的，就是让老百姓从物质到精神上都把日子过得更加红火。这是各级党委、政府和全体干部的根本职责，是衡量和考核我们工作的基本标准。一要大力实施创业就业增收工程。把解决“零就业”家庭放在首要位置，确保每个家庭至少一人稳定就业。为困难群体、弱势群体提供“零租赁”市场，帮助扶持增加收入。出台更有针对性的政策，大力培育和发展非公有制经济，扶持发展中小微企业，创造更多就业岗位。鼓励自主创业，建立一批针对大学生、个体工商户、农牧民的创业孵化基地、创业园、创业示范街，推进“十万大学生创业圆梦”行动。加大对各级党委、政府在创业就业和多渠道增收方面的考核权重，有效促进城乡居民收入与经济同步增长。二要全力做好扶贫开发和民生兜底保障工作。打好扶贫开发攻坚战，建立市、旗、乡三级扶贫工作队驻村帮扶贫困嘎查村，实行精准扶贫，突出抓好产业发展、基础设施、民生改善三个重点，确保2017年前全市97万贫困人口全部实现稳定脱贫。健全覆盖城乡居民的社会保障体系，尽力而为，量力而行，保基本、兜底线，编织一张靠得住、可持续的社会保障网，保持民生保障政策可持续性。三要加快推进农村牧区“十个全覆盖”工程。制定三年工作计划，落实年度工作方案，确保每年按计划保质保量推进，三年内圆满完成712个嘎查村“十个全覆盖”任务。从沿黄地区人口多、居住集中、基础条件差的实际出发，把达旗、准旗、杭锦旗作为重点，强化指导督查，集中力量予以突破。根据牧区人口分散的实际，制定加快推进牧区“十个全覆盖”工程的实施意见，确保牧区高质量完成任务。在实施“十个全覆盖”地区，同步实施现代农牧业、扶贫攻坚、乡风文明、文化旅游工程建设，与“十个全覆盖”五位一体、统筹推进、同步考核，确保“十个全覆盖”任务完成之时，同步取得产业发展、贫困人口脱贫、农牧民增收、基本公共服务开展、村容村貌改善、乡风文明提升综合成效，建成自治区“十个全覆盖”先进市。四要着力提高社会事业服务质量。优化教育资源配置，努力促进教育公平。围绕强能育德，制定工作规划和年度方案，大力引进、培育优秀教师，全面加强各级各类师资队伍建设，用高质量师资保障高质量教育；让所有学生在接受知识教育的同时，社会主义核心价值观和鄂尔多斯优秀精神品质、身体素质和心理素质同步提升。把职业教育作为推进转型发展的重中之重来抓，制定落实职业教育改革发展意见，为大中专、初高中毕业生就业并投身转型发展创造更好条件，推动职业教育更好为全市转型发展服务。深化医疗卫生改革，完善市、旗、乡、村四级医疗卫生服务体系和运行机制，大力推进公立医院去行政化，为群众提供更为优质、更为便利的医疗卫生服务。合理布局全市医疗卫生资源，推进特色办医、错位发展，形成综合医院与专科医院互为补充、齐头并进的医疗卫生服务良性发展局面。依托硬件优势，主动作为、创造条件，大力推动与国内国际知名院校联合办学办医，建设知名学校和专科医院。五要努力满足人民群众日益增长的精神文化需求。加快文化体制改革,建立有利于出精品、出人才、出效益的文化发展体制机制。弘扬民族优秀传统文化,加强对文化遗产、民间艺术的保护开发,创作生产更多优秀文化产品。立足服务百姓,制定文化为民服务建设计划和系列方案,扎实推进国家公共文化服务体系示范区建设,推动文化资源向社区、嘎查村延伸。进一步建设完善城乡基本公共文化设施网络,对已建成公共文化设施,要盘活资源、提高利用率;在嘎查村和居民社区,有针对性地建设一批小广场、剧场、活动中心等,切实提高基层公共文化服务能力。扩大政府购买服务,鼓励民间力量、社团组织提供丰富多彩、喜闻乐见文化产品,对贡献大的要给予补贴奖励,着力满足老百姓文化消费需求。广泛开展群众性精神文明创建活动,巩固提升全国文明城市成果,不断提高城乡文明程度和市民素质。以承办第十届全国少数民族传统体育运动会为契机,广泛开展全民健身运动,提升全市体育事业发展水平。六要切实维护和巩固社会和谐稳定大局。平安稳定就是民生。要坚持源头治理,以网格化管理、社会化服务为方向,健全完善基层社会服务管理平台,把老百姓日常事务和矛盾问题办理、解决在家门口。严格落实社会稳定风险评估机制,从源头上减少各类矛盾和问题。创新立体化社会治安防控体系,深化平安鄂尔多斯建设。牢固树立安全生产"红线"意识,严格落实企业主体责任和政府监管责任,加强对重点行业、重点领域的安全监管,严查严督、严惩严管,确保人民生命财产安全。加大食品药品安全监管力度,保障人民群众饮食、用药安全。多措并举,统筹解决政府性债务、民间借贷、房地产、融资信贷问题,有效防范化解风险。

(七)强化创新驱动,推动转型发展。创新驱动是转型发展的强力引擎,也是我们的薄弱环节。实现转型发展,必须依靠创新增强发展内生动力。一是着力推进体制机制创新。积极稳妥推进产业发展、行政审批、财政管理、科技创新、生态建设、民生保障、干部考核等领域的体制机制创新和制度建设,努力解决制度缺失和体制障碍等突出问题,保障转型发展。二是着力提升地区科技创新能力。依托国家清洁能源输出主力基地、现代煤化工生产示范基地、装备制造基地建设,制定相关政策,构建以企业为主体、市场为导向、产学研用紧密结合的技术创新体系。鼓励依靠企业推动创新,引进国内外最新技术,发挥其示范引领作用,把鄂尔多斯建成清洁能源、煤化工、高新技术等方面先进技术集成基地。鼓励企业建立研发中心,加大科研经费投入,争取在研发国家级核心技术上取得突破,拥有自己最核心的技术。三是着力强化转型发展人才支撑。大力实施人才强市工程,科学制定人才引进培养规划,推进人才梯队培养、梯队建设。坚持高端人才与产业人才并重、创新创业人才与实用紧缺人才并重,围绕能源化工、装备制造、高新技术等战略性新兴产业,着力聚集一批高端领军人才、专业技术人才和创新创业团队,为转型发展提供智力支持和人才保障,打造"草原硅谷"示范区。四是以创新的理念着力推动项目建设和招商引资。项目建设和招商引资是当前推动转型发展最直接最有力的抓手,必须毫不松懈地抓紧抓好抓出实实在在成效。要举全市之力推进煤转电、煤制气、煤制油、煤化工等重大转型项目落地开工,力促早日建成投产,发挥现实效益。顺应经济发展新常态和国家政策新导向,积极谋划一批为大项目配套的中小项目,农畜产品生产加工项目,文化、旅游、健康、物流等现代服务业项目,基础设施建设和社会事业项目,鼓励民间资本和非公企业积极进入这些领域,更好推动转型发展。要有针对性地研究先进地区产业、行业、企业转移动态和发展路径,采取定向招、产业配套招、企业对企业招、小分队招等方式,着力招引引领行业、带动产业升级发展的好项目,科技含量高、产品附加值高、产业关联度强、税收贡献大的好项目,产业链延伸中的增链、补链、强链配套项目,为转型发展奠定更加坚实的基础。进一步强化园区服务企业、招商引资、安全生产及园区稳定、环保监管等四项基本职能,加大对园区四项基本职能考核力度,推动园区产业集群、集约、集聚发展。

三、动员全社会力量,凝心聚力、创新创业,再铸

鄂尔多斯发展新辉煌

当前和今后几年，是鄂尔多斯爬坡过坎的关键阶段。爬转型发展这个坡，过解决发展中矛盾问题这个坎，难度不小，任务艰巨。外界关注我们，中央、自治区关心我们，许多干部群众也在不断追问：鄂尔多斯的经济发展到底行还是不行？实质上，一个地区的发展，如同一个人的成长、一个企业的壮大，首先要看自己有没有发展的信心，有没有发展的斗志，有没有发展的干劲。

当前，我们抢抓国家防治京津冀大气污染等政策机遇，已经牢牢抓住了一批事关鄂尔多斯转型和长远发展的重大项目，正在抓紧促核准、抓落地、保开工，按照国家有关部门要求，这些项目需要在2017-2018年全部建成投产，发挥效益。也就是说，几年以后，我们将新增近2000万千瓦火电装机容量、近300亿立方米煤制天然气、700万吨煤制油、2000万吨煤化工产能，完成投资6000亿元，新增工业增加值1000亿元左右，加上我们存量经济盘子，一个产业结构更加合理、综合实力更加强劲的鄂尔多斯将呈现在世人面前。从今年到2016年，我们每年还有30个左右的工业项目、1000多亿的投资将产生现实效益，进而进一步增强产业发展的接续能力。鄂尔多斯优质良好的能源资源，多年来形成的坚实发展基础，使我们在发展和解决问题中的回旋余地远远大于其他地区。几年之后即可形成的更强综合实力、持续良好的产业接续能力、扎实稳固的物质发展基础，使鄂尔多斯成为全国为数不多的极具发展潜力的地区，任何一个拥有战略眼光的人，都能看到几年以后鄂尔多斯更为强劲、更加美好的未来。面对这样的发展基础和前景，我们是自我否定还是充满信心，我们是心灰意冷还是奋力拼搏，我们是退缩不前还是迎难而上？毋庸置疑，全市上下需要过几年紧日子。但是，哪个人的一生不经历一些坎坷，哪个企业的发展不经历一些曲折，哪个地区在持续多年快速发展后不经历一个调整完善的过程？站在新的历史起点上，每一个鄂尔多斯人都需要对家乡的发展做出一个明确坚定的回答！市委坚信，只要我们每一个热爱家乡的人，每一个热爱鄂尔多斯的人，坚定发展信心，再次投身创业，团结奋斗、艰苦奋斗、不懈奋斗，我们一定能够跨过这个坡，迈过这个坎，实现更加美好幸福的生活，再铸鄂尔多斯发展新辉煌。

第一，各级党委政府、党政各部门要做坚定信心、迎难而上的表率，更加尽责地担负起鄂尔多斯转型发展的历史重任。信心具有传导作用。各级党委、政府要以坚定的发展信心带动全社会的信心。要把信心体现在责任意识和纪律意识的强化上，把坚定发展信心作为一种政治责任和政治纪律，切实承担、严格遵守，决不人云亦云、自我否定、妄自菲薄，在全社会塑造自信自强的党委政府形象、党政部门形象、干部形象，创造并传播鄂尔多斯转型发展的强大正能量。要把信心体现在发展目标的落实上，围绕转型发展总要求、工作目标和具体任务，抓紧细化工作措施，按时间进度保质保量推进工作落实，以项目落地的新成效、转型发展的新成效、民生改善的新成效传递信心，赢得信任。要把信心体现在破解发展难题的担当上，针对当前经济下行压力大，转型发展任务艰巨等问题，要始终坚持发展是硬道理，用发展的办法破解难题，调动一切智慧力量破解难题，引导社会用更加理性成熟的思维观念破解难题，在有效破解难题中实现更好发展。

第二，大胆寻求改革突破，向改革要转型发展的红利。转型是一场深刻变革。各级党委、政府要切实加快全面深化改革步伐，以改革促转型、向改革要红利。一要分类推进改革突破。对于中央、自治区和市委已经确定的改革任务，要以“钉钉子”精神抓好落实，确保按时完成，变成推动转型发展的红利。以我市被确定为资源型经济创新发展综合改革试点为抓手，努力在能源综合改革、资源型产业转型升级、资源资产产权制度改革、生态文明制度建设等重点领域和关键环节率先突破，争取国家先行先试支持，先行获取改革红利。突出问题导向，围绕当前应对经济下行、防范各种风险、推动转型发展中的突出问题推进改革，以改革破解发展难题。二要把政府转型作为改革的关键来抓。政府是转型发展的组织者、引导者和参与者。转型首先是政府转型。建设法治政府、服务政府、责任政府、阳光政府，核心是站好位、不越位、不缺位、不错位，重点是简政放权、提升服务。要全面厘清政府和市场的关系，强化各级党委、政府对市场经济规律的认识和把握，在转型发展中更好地顺应市场经济规律，并有效避免市场失灵。集中推进负面清单管理，公开政府部门权力清单和服务清单，能给市场的全交给市场，减少政府对微观经济活动的干预，让市场这只“无形之手”更活；善于学习借鉴浦东等先进地区经验，大胆创新政府治理方式，履行好促进经济发展、加强公共服务、市场监管、社会管理、环境保护等职责，创建西部转型最好政府，让政府这只“有形之手”更有效率。各级党委政府、党政各部门、各群团组织、事业单位都要带头过紧日子，公开“三公”经费，接受全社会监督；都要确立争先创优工作目标，争当全市、全区本系统、本行业先进，推动我市各项工作都能走在自治区前列。三要营造良好转型发展环境。鼓励各领域大胆突破、改革创新，为一切有益于经济社会发展的先行先试兜底撑腰，最大限度激发全社会创新创业的活力；要营造对外开放和尊商爱商亲商的优质环境，集聚区内外资金、技术、人才、管理等要素，为每一个在鄂尔多斯发展的企业和个人提供全方位、多层次、高质量服务，让大家愿意来、来得了、留得住、真满意；要围绕爬坡过坎、转型发展在全社会开展全面深入的思想大解放，用思想观念转型推动深化改革和转型发展。

第三，确立敢于担当、迎难而上的好干部标准，以各级干部的责任担当推动转型发展。政治路线确定之后，干部就是决定因素。实现发展转型，关键是干部要转型；干部转型，关键要看责任和担当。一是定标准。按照习近平总书记提出的好干部标准，在信念坚定上，看大是大非面前能不能坚持原则；在为民服务上，看日常工作当中能不能履职尽责；在勤政务实上，看面对发展重任能不能奋发有为、真抓实干；在敢于担当上，看面对矛盾、困难、问题能不能迎难而上、攻坚克难；在清正廉洁上，看能不能经受住拒腐防变的考验。要用这“五个标准”来考核使用各级干部，努力建设一支信念坚定、为民服务、勤政务实、敢于担当、清正廉洁的干部队伍。二是定机制。要全面贯彻执行新修订的《党政领导干部选拔任用工作条例》，完善干部选拔任用机制，提高选人用人公信度，真正把符合“五个标准”的干部选出来、用起来，形成风清气正的选人用人导向。三是定考核。要进一步完善推动转型发展的考核评价制度，把“五个标准”细化在具体考核指标中，完善考核办法，加强日常考核，强化考核结果运用，培养造就一大批敢担当、善做事、能成事、靠得住的干部队伍，形成干事创业的浓厚氛围。

第四，提升党的建设科学化水平，为转型发展提供坚强保障。切实增强党要管党、从严治党的责任感、紧迫感和使命感，不断提高各级党组织的凝聚力、战斗力和号召力，为全市转型发展提供坚强组织保证。一要把党的群众路线教育实践活动的成果，转化为求真务实、敢于担当的工作作风，把“三严三实”、“讲认真”、“讲诚信、懂规矩、守纪律”的要求，具体为每一个党员干部价值追求和行动指南，以作风建设的新成效，聚民心、汇民智、集民力，形成推动转型发展的强大合力。二要切实加强基层党组织建设。围绕解决关系群众切身利益问题和联系服务群众“最后一公里”问题，抓好“三到两强”制度落实，加快推动苏木乡镇和街道“去机关化”，着力瘦街道(苏木乡镇)、强社区(嘎查村)，把基层党组织的工作重心转到服务转型、服务民生上来。进一步完善基层干部选任机制和激励保障措施，引导干部扎根基层、安心工作。三要以更严更实的制度保证，进一步强化党风廉政建设。坚持从严治党，大力推进惩治和预防腐败体系建设，着力从源头上遏制腐败。严格落实党风廉政建设党委主体责任和纪委监督责任，深入推进反腐倡廉建设。进一步强化对重要领域、重点环节以及各级领导干部特别是“一把手”权力运行的监督制约，确保权力在阳光下公开透明运行。加大查处腐败案件力度，始终保持惩治腐败的高压态势。

第五，充分发挥市场主体作用，全面激发企业发展活力。企业是转型发展的主体，是创造财富的源泉。

要加快推动企业整合发展、转型发展、创新发展。整合发展，就是顺应时势，以并购重组、联营联合和参股控股等方式，大力度推进央企与地方企业、国企与非公企业、非公企业之间开展整合，联合做大做强；转型发展，就是把握市场，推动企业走配套化、高端化、终端化路子，提高企业市场竞争力和抗风险能力；创新发展，就是把创新驱动内化为企业发展的核心动力，提高企业创新成果转化利用能力，提升企业核心竞争力。要鼓励企业确立转型发展目标，在鄂尔多斯新的历史起点上建功立业。今后，市委、政府对市域范围内所有规模以上企业，要从产值、利润、税收贡献率、就业贡献率等方面每年进行排序，对小微企业从就业、经营收入进行排序，给企业荣誉，让社会敬重。要经过几年的努力，重点培育销售收入过1000亿的企业1家，销售收入过500亿的企业3家，销售收入过100亿的企业17家，销售收入过50亿的企业20家，形成“大企业顶天立地，中小微企业铺天盖地”的企业发展格局。要围绕夯实地方可用财力、拉动地方就业、符合节能减排和环保标准，抓项目、帮企业，建设县域主导产业集群，做大做强县域经济。要切实加强企业家队伍建设。精心呵护培育造就一大批具有现代企业管理能力和战略眼光，勇于开拓创新，诚信守法、成熟理性的企业家队伍，在全社会形成尊重企业家、支持企业发展的良好氛围。企业经营者要顺应时势和市场变化，强化市场意识、忧患意识、创新意识、诚信意识、法律意识，不以一时赢利为目的，而以百年诚信、百年老店为己任，为企业长远发展负责，为鄂尔多斯长远发展负责。各级党委、政府要真心实意为企业发展服务。设立中小企业转型发展扶持基金，专项扶持各类非公中小微企业转型发展。定期召开非公经济大会，表彰奖励做出突出贡献的非公企业和个体工商户。要对各级各部门、各类园区服务企业情况进行考核，由企业评价，与领导干部提拔使用挂钩，对乱作为、慢作为、不作为的，一经发现，从严惩处。

第六，凝聚全社会力量，创新创业，共铸辉煌。群众是转型发展的最大动力、再铸辉煌的根本力量。全体鄂尔多斯人要紧紧团结在“爱我鄂尔多斯”发展旗帜之下，在大力培育弘扬社会主义核心价值观的基础上，更好地传承和弘扬“开放包容、诚信友善、不屈不挠、拼搏创新、艰苦奋斗、不断进取”的鄂尔多斯优秀精神品质，使鄂尔多斯转型发展的进程，成为鄂尔多斯人相互关心、相互支持、共同发展的过程，成为鄂尔多斯对外美誉度、影响力进一步提升的过程，在全市形成同心同德、同心同向的转型发展强大合力。要理性看待发展中的困难和问题，从我做起，从现在做起，用拼搏创新的精神，开展再次创业，形成创业高尚、创业光荣、创业伟大的良好风尚，在全社会掀起人人创业、个个创优的热潮。要动员各类社团组织，大力凝聚创新创业力量。充分发挥工会、共青团、妇联等群团组织作用，充分调动社会团体、行业协会、民办单位、慈善机构等社会组织的积极性、主动性、创造性，围绕“爱我鄂尔多斯”主题和转型发展、再铸辉煌目标，开展多种形式的主题实践活动，让创新创业、尽责圆梦在鄂尔多斯大地上蔚然成风，奏响“中国梦”鄂尔多斯的绚丽篇章。始终坚持党的民族工作方针和基本政策，进一步加强民族团结，凝聚各民族力量，共同团结奋斗、共同繁荣发展、共建美好家园。要强化舆论引导，大力营造转型发展、创新创业浓厚社会氛围。各级各类新闻媒体要开设专题专栏，充分报道反映全社会创新创业、转型发展的生动实践和发展成果，进一步推动全市上下凝心聚力、共促发展。各级党校要组织开展多种形式的专题培训，进一步增强各级干部转型发展的思想自觉、行动自觉。要鼓励创新创业者在网络、媒体中抒发“爱我鄂尔多斯”情怀，展现创新创业风貌，展示自信自强的鄂尔多斯人形象，更好形成干事创业、转型发展的生动局面。

同志们，鄂尔多斯转型发展是时代的需要、人民的期盼、发展的必然。让我们在自治区党委的坚强领导下，以时不我待、只争朝夕的紧迫感，勇于担当、善谋敢为的责任感，锐意进取、攻坚克难，奋发有为、真抓实干，为把鄂尔多斯建成祖国北疆亮丽风景线上更加璀璨的明珠而努力奋斗！

鄂尔多斯市2014年政府工作报告

——廉素在鄂尔多斯市第三届人民代表大会第二次会议上

（2014年1月4日）

各位代表：

现在，我代表市人民政府向大会作工作报告，请予审议，并请市政协委员和列席会议的同志们提出意见。

一、2013年工作回顾

过去的一年，面对复杂严峻的经济下行态势，市人民政府认真贯彻落实中央的方针政策和自治区“8337”发展思路，在市委的正确领导下，在市人大常委会和市政协的大力支持下，牢牢把握稳中求进的工作总基调，团结带领全市各族干部群众，攻坚克难，扎实工作，全面完成了各项目标任务，经济社会发展实现稳中有进、稳中向好。

（一）整体经济保持平稳增长。全市预计完成地区生产总值3965亿元，增长9.5%；公共财政预算收入440亿元，增长17.2%；固定资产投资2996亿元，增长16.5%；社会消费品零售总额551.5亿元，增长10%。农牧业生产再获丰收，粮食产量达到31亿斤，牧业年度牲畜存栏1223万头（只），一产实现增加值95亿元，增长3%。工业经济较快增长，完成投资2122亿元，增长38%；规模以上工业增加值1897亿元，增长12.7%；工业用电量增长11.4%。新增超百亿元园区2个、企业1户。园区实现销售收入2100亿元，增长27.9%。现代服务业稳步发展，金融机构存贷款余额分别达到2239亿元和2362亿元，增长5.5%和7.3%；公路、铁路货运量增长14%和12%；外贸进出口总额增长1.6倍；接待游客人数和旅游收入增长12.2%和22.1%。第三产业实现增加值1488亿元，增长7%。县域经济和非公有制经济实力增强，分别占全市经济总量的78%和70%。

（二）产业转型升级成效明显。编制了清洁能源、现代煤化工、装备制造、铝循环等重点产业发展规划。开复工亿元以上重大项目168项，其中非煤产业项目108项。中海油、北控、河北建投、新蒙200亿立方米煤制气和中电投80万吨烯烃、伊泰200万吨煤液化等24个重大项目已经国家批复或同意开展前期工作，中天合创煤制甲醇、伊泰精细化学品、满世大化肥等51个重大项目开工建设，中煤大化肥、奇瑞汽车、京东方半导体显示器件、新兴重工压力容器等30个重点项目建成投产，新增电力装机202万千瓦、煤化工产能390万吨、汽车产量6.9万辆。非煤产业完成投资1700亿元，占工业总投资的80%；完成增加值652亿元，占规模以上工业增加值的34.4%，比上年提高了4个百分点。

（三）民生保障水平持续提高。全年完成民生投入422.7亿元，占公共财政预算支出的81.5%。市委、市政府年初确定的9个方面惠民实事全部落实。新增城镇就业3.3万人，城镇登记失业率控制在2.7%以内。企业退休人员养老金由每人每月2265元提高到2433元，城乡居民养老金分别达到每人每月550元和310元，城乡低保标准由每人每月460元和340元提高到480元和390元。将20种重大疾病纳入新农合保障范围，城乡居民医疗保险人均筹资标准分别达到563元和574元，报销封顶线提高到20万元。覆盖全市的社会保障体系已基本建立。全面实施营养早餐工程，14.5万名小学生和幼儿受益。给农村牧区教师每人每年补助1万元。回购和新建保障性住房10770套，改造沿黄渗漏区等农村牧区危旧房4750户。改建通村公路612公里，解决了8000户农牧民用电、5.8万人安全饮水问题。2.6万贫困人口稳定脱贫。生态移民生活补贴发放年限由5年延长至8 年。城镇居民人均可支配收入和农牧民人均纯收入分别增长9%和11%，达到36132元和12800元。

（四）城乡统筹发展步伐加快。城市服务功能进一步完善，中心城区基础设施加速融合对接，东康快速路改扩建主体工程完工，机场高速公路、市体育中心等重点建设项目进展顺利。全市完成市政基础设施和园林绿化投资106亿元，新增城市绿地2600万平方米。旗府所在地城镇建设有序推进，启动了7个重点苏木乡镇建设工程。新农村新牧区建设力度加大，建成中心居民点9个。鄂前旗城乡统筹、杭锦旗扶贫开发、达旗县域经济发展示范区建设步伐加快。

（五）生态和基础设施建设力度加大。开展了大规模的重点区域绿化和义务植树活动，完成林业生态建设166.2万亩、退牧还草370万亩、水土流失治理180.9万亩。我市被评为“全国绿化模范城市”。节能减排力度加大，完成了自治区下达的减排任务，万元GDP能耗下降3.43%。实施重大交通项目33项，准兴重载高速、察汗淖至敖镇一级等公路和南部、巴准等铁路项目建成通车，机场新航站楼和包西铁路东胜西客运站投入运营，新增高等级公路370公里、铁路296公里。建设高标准黄河堤防115公里，哈头才当、蒙西等供水工程建成投用，新增城市和工业供水量3000万立方米。新建110千伏以上输变电线路169公里，改造农网线路1.2万公里，实现农村牧区户户通电。

（六）社会事业发展取得长足进步。加强师资队伍建设，基础教育整体发展水平进入全区前列。新建改扩建幼儿园40所、中小学9所。内大鄂尔多斯学院二期工程、生态环境职业学院新校区建成投用。新建国家和自治区重点实验室2个、院士工作站3个、工程技术研究中心2个。市高新技术产业园区被列为国家清洁能源国际创新园。举办了内蒙古“草原英才”高层次人才合作交流会，引进合作机构35个、海内外高层次人才162人。文化惠民工程深入推进，我市成为全国首批国家公共文化服务体系示范区。大力开展全民健身运动，新建社区健身活动中心12个。优化医疗资源配置，推行旗乡村卫生服务一体化管理模式，市人民医院、第三人民医院、妇幼保健院建成投用，市人民医院与市中心医院、市中医院与康巴什医院实现一体化运营，建成标准化卫生室380个。加强人口和计划生育工作，人口出生率控制在10.35‰以内。

（七）社会管理水平不断提升。加强民间借贷、房地产和政府性债务领域风险防控，通过化解政府性债务、打击非法集资、债权债务抵顶、回购团购商品房等措施，妥善化解了一批民间借贷案件，房地产市场总体平稳。信访、维稳和安全生产形势稳定，信访总量下降20%，刑事和治安案件下降9.5%和11.6%，安全生产事故起数和死亡人数下降4.6%和7.9%，我市被评为“全国社会管理综合治理优秀市”。食品安全监管体系进一步完善，成为国家食品生产质量安全示范城市试点。精神文明和民主法制建设深入推进，我市城市文明程度指数测评位列全国地级文明城市第五位。国防预备役、国防动员能力建设不断加强。民族宗教工作取得新成绩。

（八）政府自身建设进一步加强。坚持依法行政，自觉接受人大、政协和社会各界的监督，人大代表建议和政协委员提案全部办结。取消和下放行政审批权104项、执法权28项、收费项目7项。认真贯彻落实中央“八项规定”，切实转变工作作风，政府会议、文件和公务接待活动分别减少24%、36%和48%。集中开展了党政机关公务用车和办公用房专项治理，清理超标公务用车2000余辆、超标办公用房10万多平方米。大力压缩一般性支出，公用经费和常规性支出压减了20%和50%。积极推进政务公开，加强行政监察和审计监督，制定出台重大项目稽查、政府投资项目审计监督、矿产资源交易等一系列管理办法，完善了公共资源交易运行机制，廉政建设和反腐败工作取得新成效。

各位代表，过去一年的成绩来之不易。这是自治区党委、政府和市委正确领导的结果，是市人大、市政协和社会各界支持监督、共同努力的结果，是全市人民同心同德、团结奋斗的结果。在此，我代表市人民政府，向全市各族干部群众和所有关心、支持、参与鄂尔多斯建设发展的社会各界人士，表示衷心的感谢并致以崇高的敬意！

受宏观经济形势影响，我市经济社会发展中也遇到了不少困难和问题。主要表现在：主要经济指标增速回落，部分企业生产经营困难，财政收支矛盾突出；主导产业单一化问题凸显，企业创新能力不强，资源环境和要素制约进一步加大，发展的质量和效益有待提升；城乡之间、区域之间、经济和社会之间发展不够协调，农村牧区生产生活条件还比较落后；政府性债务规模较大，民间借贷和房地产领域还有潜在风险，资源开发、征地拆迁、回迁安置、农民工工资拖欠等引发的矛盾纠纷增多，社会管理还存在薄弱环节；政府职能转变还不够到位，工作作风和办事效率仍需改进提高；铺张浪费、吃拿卡要、违法违纪等现象在一些地区、部门和单位仍然存在。对此，我们将高度重视，采取有力措施，切实加以解决。

二、2014年主要工作任务

2014年，是贯彻落实党的十八届三中全会精神、全面深化改革的第一年，也是深入贯彻落实自治区"8337"发展思路、实现"十二五"奋斗目标的关键一年。总的看，今年我市发展既面临着一系列有利条件和难得机遇，也面临着诸多压力和挑战。世界经济延续缓慢复苏态势，国内经济温和回暖，市场预期有所好转，特别是国家全面深化改革和推进新型城镇化建设，将进一步激发经济社会发展的内生动力和活力。国家治理大气污染、发达地区加速产业转移、自治区建设"五大基地"等机遇，为我市清洁能源和现代煤化工等优势产业发展提供了广阔空间。但是，我们面临的国内外经济形势依然复杂严峻，我市已进入经济增长换挡期、结构调整阵痛期和财政收支矛盾凸显期相互叠加阶段。我们既要看到有利条件和积极因素，又要充分考虑经济形势的不确定性和困难情况，坚定信心，振奋精神，迎难而上，全力推动经济社会持续稳定健康发展。

今年政府工作的总体思路是：深入贯彻党的十八大、十八届三中全会精神和自治区"8337"发展思路，全面落实中央和自治区经济工作会议精神，坚持稳中求进的工作总基调，把改革创新贯穿于经济社会发展各个领域和环节，着力保持经济稳定增长，着力加快产业转型升级，着力推进城乡统筹发展，着力推动重点领域改革，着力保障和改善民生，切实提高经济增长质量和效益，提高人民生活质量和水平，实现经济持续健康发展和社会和谐稳定。

经济社会发展的主要预期目标是：地区生产总值增长9%左右，突破4000亿元，达到4300亿元；公共财政预算收入增长2%，完成450亿元；全社会固定资产投资增长13%，突破3000亿元，完成3390亿元；规模以上工业增加值增长12%，突破2000亿元，达到2100亿元；社会消费品零售总额增长9.5%，达到600亿元；城镇居民人均可支配收入和农牧民人均纯收入分别增长9%和10%，达到39370元和13940元。完成自治区下达的节能减排目标任务。居民消费价格指数涨幅控制在3%以内。

今年，市政府将重点抓好六个方面工作：

（一）调整优化产业结构，推进"五大基地"建设，促进经济持续健康发展。立足我市产业发展实际，按照自治区"8337"发展思路要求，全力打造国家清洁能源输出基地、国家新型煤化工生产示范基地、全区铝循环和装备制造业基地、全区绿色农畜产品生产加工基地和旅游观光、休闲度假基地，推动产业转型升级，促进经济持续健康发展。

重点发展清洁能源和现代煤化工产业。稳定煤炭生产，着力提高清洁利用水平，全面推广煤炭洗选、低温脱水等洁净利用技术，煤炭洗选率提高到85%以上。实施煤电基地开发规划，推进蒙泰、君正、魏家峁等电厂建设，新增电力装机120万千瓦。加大天然气勘探开发力度，天然气产量达到280亿立方米。积极发展风能、太阳能等新能源产业。大力发展煤基精深加工产业，加快煤制油、煤制气等清洁能源项目建设，延伸煤制甲醇、煤制烯烃等产业链条，抓好神华煤制油第二、三条生产线、伊泰200万吨煤液化、中天合创煤制烯烃、中电投烯烃、满世大化肥和中海油、北控、河北建投、新蒙煤制气等重大项目建设，确保久泰烯烃、汇能煤制气等项目建成投产，推动煤化工产业向规模化、基地化、集群化方向发展，新增煤化工产能390万吨。加快电力、化工产品外送通道建设，推进蒙西至天津南、上海庙至山东特高压输电线路前期工作，开工建设陕京四线天然气输送管道工程。

培育发展新兴产业。提高富铝煤炭资源综合利用水平，积极发展粉煤灰提取氧化铝及铝产品精深加工业，加快鑫恒、蒙西、神华、大唐、中铝等项目建设步伐，构筑煤电铝一体化循环产业链。大力发展以汽车为主的装备制造业，支持奇瑞、华泰、精功恒信等企业做大做强，继续引进零部件配套生产企业，年内生产销售汽车15万辆、发动机35万台、变速器15万台，零部件配套生产企业达到40家。加快发展煤炭机械、化工设备等制造业，培育新的产业优势。积极发展电子信息产业，争取京东方半导体显示器件项目实现批量化生产，加快罗克佳华物联网应用基地、富士康精密仪器、云计算产业园数据中心等项目建设。改造提升建材、陶瓷等传统产业，推进产品高端化、品牌化、系列化发展。

做大做强农畜产品加工业。加快建设绿色农畜产品生产加工输出基地，培育发展肉羊、肉牛、生猪、家禽、瓜果蔬菜和林沙产业，新建改扩建集约化养殖园区27个，新建现代农业基地25万亩，发展瓜果蔬菜基地31万亩。大力扶持绒纺产业发展，实施优质绒山羊保护繁育工程，提升绒纺产业创新能力，完成轻纺工业园搬迁工作。加强与深圳海王、台湾青溪总会等企业合作，建设沙棘、螺旋藻等深加工项目。进一步完善农畜产品流通和社会化服务体系，加快新型农牧业经营体制和方式改革，鼓励发展家庭农牧场、专业大户、农牧民合作社、产业化龙头企业等新型主体，新建农牧民专业合作社40个，新增市级以上龙头企业34家，启动建设3处大型农畜产品仓储物流园区，完成37个基层农牧业公共服务综合站建设任务。

加快发展现代服务业。集中打造空港园区，加快引进一批现代物流、电子信息、总部经济和航空商务项目，推进综合保税区建设。积极主动与天津、秦皇岛等港口对接，支持本土企业与国内大型物流集团合作，加快札萨克、大塔等4个大型煤炭物流园区建设。继续引进银行、证券、保险等金融机构，积极发展互联网金融，增设期货交割库，争取光大、乌海银行挂牌运营。扩大银行信贷投放规模，加大中小企业集合债券、市政债券发行力度，支持我市企业到全国中小企业股份转让系统挂牌，争取满世、建元、棋盘井矿业等企业上市，年内融资规模超过500亿元。大力发展文化旅游、休闲娱乐产业，抓好蒙古源流、乌审旗“一河三园”等文化旅游景区建设，规划完善精品旅游线路，打造体现草原文化、独具地区特色的旅游观光和避暑休闲度假基地。积极发展电子商务、家政服务、健康养老等新型服务业态。第三产业实现增加值1575亿元，增长6.5%。

（二）推进以人为核心的城镇化建设，改善农村牧区基础条件，提高城乡统筹发展水平

积极稳妥推进新型城镇化。加强与周边城市融合对接，推进呼包鄂城市群建设。科学确定中心城区开发强度，合理控制建设规模，年内不新建单纯商品房开发项目，加快消化存量商品房。进一步完善城市基础设施、商业设施和公共服务体系，推进智慧城市建设，营造宜居宜业城市环境，加快集聚人气商气。推进各组团基础设施配套衔接，实现城市公共交通、供水、供气、供热以及公共文化等设施共建共享、一体化运营。实施东康快速路沿线、阿布亥沟、红海子湿地等重点绿化工程，建设国家园林城市。统筹抓好中小城镇规划、建设和管理，进一步优化城镇空间布局，继续推进重点中小城镇基础设施和公共服务工程建设，打造规模适度、功能完善、环境优美、宜居宜业的特色城镇。推进城镇和园区融合互动发展，培育各具特色的产业体系，提高城镇产业支撑水平。以稳定职业和稳定住所为基本条件，放宽外来人口落户条件，建立城乡一体、自由流动的户籍管理制度，有序推进农牧业转移人口市民化，享受城市公共服务和社会保障。继续推进鄂前旗城乡统筹、杭锦旗扶贫开发、达旗县域经济发展示范区建设。

改善农村牧区生产生活条件。进一步优化村庄布局，完善中心居民点配套设施，提高自来水、太阳能、

沼气、通讯网络普及率，打造现代化新型村庄。集中整治城乡结合部、交通沿线和农村牧区环境脏乱差问题，建设美丽乡村。统筹推进农村牧区农田水利、道路交通、电网通讯等基础设施建设，加大农村牧区危旧房改造力度，认真研究解决禁止开发区不具备搬迁条件农牧民的生产生活困难。完善扶贫联系包扶机制，加大金融扶贫力度，整合扶贫开发项目和资金，实施精准扶贫，实现2.6万贫困人口稳定脱贫。

加强生态文明建设。严格落实农村牧区“三区”发展规划和禁牧、休牧、划区轮牧政策，加强林木管护和森林、草原防火工作，巩固生态建设成果。实施好京津风沙源治理二期、十大孔兑综合治理等重点生态工程，加快重点区域绿化，完成造林130万亩、草原建设610万亩、水土流失治理180万亩。推进国家森林城市建设。加强水源地保护，确保水资源供应和饮用水安全。严禁工业生产抽采地下水，鼓励中水回用。创建国家环保模范城市，严格执行环保“三同时”制度，实现市、旗、园区和企业在线监管系统全覆盖。增强基层环保执法力量，建立环保执法联席会议和社会监督制度。落实大气污染防治和主要污染物减排措施，循环利用废水、废气、废渣，年内所有化工类园区建成污水和废渣处理设施。突出抓好以土地复垦为重点的矿区环境综合治理，建设和谐矿区。

提升基础设施承载能力。推进荣乌高速棋盘井至乌海、红庆河煤矿至杭锦旗锦泰化工园区、阿门其日格至小壕图、通史至靖边等公路和呼准鄂、准朔、蒙西至华中等重点铁路项目建设，畅通省、区际出口通道，新增高等级公路325公里，新建改建通村公路500公里，新增铁路里程200公里。提高机场运营管理水平和服务质量，优化国内航线航班，合理开通国际航线，积极做好通勤机场前期工作。加快重点城镇、园区供水工程建设，完成水权转换二期工程，新增供水能力6000万立方米。加快电网改造升级步伐，新建110千伏输变电线路720公里、220千伏输变电线路630公里。

（三）着力保障和改善民生，统筹推进社会事业发展，不断增进人民群众福祉

持续加大民生改善力度。认真实施扶贫攻坚、创业就业、百姓安居、平安创建工程，进一步完善现行惠民政策，巩固民生成果。今年的民生工作要坚持“雪中送炭”，重点向弱势困难群体和农村牧区倾斜，集中办好十项惠民实事。一是新增城镇就业3.1万人，其中安置鄂尔多斯籍高校毕业生1万人，城镇登记失业率控制在3.5%以内；发放小额贷款2.5亿元，扶持6000人自主创业；建设市公共实训基地；完成就业培训3.2万人次；开通鄂尔多斯市家政服务网，免费培训家政服务人员1500名；充分保障农民工权益；建设大学生创业园。二是采取新建、回购、改造等方式，新增幼儿园11所，集中解决公办幼儿园“入园难”问题。三是改造农村牧区危旧房1万户，其中沿黄渗漏区危房2800户；改造城市棚户区8000户。四是解决3.5万人安全饮水问题。五是优化公交线路和站点设置，实现中心城区公共交通一体化运营。六是参加医保患者在全市定点医疗机构住院治疗费用实现即时结报。七是在落实国家和自治区提标政策的基础上，将独生子女伤残、死亡家庭扶助标准每人每月提高100元；对贫困妇女乳腺癌、宫颈癌患者一次性提供1万元救助资金。八是对社会投资新建、改扩建养老机构给予建设补贴和床位补贴；对年满60周岁城乡低保户、“三无人员”、优抚对象等重点保障人群给予每人每年600元居家养老补贴。九是将城乡低保标准分别由每人每月480元和390元提高到495元和402元，五保集中供养标准由每人每年7840元提高到8000元；为肢体三级残疾人每人每年发放补贴2000元；建设市残疾人创业园。十是实施食品质量安全追溯体系建设工程。

推进社会事业改革发展。落实考试招生改革制度，试行公办学校校长、教师交流轮岗制度，不设重点学校、重点班，破解择校难题，探索建立义务教育均衡发展的政策措施。实施基础教育标准化建设工程，全面完成中小学和幼儿园续建任务。开展早期幼儿教育试点工作，加快发展高等教育、职业教育、民族教育，促进教育事业全面协调发展。推进公立医院改革，鼓励社会资本办医和医师多点执业。利用信息化手段，

实现优质医疗资源共享。完善重特大疾病医疗保险和救助制度,健全突发公共卫生事件应急处理、疾病预防控制体系。加快蒙中医药事业发展。加强公共文化服务设施建设,大力开展群众性文体活动,巩固国家公共文化服务体系示范区创建成果。做好第十届全国少数民族传统体育运动会筹备工作。加强人口和计划生育工作,提高出生人口素质,启动实施一方是独生子女的夫妇可生育两个孩子的政策。保障妇女儿童权益,抓好城乡老龄事业发展。稳步扩大社会保险覆盖面,完成国家社会保险标准化试点建设任务。

(四)全面推进改革创新,突破体制机制制约,推动地区经济更有效率、更加公平、更可持续发展

加快重点领域改革步伐。认真落实中央、自治区全面深化改革的各项政策措施,加快资源型城市创新发展试点建设。加强和改进预算管理,建立跨年度预算平衡机制,合理界定市旗两级事权划分和财政支出责任,实行全口径预算管理,稳步推进财政预决算、部门预决算和"三公"经费公开。在公共事务性领域推行政府购买服务。强化税收征管,挖掘税收潜力,清理规范税收优惠政策,推进依法治税。加快市直国有企业整合重组,鼓励地方民营企业参股国有企业,进一步增强国有企业活力,提高国有资本收益。完善资源配置政策,严格按转化项目、按市场价格配置煤炭资源,探索建立已配置资源但未兑现转化项目退出机制。加快推进资源资本化改革,利用矿产资源通过资本市场直接融资。建立城乡统一的建设用地市场,组建市旗乡三级土地流转平台,允许农村牧区集体经营性建设用地出让、租赁、入股,增加农牧民财产性收入。加大金融改革创新力度,开展土地信托流转试点工作,鼓励民间资本参与地方金融企业增资扩股,支持有条件的本土企业发起设立民营银行。实施跨区域水权转换和水沙置换工程。积极争取与能源输入地环境容量指标置换,鼓励企业参与排放权交易,推行环境污染第三方治理。扩大电力多边、双边交易,促进市域电力资源优化配置。

发展壮大非公有制经济。坚持权利、机会、规则平等,按照"非禁即入"原则,推行"负面清单"管理模式,清理、调整前置审批事项,取消最低注册资本限制,促进非公有制企业公平进入基础设施、市政公用事业、社会事业和金融服务等领域。扶持本土民营企业做大做强,鼓励本土民营企业与引进企业相互参股、嫁接合作,实现资源、资本、技术、人才、管理优势互补。引导非公有制企业运用高新技术改造提升传统产业,发展非资源型产业。支持国有资本、集体资本、非公有资本交叉持股、相互融合,发展混合所有制经济。大力实施服务企业工程,全面落实扶持企业发展的各项政策措施,切实帮助企业解决信贷融资、市场开拓、项目建设要素制约等困难和问题,促进企业稳定生产,全力扶持困难企业度过难关。

提升对外开放和科技创新水平。重点抓好园区招商和产业链招商,积极引进国内外高端产业、先进技术和资金,主动承接发达地区产业转移,引进国内(区外)资金 640 亿元。加强区域合作,在清洁能源供需领域与能源主要消费区建立互惠共赢的合作关系。加大科技投入力度,加强与中科院、清华大学等科研院所合作,完成清华低碳谷一期建设任务。做好国家级高新技术产业园区申报工作,加快软件园、孵化器建设。深入实施"人才鄂尔多斯"战略,统筹培养和引进各类人才,提高人才工作水平。

(五)加强和创新社会管理,落实风险防控措施,确保社会和谐稳定

创新社会管理机制。推进国家社会管理创新试点城市建设,加快构建社会管理主体多元化格局。推行网上受理信访事项,落实涉法涉诉信访案件依法终结制度。加大资源开发、环境污染、回迁安置、农民工工资兑付等领域矛盾纠纷排查调处力度,积极化解信访积案。深入推进平安鄂尔多斯建设,完善立体化治安防控体系,提升治安防控信息化和社会化水平。严厉打击各类刑事犯罪,切实提高合成作战能力。加强社区矫正工作。强化食品药品安全监管,严格标准,严厉处罚,严肃问责,确保人民群众饮食用药安全。加强社会诚信体系建设,建立信用"黑名单"和失信惩戒制度,严厉打击隐匿资产、恶意逃债、有钱不还等赖账行为,塑造诚信鄂尔多斯形象。完善应急体系,加强应急

队伍建设和救援演练，提高处置突发事件和自然灾害的能力。积极稳妥解决民间借贷纠纷，最大限度保障债权人合法权益。高度重视网络舆情，正面引导社会舆论。加强国防宣传教育，强化国防动员能力建设。

严防政府性债务风险。切实增强政府性债务风险防控意识和能力，进一步摸清底数、界定性质、厘清范围，通过预算安排、压缩支出、资产拍卖、债权相抵等措施，积极筹措资金，全力做好政府性债务清理化解工作，确保完成三年化债任务。政府偿债资金优先用于偿还农民工工资和化解民间借贷案件。坚持“化旧”与“控新”并重，健全政府性债务管理制度，严格举债审批程序，落实偿债责任，建立偿债准备金制度，把政府性债务分门别类纳入全口径预算管理。规范政府融资行为，清理整合政府性投融资平台。加大考核问责力度，树立“还债也是政绩”的理念，将化解政府性债务工作纳入实绩考核重点，严厉查处违规举债和化解债务不力的责任人。

加强安全生产监管。健全完善安全生产责任体系，落实“党政同责、一岗双责”制度，强化企业主体责任。加大安全生产投入力度，加强企业员工安全培训，从源头上杜绝安全生产事故发生。加大执法检查力度，充实安全生产专业监管力量，强化对煤矿、危化企业、建筑、消防、道路交通、油气管道、民爆行业等重点领域的安全监管。严格事故查处和责任追究，建立安全生产检查连带责任追究制。高度重视消防安全，提高消防装备水平，年内所有园区建成消防队站。做好防凌防汛、城镇防洪防涝工作，保障人民群众生命财产安全。

（六）转变政府职能，改进工作作风，努力建设法治政府和服务型政府

优化发展环境。继续简政放权，削减下放行政审批事项和收费项目。对列入自治区“8337”发展思路重点规划的项目，除须经国家审批的外，一律改为备案制。全面推行集中办理、网上审批和满意度测评制度，优化审批流程，减少审批环节，提高审批效率。坚持依法行政，加强法治政府建设，自觉接受人大、政协和社会各界监督，制定法治鄂尔多斯建设实施纲要，加强法制宣传教育，改善地区法治环境。整合行政执法资源，规范行政执法行为。推进政府机构改革和事业单位分类改革。

改进工作作风。严格落实中央、自治区和市委改进工作作风、密切联系群众的各项规定，扎实开展党的群众路线教育实践活动，突出整治“四风”问题。继续精简会议和文件，严控各类会展、论坛、节庆和检查评比活动，绝不搞华而不实、劳民伤财、急功近利的形象工程。强化行政监察和政务督查，加大行政问责力度，坚决查处庸懒散奢、吃拿卡要、效率低下、不负责任、执行不力、弄虚作假等行为，确保政令畅通。深入开展行风治理，集中整治学校、医疗机构、交管、运管、煤炭稽查等领域乱收费、乱罚款等损害群众利益的行为。加强公务员队伍建设，强化公仆意识、服务意识、责任意识，建设一支作风优良、纪律严明的公务员队伍。

厉行勤俭节约。全面落实《党政机关厉行节约反对浪费条例》，牢固树立过紧日子的思想，坚决杜绝大手大脚、铺张浪费。调整优化财政支出结构，按照“四保两压”原则，优先保运转、保民生、保化债、保重点续建项目，进一步压缩“三公”经费和政府投资项目支出规模，大幅压缩或取消历年安排的常规性项目支出。除民生项目外，原则上不开工新建政府投资项目。从严控制差旅费等行政经费支出，一律不参加没有实质内容的招商引资和外出考察培训等活动。不折不扣地贯彻落实国务院“约法三章”要求，政府性楼堂馆所一律不得新建，财政供养人员只减不增，公费接待、公费出国、公费购车只减不增。加强对公务员队伍勤俭节约的监督约束，带动全社会形成节俭之风。

强化廉政建设。完善市旗两级公共资源交易平台建设，严格执行政府投资项目社会公开和招投标制度，将所有公共资源纳入平台集中交易。严控工程建设规模和标准，坚决杜绝超预算、超标准建设行为，推行项目建设终身负责制。严格执行中央关于干部工作生活方面的待遇规定，构建公务用车和办公用房管理长效机制。完善财政资金预算、拨付、绩效评价、投资评审管理制度，强化财政资金使用监管。完善国有资

产监管体制和监管方式，进一步规范国有资产处置、产权变更等程序。强化行政监察和审计监督，严肃查处违法违规案件。加强公务员廉洁从政监督与管理，严肃查处以权谋私、失职渎职等行为，树立清正廉洁的新形象。

各位代表，一元复始，万象更新，展望未来，信心满怀。尽管在前进的道路上有困难、有风险，但只要全市上下同心同德、开拓奋进，我们就没有克服不了的困难，就没有战胜不了的风险。我们有理由相信，鄂尔多斯经济社会发展前景广阔、潜力巨大，鄂尔多斯的明天一定会更加美好。让我们在市委的坚强领导下，凝心聚力，共克时艰，扎实做好改革发展稳定各项工作，为建设更具实力、更加美丽、更富活力、更为幸福的鄂尔多斯而努力奋斗！

鄂尔多斯市 2013 年国民经济和社会发展统计公报

鄂尔多斯市统计局
国家统计局鄂尔多斯调查队

2014 年 3 月 12 日

2013 年，面对错综复杂的宏观经济形势，在市委、政府的正确领导下，我市认真贯彻落实党的十八大、十八届三中全会精神，全力实施自治区“8337”发展思路，牢牢把握稳中求进的工作总基调，经济运行总体平稳，社会事业有序推进，人民生活进一步改善。

一、综合

2013 年末全市常住人口 201.75 万人，其中城镇人口 146.01 万人，乡村人口 55.74 万人，城镇化率为 72.4%。全年出生人口为 2.2 万人，出生率为 10.9‰；死亡人口为 1.03 万人，死亡率为 5.1‰；自然增长率为 5.8‰。年末户籍人口 154.34 万人，比上年末增加 2.26 万人。

图 1:2009-2013 年全市地区生产总值及增速

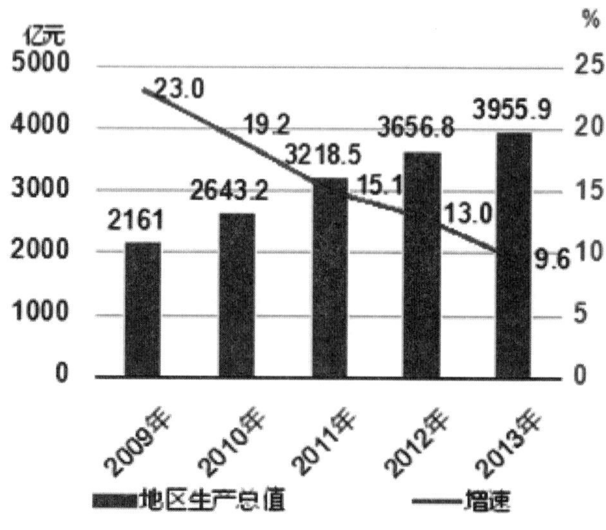

初步核算，2013 年全市地区生产总值 3955.90 亿元，扣除价格因素，比去年增长 9.6%。分产业看，第一产业完成增加值 97.50 亿元，增长 3.3%，对经济增长的贡献率为 2.5%，拉动 GDP 增长 0.2 个百分点。第二产业完成增加值 2369.33 亿元，增长 11.4%，对全市经济增长的贡献率达到 52.2%，拉动 GDP 增长 5.0 个百分点。其中，工业完成增加值 2109.53 亿元，增长 11.9%；建筑业完成增加值 259.80 亿元，增长 7.3%。第三产业完成增加值 1489.07 亿元，增长 7.0%，对经济增长的贡献率为 45.3%，拉动 GDP 增长 4.4 个百分点。三次产业增加值比例调整为 2.5:59.9:37.6。

全市地方财政总收入完成 855.37 亿元，同比增长 4.3%。其中，分税种看，增值税完成 308.7 亿元，同比下降 0.9%；营业税完成 73.1 亿元，同比下降 1.6%；企业所得税完成 137.8 亿元，同比下降 23.7%；个人所得税完成 39.5 亿元，同比下降 12.4%；契税完成 12.7 亿元，同比增长 74.0%。公共财政预算收入完成 440.02 亿元，同比增长 17.2%。

全年公共财政预算支出 518.47 亿元，同比增长 7.3%，其中，城乡社区事务支出 127.60 亿元，同比增长 44.2%；教育支出 60.70 亿元，同比增长 2.5%；农林水事务支出 52.24 亿元，同比下降 10.9%；社会保障和就业支出 40.32 亿元，同比下降 7.5%；医疗卫生支出 25.86 亿元，同比增长 21.5%；节能环保支出 11.24 元，同比下降 13.6%；科技支出 3.99 亿元，同比下降 16.8%。

二、农牧业

全年现价农林牧渔及服务业总产值 165.5 亿元，按可比价格计算比上年增长 3.7%。其中，农业产值 75.6 亿元，增长 3.4%；林业产值 6.6 亿元，增长 5.9%；

图 2:2009-2013 年全市财政收入及占 GDP 比重

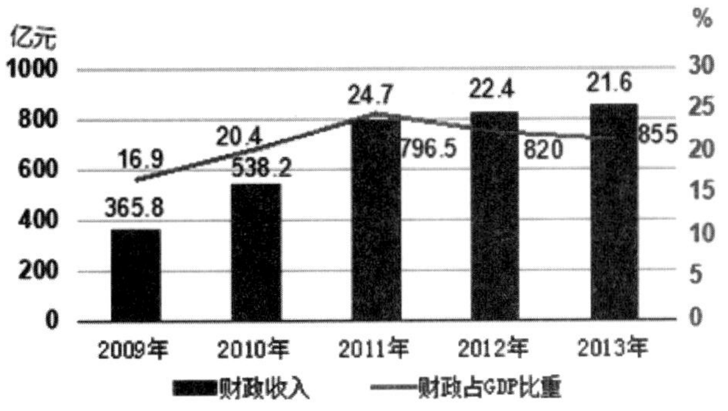

牧业产值 78.2 亿元,增长 2.6%;渔业产值 2.0 亿元,增长 16.5%;农林牧渔服务业产值 3.0 亿元,增长 5.4%。

全市农作物总播种面积 577.72 万亩。其中粮食作物播种面积 362.83 万亩,油料播种面积 51.83 万亩,蔬菜播种面积 14.21 万亩。全年粮食总产量 155.1 万吨,同比增长 6.9%。油料产量 9.01 万吨,同比增长 15.1%;甜菜产量 9.46 万吨,同比下降 12.2%;蔬菜产量 42.88 万吨,同比增长 24.8%。(详见附表 1)

全市拥有农业机械总动力 291 万千瓦,同比增长 4.6%。全市拥有大中型拖拉机 2.70 万台,增长 11.1%;农用排灌机械 10.8 万台(套),增长 4.0%,其中,节水灌溉类机械 4559 套,增长 60%;联合收获机 1236 台,增长 16%;农用运输车 5.90 万台,增长 0.5%。机械耕地面积占农作物总播种面积的比重 97%,机械播种面积占比 80.5%,机械收割面积占比 42.2%,农业耕种收综合机械化水平达到 76%。

三、工业

全市规模以上工业企业 379 家,较去年减少 6 家。总产值达到 4210.3 亿元,同比增长 7.5%;销售产值 4141.1 亿元,增长 7.6%;工业产品产销率 98.4%。全年规模以上工业增加值按可比价比上年增长 12.7%。按轻重工业分,轻工业增长 0.7%、重工业增长 13.0%;按经济类型分,国有企业增长 28.9%,集体企业增长 10.6%,股份制企业增长 10.6%,外商及港澳台投资工业增长 4.3%,其他经济类型工业增长 32.0%。(规上工业主要产品产量详见附表 2)

规模以上工业企业实现主营业务收入 4326.4 亿元,比上年增长 3.5%;利税总额 1156.4 亿元,下降 4.0%;利润总额 775.3 亿元,下降 12.0%。亏损企业 90 户,比上年增加 7 户。企业亏损面 23.7%,比上年末扩大 1.4 个百分点;亏损企业亏损额 19.8 亿元,同比增长 2.3%。

双百亿工程稳步推进。我市营业收入超百亿元企业 10 户,实现营业收入 2067.3 亿元,同比增长 8.6%,实现利润 368.55 亿元,同比下降 5.4%,税金总额 204.3 亿元,同比增长 34.8%。

四、建筑业和房地产开发

年末全市具有资质等级的建筑施工企业 221 个,全年资质以上建筑业总产值 469.62 亿元,比上年增长 7.9%,竣工产值 171.97 亿元,下降 34.7%。建筑业企业房屋建筑施工面积 652.22 万平方米,下降 42.8%;竣工面积 247.61 万平方米,下降 49.5%。

全年房地产开发施工面积 2622.65 万平方米,同比下降 27.5%;竣工面积 361.41 万平方米,同比下降 16.6%。商品房销售面积 233.20 万平方米,同比增长 0.2%;销售额 103.90 亿元,同比下降 3.8%。其中住宅销售额 81.64 亿元,同比增长 11.5%。(详见附表 3)

五、固定资产投资

全市全社会固定资产投资完成 2996.04 亿元,同比增长 16.6%。其中,城镇投资 2976.4 亿元,同比增长 16.6%;农村投资 19.7 亿元,同比增长 12.2%。全年新增固定资产 938.79 亿元,固定资产交付使用率 31.3%,共有 983 个城镇建设项目建成投产,项目建成投产率 60.7%。全市亿元以上重点开工项目 315 个,比上年下降 1.3%,完成投资 2341.83 亿元,比上年增长 24.4%。

从投资主体看,国有经济投资 1063.29 亿元,增长 19.6%;非国有投资 1932.75 亿元,增长 15.0%;其中民间投资 1771.71 亿元,增长 12.8%,民间投资占固定资产投资的比重达 59.1%,比上年下降 2.0 个百分点。

投资方向侧重工业。第一产业完成投资 75.46 亿元,同比下降 1.5%;第二产业完成投资 2114.78 亿元,同比增长 37.2%,其中,工业投资完成 2105.46 亿元,同比增长 36.9%;第三产业完成投资 805.79 亿元,同比下降 15.4%。主要工业行业投资中,制造业完成投资 1302.87 亿元,增长 17.5%;采矿业完成投资 551.04

亿元，下降78.7%；电力、燃气及水的生产和供应业完成投资251.55亿元，增长108.2%。第三产业投资中，交通运输仓储和邮政业投资232.39亿元，下降25.8%；房地产业投资207.62亿元，下降23.4%；水利、环境和公共设施管理业159.97亿元，下降17.8%；教育28.0亿元，下降27.0%。（详见附表4）

图3:2009-2013年全市固定资产总量及增速

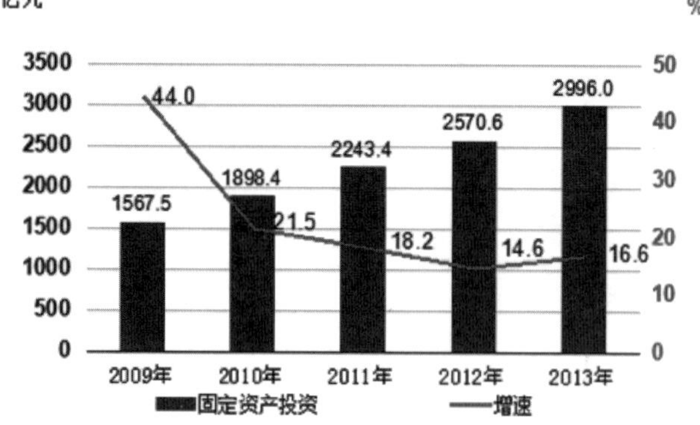

六、国内贸易

全市实现社会消费品零售总额553.81亿元，同比增长10.5%。其中，城镇实现消费品零售额460.54亿元，同比增长10.6%；乡村实现消费品零售额93.28亿元，同比增长9.6%。

限额以上批发零售企业完成销售额270.66亿元，同比下降4.1%。按商品类值分，粮油食品类完成零售额12.68亿元，同比增长25.8%；服装类完成零售额5.7亿元，同比增长9.8%；日用洗涤品类完成零售额0.82亿元，同比增长35.0%；家用电器和音像器材类完成零售额4.4亿元，同比增长27.4%；汽车类完成零售额77.1亿元，同比增长6.1%；石油及制品类完成零售额134.8亿元，同比下降10.9%。

七、对外经济

全年新批准外商投资企业6家，利用外资新签项目数达14个。实际使用外商直接投资16亿美元，同比增长5.3%。

全市完成进出口总额（不含煤炭）11.36亿美元，同比增长168.8%。其中进口总额7.91亿美元，同比增长308.2%；出口总额3.46亿美元，同比增长51.0%。

八、交通、邮电业和旅游

鄂尔多斯机场全年共营运航线47条，通航城市38个，并于2013年7月首次开通直飞香港的国际（地区）航班。铁路通车里程达1576公里。全市公路总里程18475公里，其中高速公路里程682公里，公路网密度为21.2公里/百平方公里。全年各种运输方式完成货运量66609.35万吨，比上年增长14.3%；其中，铁路完成货运量26402.4万吨，增长14.0%；公路货运量40206万吨，增长14.0%；民航货运量0.95万吨，下降3%。全年各种运输方式完成客运量2757.79万人，比上年增长4.7%。其中，铁路完成客运量47.6万人，下降13.0%；公路客运量2537万人，增长4.7%；民航客运量173.19万人，下降3.8%。全市机动车拥有量52.4万辆，同比增长6.1%，其中新注册3.5万户。

全年实现邮电业务收入28.44亿元，同比增长14.1%。其中，邮政业务收入1.21亿元，增长1.7%；电信业务收入27.23亿元，增长14.7%。年末固定电话用户23.34万户，移动电话用户306.21万户，其中，3G移动电话用户93.04万户，增长28.6%；宽带用户达到17.8万户，增长35.9%。

全市A级旅游景区和全国工农业旅游示范点44个，其中，国家5A级旅游景区2个，4A级旅游景区17个，3A级旅游景区13个。全市旅行社116家，其中具有出境经营权的旅行社17家，全市旅游直接从业者达4.4万人。全市共接待游客650.7万人次，同比增长9.7%。其中，接待入境旅游者3.1万人次。实现旅游收入152.4亿元，同比增长21.5%。

九、金融和保险业

全市共有银行法人机构26家，银行营业网点553个，共有从业人员9399人。年末金融机构各项存款余额（人民币）2325.7亿元，同比增长5.5%。其中，单位存款余额1079.5亿元，同比下降3.8%；城乡居民储蓄存款余额1179.4亿元，同比增长14.3%。年末金融机构各项贷款余额2368.6亿元，同比增长7.3%。其中，短期贷款余额1069.5亿元，同比增长5.0%；中长期贷款余额1277.0亿元，同比增长7.2%；个人消费贷款余额254.5亿元，同比下降10.9%。

全市保险主体30家，各级保险机构178家。保险业实现保费收入32.37亿元，同比下降4.9%。其中财产险收入17.43亿元，同比下降11.5%；寿险收入

12.43亿元,同比增长0.5%;健康险收入1.88亿元,同比增长57.0%;意外伤害险收入0.63亿元,同比下降18.5%。各项赔付支出11.47亿元,同比增长1.1%。其中财产险赔付支出8.57亿元,同比下降9.2%;寿险赔付支出1.97亿元,同比增长14.2%;健康险赔付支出0.77亿元,同比增长244.4%;意外伤害险赔付支出0.16亿元,同比下降23.4%。

十、教育和科技

全市有普通高校2所,普通高等教育本专科招生1244人,在校生21271人,毕业生1784人;普通中等专业学校4所,在校学生8620人;普通高中22所,在校学生33259人;普通初中44所,在校学生52042人;职业高中8所,在校学生10576人;普通小学121所,在校学生111939人;幼儿园278所,在校学生78231人;特殊教育学校3所,在校学生238人。各级各类学校(含幼儿园)共有在校生29.92万人。

全市共取得各类科技成果42项,全年提交专利申请1041件,分别同比增长75.0%和157.7%。其中,授权专利637件,同比增长190.9%。技术合同认定登记75项,成交金额1.1亿元,分别同比下降76.5%和80.1%。年内新认定国家级高新技术企业4家,自治区院士级企业研究开发中心4家,自治区级工程技术研究中心1家,自治区院士专家工作站3家。

十一、文化、卫生和体育

全市拥有文化馆、群众艺术馆9个,组织文艺活动915场次,乡镇文化站75个,公共图书馆9个,博物馆5个,艺术表演团体9个,组织开展演出活动1245场次。广播、电视综合覆盖率分别达到98.7%和96.8%。有线电视用户数达35万户,同比增长36.7%。全市农牧区的MMDS(多路微波分配系统)用户达到22万户,直播卫星用户达1.83万户,完成广播电视信号全面入户,实现广播电视"户户通"。农牧区免费放电影15592场次,观众人数达70万人次。

全市共有公立医院25家,社区卫生服务中心35个,社区卫生服务站58个,乡镇卫生院94个,农村牧区卫生室713个,疾病预防控制中心9个,妇幼保健机构9个,卫生监督所9个。公立医院床位数5888张,乡镇卫生院床位数1369张。卫生技术人员15028人,其中注册医师6893人,注册护士5525人。

全市国家一级社会体育指导员120人,国家二级社会体育指导员384人。年内成功举办5项次国际国内重要体育赛事。社区全民健身示范点47个,健身路径450个,全民健身体系日趋完善。

十二、城市建设和环境保护

全市建成区面积256.59平方公里,道路面积5289.95万平方米,供热面积8472.39万平方米。全市燃气普及率达80.9%,污水处理率达93.7%,生活垃圾无害化处理率为94.3%。全市建成区绿地率达38.5%,建成区绿化覆盖率达41.09%,人均公园绿地面积达31.23平方米。

节能减排取得新成效。大力实施节能减排重点工程,鼓励发展循环经济,严格控制高耗能项目,加快淘汰落后产能,初步核算我市单位GDP能耗同比下降3.45%,圆满完成自治区下达的节能降耗目标任务。城市环境空气质量全年好于国家二级标准优良天数329天,污染36天,其中重度污染7天。全市二氧化硫均值为27ug/m^3,二氧化氮均值为27ug/m^3,分别同比下降20.6%和18.2%。可吸入颗粒物年平均浓度85ug/m^3,全市城镇集中式饮用水源地的水质达标率100%。城镇区域环境噪声等效声级均值为49.4分贝,道路交通噪声等效声级均值为61.3分贝。

全年共完成造林面积109.1千公顷,森林覆盖面积2198千公顷,森林覆盖率为25.3%,退耕还林面积13.29千公顷,退牧还草面积246.67千公顷。全市有自然保护区10个,其中国家级自然保护区2个,总面积达897.85千公顷。

十三、人民生活和社会保障

抽样调查资料显示,城镇居民人均总收入达到37564元,同比增长5.3%。城镇居民人均可支配收入达到36132元,同比增长9.0%。农牧民人均纯收入为12800元,同比增长12.1%。城镇居民人均消费性支出27393元,同比下降0.4%。农牧民人均生活消费支出11492元,同比增长10.6%。城镇居民家庭食品消费支出占家庭消费总支出的比重为27.0%,农村为34.9%。城镇居民人均住房建筑面积37.7平方米,农牧民人均住房面积44平方米。每百户城镇居民拥有家用汽车 71 辆，较上年增加 9 辆；每百户农牧民拥有家用汽车 44 辆，较上年增加 19 辆。

2009-2013 年全市城乡居民收入

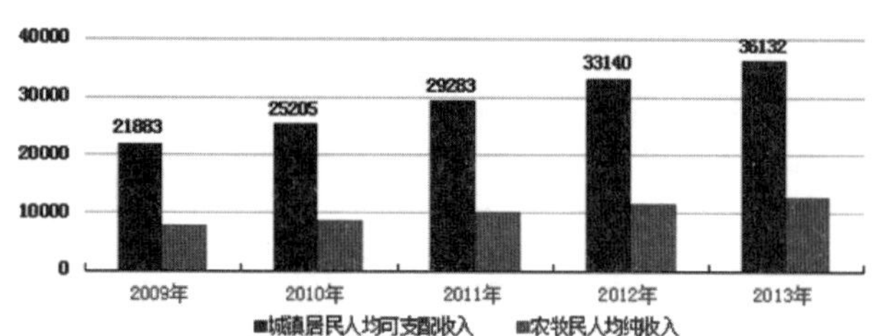

全市参加城镇职工基本养老保险 26.06 万人，参加城乡居民养老保险 2.69 万人，参加农牧民养老保险 50.83 万人，参加城镇基本医疗保险 64.07 万人，参加新型农村牧区合作医疗保险 92.09 万人，参加生育保险 20.95 万人，参加工伤保险 21.34 万人，参加失业保险 16.21 万人。年内“城镇企业职工”“城镇居民”和“农牧民”月平均养老金分别达到 2140 元、550 元和 310 元。

全市享受城市最低生活保障 2.71 万人，享受农村最低生活保障 5.02 万人。城镇最低生活保障标准提高到每人每年 5760 元，农村最低生活保障标准提高到每人每年 4680 元。全市各类收养性福利事业单位 102 家，床位 12977 张，收养各类人员 3240 人。社会福利企业 8 家，职工 432 人。

注：1.本公报部分数据为初步统计数。

2.地区生产总值、增加值绝对数均按现价计算，增长速度按可比价格计算。

3. 规模以上工业企业是指年主营业务收入 2000 万元及以上的全部法人工业企业；限额以上批发零售企业是指年末从业人员 20 人以上，年主营业务收入 2000万元及以上的批发企业和年末从业人员 60 人以上，年主营业务收入 500 万元及以上的零售企业。

4.城镇单位统计范围主要有国有经济、城镇集体经济、联营经济、股份制经济、外商和港、澳、台投资经济和其他经济单位，不包括乡镇企业、私营单位和个体户。

5.部分数据因四舍五入的原因，存在与分项合计不等的情况。

6.经济作物播种面积和农产品产量都为上报数。

附表 1:2013 年主要农畜产品产量

指　　标	单　位	2013 年	增长(%)
粮　食	万吨	155.1	6.9
油　料	万吨	9.0	5.1
甜　菜	万吨	9.5	-12.2
蔬　菜	万吨	42.9	24.8
绵羊毛产量	吨	11937	0.6
山羊绒产量	吨	2710	6.3

附表 2:2013 年规上工业主要产品产量

指　　标	单　位	2013 年	增长(%)
主要产品产量			
原　煤	万吨	63000	-1.4
天然气	万立方米	2706000	4.4
发电量	万千瓦小时	6907000	12.4
汽　车	辆	71294	49 倍
PVC	万吨	54.48	18.1
精甲醇	万吨	351.18	16.9
焦　炭	万吨	740.18	36.7
烧　碱	万吨	42.47	29.0
羊绒衫	万件	1189.05	35.5
铁合金	万吨	79.55	39.0
水　泥	万吨	656.71	-7.2
白　酒	千升	24581	-31.1

附表3:2013年房地产开发和销售主要指标

指　　标	单位数	2013年	增长(%)
房地产开发投资	亿元	137.56	-21.6
#住宅	亿元	101.31	10.3
商品房施工面积	万平方米	2622.65	-27.5
新开工面积	万平方米	189.91	-82.4
#住宅	万平方米	117.17	-81.3
商品房竣工面积	万平方米	361.41	-16.6
#住宅	万平方米	263.07	7.9
商品房销售面积	万平方米	233.17	0.2

附表4:2013年固定资产投资分行业投资

单位:万元、%

指　　标	2013年	增长
按国民经济行业分		
农、林、牧、渔业	754699	-1.5
采矿业	5510418	78.7
制造业	13028712	17.5
电力、燃气及水的生产和供应业	2515501	108.2
建筑业	93197	122.9
交通运输、仓储和邮政业	2323903	-25.8
信息传输、计算机服务和软件业	46162	-1.9
批发和零售业	148052	54.2
住宿和餐饮业	305401	119.7
房地产业	2076198	-23.4
租赁和商务服务业	119089	133.3
科学研究、技术服务和地质勘查业	118081	264.1
水利、环境和公共设施管理业	1599664	-17.8
居民服务和其他服务业	53710	-56.5
教　育	279995	-27.0
卫生、社会保障和社会福利业	115396	-9.6
文化、体育和娱乐业	338999	-19.1
公共管理和社会组织	530251	61.1

第二部分

统计数据

一、行政区划和自然资源

鄂尔多斯CBD中心

1－1 全市行政区划(2013 年)

单位:个

地　　区	办事处、镇、乡、苏木					社区(居委会)、村嘎查		
	合计	办事处	镇	乡	苏木	合计	社区居委会	村嘎查
全　　市	74	25	41	2	6	935	196	739
东 胜 区	18	15	3			120	86	34
达拉特旗	14	6	7		1	146	16	130
准格尔旗	13	4	6	2	1	182	23	159
鄂托克前旗	4		4			77	9	68
鄂托克旗	6		4		2	96	21	75
杭 锦 旗	6		5		1	88	12	76
乌 审 旗	6		5		1	72	13	59
伊金霍洛旗	7		7			154	16	138

1－2　街道办事处、镇、乡、苏木名称一览表（2013 年）

地　区	办事处、镇、乡、苏木个数(个)	街道办事处、镇、乡、苏木名称
全市合计	74	其中:街道办事处 25 个、镇政府 41 个、乡 2 个、苏木 6 个
东 胜 区	18	建设街道办事处、公园路街道办事处、林荫路街道办事处、交通街道办事处、天骄路街道办事处、富兴路街道办事处、哈巴格希街道办事处、诃额伦街道办事处、巴音门克街道办事处、兴胜街道办事处、纺织街道办事处、民族街道办事处、幸福街道办事处、青春山街道办事处、滨河街道办事处、罕台镇、铜川镇、泊尔江海子镇
达拉特旗	14	白塔街道办事处、锡尼街道办事处、工业街道办事处、昭君街道办事处、西园街道办事处、平原街道办事处、树林召镇、吉格斯太镇、王爱召镇、白泥井镇、昭君镇、恩格贝镇、中和西镇、展旦昭苏木
准格尔旗	13	蓝天街道办事处、友谊街道办事处、兴隆街道办事处、迎泽街道办事处、薛家湾镇、沙圪堵镇、龙口镇、纳日松镇、准格尔召镇、大路镇、十二连城乡、暖水乡、布尔陶亥苏木
鄂托克前旗	4	敖勒召其镇、上海庙镇、城川镇、昂素镇
鄂托克旗	6	乌兰镇、棋盘井镇、蒙西镇、木凯淖尔镇、苏米图苏木、阿尔巴斯苏木
杭锦旗	6	锡尼镇、巴拉贡镇、呼和木都镇、吉日嘎朗图镇、独贵塔拉镇、伊和乌素苏木
乌审旗	6	嘎鲁图镇、乌审召镇、图克镇、乌兰陶勒盖镇、无定河镇、苏力德苏木
伊金霍洛旗	7	阿勒腾席热镇、札萨克镇、乌兰木伦镇、纳林陶亥镇、苏布尔嘎镇、 红庆河镇、伊金霍洛镇

1－3 人口和自然资源

指　　标	单　　位	2013
一、人口资源		
年末总人口	万人	201.75
年末全社会就业人员	万人	103.08
人口密度	人/平方公里	23.22
二、土地资源		
土地总面积	平方公里	86882
三、森林资源		
森林面积	千公顷	2206.54
森林覆盖率	%	25.35
年内造林面积	千公顷	110.80
# 人工造林	千公顷	95.10
四、草原资源		
草原面积	千公顷	6959
# 可利用面积	千公顷	6745
五、水利资源		
总供水量	百万立方米	1591.39
# 地表水源供水量	百万立方米	645.85
地下水源供水量	百万立方米	898.36
# 居民生活用水量	百万立方米	75.84
工业用水量	百万立方米	239.64
农业用水量	百万立方米	1199.85
城市环境用水量	百万立方米	76.06
六、矿产资源		
煤炭储量	亿吨	1922
芒硝矿储量	亿吨	34
石膏储量	亿吨	36
天然碱储量	万吨	1284
高岭土储量	万吨	712

1－4 分月气象情况(2013 年)

月 份	月降水量(0.1mm)	平均气温(℃)	最高气温(℃)	最低气温(℃)	平均风速(m/s)
1 月	12.0	-7.4	8.2	-24.7	2.1
2 月	0.0	-4.2	11.2	-15.4	2.6
3 月	0.3	4.4	21.6	-12.1	2.8
4 月	1.0	8.5	25.9	-7.4	3.1
5 月	18.2	17.1	28.9	6.4	2.8
6 月	136.5	20.0	30.3	9.6	3.0
7 月	126.3	21.5	30.4	13.8	2.4
8 月	107.9	20.5	29.6	8.0	2.7
9 月	39.3	15.0	26.4	2.2	2.4
10 月	2.3	8.7	24.8	-6.0	2.4
11 月	6.2	-0.4	11.6	-13.2	2.5
12 月	0.2	-6.0	7.1	-17.5	2.3

主要统计指标解释

行政区划 指国家对行政区划的划分。根据宪法规定，我国的行政区划分如下：(1)全国分为省、自治区、直辖市；(2)自治区分为自治州(盟)、县(旗)、自治县(旗)、市；(3)自治州分为县、自治县、市；(4)旗县、自治县(旗)分为乡、民族乡、镇；(5)直辖市和较大的市分为区、县(旗)；(6)国家在必要时设立特别行政区。

自然资源 指人类可以直接从自然界，并用于生产和生活的物质资源。自然资源一般可以分成可再生产资源和非再生资源两大类。可再生资源指在较短时间内可以再生、可以循环利用的资源，包括土地资源、水资源、气候资源、生物资源和海洋资源等。非再生资源指在使用后不能再生的资源，包括矿产资源和地热能源。

土地资源 土地指陆地的表层部分，它主要由岩石、岩石的风化物和土壤构成。土地资源按利用类型可以分为农用地、建筑用地和未利用地。农用地包括耕地、园地、林地、牧草地和水面。建筑用地包括居民点及工矿用地、交通用地和水利设施用地。未利用地指农用地和建筑用地以外的土地，包括滩涂、荒漠、戈壁、冰川和石山等。

耕地面积 指种植各种农作物的土地面积，包括灌溉水田、望大田、水浇地、旱地、菜地等。

森林资源 指森林、林木、林地以及依托森林、林木、林地生存的野生动物、植物和微生物。是集生的乔木及共同作用的植物、动物微生物和土壤、气候等的总体。

森林覆盖率 指一个国家或地区森林面积占土地面积的百分比。在计算森林覆盖率时，森林面积包括郁闭度 0.2 以上的乔木林地面积和竹林地面积，国家特别规定的灌木林地面积、农用林网以及四旁(村旁、路旁、水旁、宅旁)林木的覆盖面积。森林覆盖率是反映森林资源的丰富程度和生态平衡状况的重要指标。计算公式为：

森林覆盖率(%)= 森林面积 / 土地总面积 *100%

水资源 水在自然界中以固体、液体和气体三种聚集状态存在，分布于海洋、陆地(包括土壤)以及大气之中，通过水循环形成水资源。水资源包括经人类控制并直接可供灌溉、发电、给水、航运、养殖等用途的地表水和地下水，以及江河、湖泊、井、潮汐、港湾和养殖水域等。水资源是发展国民经济不可缺少的重要自然资源。

地表水和地下水 陆地上的水因空间分布不同，可以分为地表水和地下水指分别在于河流、湖泊、沼泽、冰川和冰盖等水体中水的总称，又称陆地水。地下水指储存地面以下饱和岩土孔隙、裂隙及溶洞中的水。

矿产资源 矿产指由地质作用形成，富集于地壳中或出露于地表达到工农业利用要求的有用矿物。矿产是一种重要的自然资源，是社会发展的重要物质基础。从某种意义上讲，这个国家对矿产资源的开发利用的广度和深度，可以作为这个国家经济发展水平的标志。

矿产保有储量 指探明的矿产储量(包括工业储量和远景储量)，扣除已开采部分和在下损失量后的年末实有储量，是反映国家矿产资源现状的重要指标。

气温 指空气的温度，我国一般以摄氏度(℃)为单位表示。气象观测的温度表是放在离地面约 1.5 米处通风良好百叶箱里测量的。因此，通常说气温指的是离地面 1.5 米处百叶箱的温度。其统计计算方法为：

月平均气温是将全月各日的平均气温相加，除以该月的天数而得。

年平均气温是将 12 个月的月平均气温累加后除以 12 而得。

相对温度 指空气中实际水气压与当时气温下的饱合水气压之比。其统计方法与气温相同。

降水量 指从天气降落到地面的液态固态(经融化后)水，未经蒸发、渗透、流失而在地面上积聚的深度。其统计计算方法为：

月降水量是将全月各日的降水量累加而得。

年降水量是将 12 个月的月降水量累加而得。

二、综合

鄂尔多斯大剧院

2-1 按行业大类分组汇总单位数(2013 年)

指标	法人单位				产业活动单位	
	单位数(个)	单产业法人	多产业法人	# 规模、资质或限额以上单位	单位数(个)	# 多产业法人所属产业活动单位
总计	15405	14720	685	1262	18316	3596
农、林、牧、渔业	1356	1354	2		1453	99
农业	285	285			295	10
林业	265	264	1		274	10
畜牧业	568	567	1		572	5
渔业	10	10			11	1
农、林、牧、渔服务业	228	228			301	73
采矿业	790	768	22	190	869	101
煤炭开采和洗选业	380	359	21	182	456	97
石油和天然气开采业	37	37			40	3
黑色金属矿采选业	33	33			33	
非金属矿采选业	330	329	1	8	330	1
其他采矿业	10	10			10	
制造业	1700	1676	24	161	1749	73
农副食品加工业	95	93	2	4	95	2
食品制造业	113	109	4	5	122	13
饮料制造业	51	50	1	4	53	3
纺织业	161	156	5	9	161	5
纺织服装、鞋、帽制造业	21	21		10	22	1
皮革、毛皮、羽毛(绒)及其制品业	11	11			11	

2－1　续表1

指　　标	法人单位				产业活动单位	
	单位数（个）	单产业法人	多产业法人	# 规模、资质或限额以上单位	单位数（个）	# 多产业法人所属产业活动单位
木材加工及木、竹、藤、棕、草制品业	25	24	1	1	27	3
家具制造业	13	12	1	1	15	3
造纸及纸制品业	8	8		1	8	
印刷业和记录媒介的复制	43	43		2	44	1
文教体育用品制造业	2	2			2	
石油加工、炼焦及核燃料加工业	32	30	2	9	31	1
化学原料及化学制品制造业	183	180	3	56	191	11
医药制造业	15	13	2	5	17	4
橡胶制品业	3	3			3	
塑料制品业	40	40		6	41	1
非金属矿物制品业	564	563	1	22	577	14
黑色金属冶炼及压延加工业	21	20	1	2	24	4
有色金属冶炼及压延加工业	20	20		3	20	
金属制品业	79	79		2	79	
通用设备制造业	30	30		3	31	1
专用设备制造业	29	29		3	31	2
交通运输设备制造业	66	66		9	68	2
电气机械及器材制造业	15	15		3	15	
通信设备、计算机及其他电子设备制造业	2	2			2	
工艺品及其他制造业	31	30	1		32	2
废弃资源和废旧材料回收加工业	27	27		1	27	

2－1 续表2

指 标	法人单位				产业活动单位	
	单位数（个）	单产业法人	多产业法人	# 规模、资质或限额以上单位	单位数（个）	# 多产业法人所属产业活动单位
电力、燃气及水的生产和供应业	189	179	10	39	297	118
电力、热力的生产和供应业	87	80	7	27	165	85
燃气生产和供应业	30	30		7	31	1
水的生产和供应业	72	69	3	5	101	32
建筑业	726	715	11	232	738	23
房屋和土木工程建筑业	377	369	8	170	387	18
建筑安装业	41	41		12	42	1
建筑装饰业	189	186	3	1	190	4
其他建筑业	119	119		49	119	
交通运输、仓储和邮政业	408	387	21		607	220
铁路运输业	12	12			12	
道路运输业	300	282	18		388	106
城市公共交通业	23	22	1		30	8
水上运输业	1	1			2	1
航空运输业	3	3			3	
装卸搬运和其他运输服务业	17	16	1		19	3
仓储业	41	41			48	7
邮政业	11	10	1		105	95
信息传输、计算机服务和软件业	133	127	6		352	225
电信和其他信息传输服务业	31	25	6		247	222
计算机服务业	79	79			81	2
软件业	23	23			24	1

2－1 续表3

指标	法人单位				产业活动单位	
	单位数（个）	单产业法人	多产业法人	# 规模、资质或限额以上单位	单位数（个）	# 多产业法人所属产业活动单位
批发和零售业	3552	3475	77	189	3927	452
批发业	1540	1523	17	15	1593	70
零售业	2012	1952	60	174	2334	382
住宿和餐饮业	518	508	10	127	567	59
住宿业	161	159	2	30	166	7
餐饮业	357	349	8	97	401	52
金融业	304	263	41		862	599
银行业	51	34	17		455	421
证券业	7	6	1		10	4
保险业	40	25	15		167	142
其他金融活动	206	198	8		230	32
房地产业	824	813	11	324	837	24
房地产业	824	813	11	324	837	24
租赁和商务服务业	671	660	11		726	66
租赁业	71	70	1		71	1
商务服务业	600	590	10		655	65
科学研究、技术服务和地质勘查业	292	284	8		348	64
研究与试验发展	27	27			29	2
专业技术服务业	173	167	6		197	30
科技交流和推广服务业	79	77	2		108	31
地质勘查业	13	13			14	1

2-1 续表4

指　　标	法人单位				产业活动单位	
	单位数（个）	单产业法人	多产业法人	# 规模、资质或限额以上单位	单位数（个）	# 多产业法人所属产业活动单位
水利、环境和公共设施管理业	212	209	3		246	37
水利管理业	61	61			74	13
环境管理业	50	50			62	12
公共设施管理业	101	98	3		110	12
居民服务和其他服务业	264	263	1		271	8
居民服务业	94	93	1		100	7
其他服务业	170	170			171	1
教　育	474	458	16		482	24
教　育	474	458	16		482	24
卫生、社会保障和社会福利业	293	284	9		565	281
卫　生	228	219	9		460	241
社会保障业	30	30			53	23
社会福利业	35	35			52	17
文化、体育和娱乐业	141	139	2		189	50
新闻出版业	10	10			11	1
广播、电视、电影和音像业	20	18	2		27	9
文化艺术业	79	79			114	35
体　育	6	6			6	
娱乐业	26	26			31	5
公共管理和社会组织	2558	2158	400		3231	1073
中国共产党机关	80	66	14		91	25
国家机构	1038	830	208		1688	858
人民政协和民主党派	9	9			9	
群众团体、社会团体和宗教组织	509	506	3		521	15
基层群众自治组织	922	747	175		922	175

2－2 平均每天主要社会经济活动

指　标	1990	1995	2000	2005	2006	2009	2010	2011	2012	2013
全市每天创造的财富										
地区生产总值(当年价格,万元)	407	1363	4112	16297	22535	59205	72417	88179	100186	108380
第一产业	195	465	672	1113	1180	1661	1940	2278	2470	2671
第二产业	104	540	2300	8560	12045	34534	42505	52978	60634	64913
工　业	75	437	2106	7370	10073	31017	38113	47207	54019	57795
建筑业	28	104	194	1190	1972	3517	4392	5771	6615	7117
第三产业	109	358	1140	6623	9309	23011	27972	32923	37083	40796
地方财政收入(万元)	35	82	277	1264	2254	10022	14747	21821	22466	23435
主要工农业产品产量										
粮　食(吨)	1272	1870	1828	3219	3348	3740	3863	3905	3974	4248
油　料(吨)	104	154	321	216	171	188	191	207	215	240
肉　类(吨)	124	172	244	443	484	382	404	408	411	426
原　煤(万吨)	2	5	7	42	48	93	123	161	175	173
发电量(万千瓦时)	22	396	2480	6373	7535	11937	13356	15272	15619	18923
烧　碱(吨)	32	96	74	61	37	686	1003	909	902	1164
氮　肥(折 100%.吨)	19	50	21	54	53	3285	1586	1859	1700	1465
水　泥(吨)	105	509	3452	10019	12212	23375	22573	26680	16704	17992

2－2 续表

指 标	1990	1995	2000	2005	2006	2009	2010	2011	2012	2013
羊绒衫(万件)	0.05	0.46	0.96	2.20	2.34	1.42	3.22	3.73	2.77	3.26
原 盐(吨)	82	123	142	253	146	207	46	146	–	28
每天人口变动与婚姻										
出生人口(人)	66	44	45	47	40	58	80	53	64	62
死亡人口(人)	24	17	24	24	10	16	27	17	54	21
人口自然增长(人)	42	27	21	23	30	43	53	36	10	41
结 婚(对)		27	23	32	33	42	40	40	40	34
离 婚(对)		1	1	3	5	6	6	8	8	8
全市每天其他活动										
社会消费品零售额(万元)	247	744	1526	4156	5005	8580	10197	12055	13737	15173
全社会固定资产投资额(万元)	220	1210	1368	11060	16895	42946	52011	61464	70427	82083
公路客运量(万人)	1	1	2	5	6	5	6	6	7	7
公路货运量(万吨)	1	3	9	43	58	51	64	83	97	110
每日净增加储蓄余额(万元)	39	123	201	1173	1018	3845	3330	5325	6876	4047

注：出生人口和死亡人口为公安户籍口径。

2－3 社会经济主要指标人均水平

指　　标	1985	1990	1995	2000	2005	2006	2009	2010	2011	2012	2013
地区生产总值(当年价格,元)	526	1245	3992	11505	37774	50582	117274	138109	163012	182680	196723
地方财政收入(元)	31	107	240	1130	5929	8970	19851	28126	40340	40964	42537
农牧业生产											
粮食产量(公斤)	218	389	548	512	746	752	741	737	722	725	771
油料产量(公斤)	25	32	45	90	50	38	37	36	38	39	44
甜菜产量(公斤)	127	118	158	66	89	73	46	45	53	54	47
年末大牲畜(头)	0.28	0.22	0.19	0.17	0.20	0.24	0.13	0.13	0.13	0.13	0.13
年末羊(只)	3.90	3.68	3.45	2.70	4.52	4.99	4.03	3.97	3.51	3.41	3.43
年末生猪(头)	0.25	0.26	0.40	0.34	0.32	0.31	0.23	0.22	0.22	0.22	0.21
猪、牛、羊肉产量(公斤)	25.35	37.13	49.36	65.54	100.46	106.45	73.70	75.19	73.68	73.40	77.34
山羊绒产量(公斤)	0.43	0.37	0.52	0.43	1.09	1.07	0.98	1.37	1.34	1.27	1.35

2-3 续表

指　　标	1985	1990	1995	2000	2005	2006	2009	2010	2011	2012	2013
工业产品产量											
原　煤(吨)	2	5	16	21	103	97	158	184	298	319	313
原　盐(吨)	0.01	0.02	0.04	0.04	0.06	0.06	0.01	0.04	0.03	-	0.01
发电量(千瓦小时)	47	66	1161	6939	14771	16913	23644	25472	28233	28480	34348
烧　碱(吨)	0.01	0.01	0.03	0.02	0.01	0.01	0.14	0.19	0.17	0.16	0.21
羊绒衫(件)	0.2	0.15	1.35	2.7	5.10	5.29	2.81	6.14	6.89	5.05	5.91
水　泥(吨)	0.02	0.03	0.15	0.97	2.32	2.74	4.63	4.30	4.93	3.05	3.27
在岗职工平均工资(元)	1057	1809	4406	7951	21628	27074	44205	53015	59306	66892	68231
城镇居民人均可支配收入(元)	541	1032	2926	5502	11025	13002	21883	25205	29283	33140	36132
农牧民人均纯收入(元)	357	600	1251	2453	4601	5308	7803	8756	10047	11416	12800
城乡居民储蓄存款余额(元)	107	407	1657	4110	10293	12253	25224	30637	39541	51539	58650
社会消费品零售额(元)	343	754	2180	4269	9709	11413	16994	19447	22285	25048	27541
固定资产投资总额(元)	190	672	3544	3826	25636	37923	85067	99192	113626	128416	148990

注:人均指标2005年(包括2005年)以后按常住人口计算。

2—4 国民经济和社会

指 标	总量指标								
	1985	1990	1995	2000	2005	2008	2009	2010	2011
人口和从业人员									
年末户籍总人口	113.38	120.40	125.28	131.25	137.86	146.69	149.48	152.38	154.18
按非农业和农业分									
非农业人口	15.56	22.00	28.15	38.09	45.00	46.89	47.54	48.35	48.87
农业人口	97.82	98.40	97.13	93.16	92.86	99.80	101.94	104.03	105.31
社会从业人员(万人)	52.42	58.65	65.43	72.37	83.95	91.27	93.10	98.01	102.15
按三次产业分									
第一产业	39.21	41.10	42.05	43.42	31.93	30.09	29.10	27.19	26.66
第二产业	4.88	6.70	10.39	12.52	21.09	24.34	25.40	28.26	31.46
第三产业	8.33	10.85	12.99	16.43	30.93	36.84	38.60	42.56	44.03
按职工和非职工分									
#职工	10.00	13.20	16.54	13.05	13.93	15.01	15.69	16.89	19.57
#国有单位	8.23	11.08	13.64	9.74	8.86	9.87	10.41	11.18	12.51
农村从业人员	41.71	44.65	47.15	52.81	42.08	39.12	38.22	34.61	38.05
国民经济核算(当年价,万元)									
地区生产总值	59211	148678	497404	1500922	5948300	16902000	21610000	26432300	32185400
第一产业	28851	71248	169560	245272	406400	576500	606100	708100	831600
第二产业	14605	37809	197221	839396	3124500	9445500	12604900	15514400	19336800
第三产业	15755	39621	130623	416254	2417400	6880000	8399000	10209800	12017000

发展总量与速度指标

2012	2013	速度指标						
		发展速度（2013年比2012年）	平均增长速度（%）					
			1986–1990	1991–1995	1996–2000	2001–2005	2006–2010	2008–2013
152.08	154.34	101.5	1.2	0.8	0.9	1.0	2.0	1.0
47.99	48.85	101.8	7.2	5.1	6.2	3.4	1.4	0.8
104.09	105.49	101.3	0.1	–0.3	–0.8	–0.1	2.3	1.1
102.39	103.08	100.7	2.3	2.2	2.0	3.0	3.1	2.5
26.42	26.65	100.9	0.9	0.5	0.6	–6.0	–3.2	–2.4
31.03	31.10	100.2	6.5	9.2	3.8	11.0	6.0	5.0
44.95	45.33	100.8	5.4	3.7	4.8	13.5	6.6	4.2
22.02	30.45	138.3	5.7	4.6	–4.6	1.3	3.9	15.2
14.09	15.44	109.6	6.1	4.2	–6.5	–1.9	4.8	9.4
39.14	39.29	100.4	1.4	1.1	2.3	–4.4	–3.8	0.1
36568006	39559000	108.2	10.6	16.9	20.3	24.8	23.4	18.5
901374	975000	108.2	7.2	5.1	3.2	9.4	5.1	11.1
22131321	23693300	107.1	6.1	29.3	28.5	25.0	24.6	20.2
13535311	14890700	110.0	19.3	18.4	19.8	30.7	24.0	16.7

指　　标	总量指标								
	1985	1990	1995	2000	2005	2008	2009	2010	2011
固定资产(万元)									
全社会固定资产投资	21334	80244	441614	499192	4036867	10883868	15675329	18983954	22434230
#国有经济单位(万元)	11969	69717	386721	237942	1556487	4488697	6811567	7499337	7232621
城镇集体经济单位(万元)	310	312	810	2120	8312	19327	3662	2940	24456
财政(万元)									
财政总收入	3530	12793	44410	157426	933687	2650322	3657956	5382802	7964744
#地方财政收入	3530	12793	29889	100955	461208	1181983	1620408	2390774	3461762
地方财政支出	16754	31666	58587	161036	652654	1676779	2316345	3187910	4466232
农牧业									
乡村从业人员(万人)	41.71	44.65	47.15	52.81	42.08	39.12	38.22	34.61	38.05
农林牧渔业增加值(当年价,亿元)	2.89	7.12	16.96	24.53	40.64	57.65	60.61	70.81	83.16
农　业	1.32	3.00	8.60	11.51	21.20	28.49	30.04	35.43	40.90
林　业	0.61	0.68	0.97	1.83	1.83	3.50	3.75	4.1	4.68
牧　业	0.94	3.40	7.18	10.82	16.55	23.96	25.03	29.28	35.08
渔　业	0.01	0.04	0.20	0.37	0.36	0.51	0.53	0.67	0.98
主要农作物产量(万吨)									
粮　食	24.57	46.43	68.26	66.73	117.50	131.09	136.51	141.00	142.53
油　料	2.76	3.78	5.60	11.71	7.89	7.71	6.86	6.96	7.55
甜　菜	14.26	14.05	19.69	8.66	14.01	8.82	8.39	8.62	10.49

续表 1

2012	2013	速度指标						
		发展速度(2013年比2012年)	平均增长速度(%)					
			1986-1990	1991-1995	1996-2000	2001-2005	2006-2010	2008-2013
25705760	29960428	116.6	30.3	40.6	2.5	51.9	36.3	22.4
8581999	10025794	116.8	42.3	40.9	-9.3	45.6	37.0	17.4
7858	2493	31.7	0.1	21.0	21.2	31.4	-18.8	-33.6
8199967	8553739	104.3	29.4	28.3	28.8	42.8	42.0	26.4
3755121	4400151	117.2	29.4	18.5	27.6	35.5	39.0	30.1
4832535	5184663	107.3	13.6	13.1	22.4	32.3	37.3	25.3
39.14	39.52	101.0	1.4	1.1	2.3	-4.4	-3.8	0.2
90.14	97.50	108.2	19.8	19.0	7.7	10.6	11.7	11.1
46.06	49.33	107.1	17.8	23.4	6.0	13.0	10.8	11.6
4.58	4.56	99.6	2.2	7.4	13.5		17.5	5.4
36.74	40.46	110.1	29.3	16.1	8.5	8.9	12.1	11.0
1.10	1.34	121.3	32.0	38.0	13.1	-0.5	13.2	21.3
145.04	155.10	106.9	13.6	8.0	-0.5	12.0	3.7	3.4
7.83	8.75	111.7	6.5	8.2	15.9	-7.6	-2.5	2.6
10.77	9.46	87.8	-0.3	7.0	-15.1	10.1	-9.3	1.4

指　标	总量指标								
	1985	1990	1995	2000	2005	2008	2009	2010	2011
猪、牛、羊肉产量(万吨)	2.85	4.43	6.15	8.55	15.82	13.63	13.58	14.39	14.55
山羊绒(吨)	486	441	649	559	1723	2155	1808	2620	2654
水产品产量(吨)	335	1403	2719	4340	5933	8320	8950	9800	11724
工　业									
主要工业产品产量									
原煤(万吨)	261.70	610.61	1969.75	2678.91	15252.72	27877.8	33840.0	44934.20	58793.75
原盐(万吨)	1.45	2.98	4.48	5.19	9.25	2.00	7.56	1.69	5.33
发电量(亿千瓦小时)	0.53	0.79	14.47	90.53	232.60	418.68	435.69	487.50	557.44
烧碱(100%,万吨)	0.59	1.17	3.49	2.71	2.24	20.47	25.06	36.61	33.16
羊绒衫(万件)	22.43	18.35	167.80	405.90	803.17	473.61	516.88	1174.30	1360.21
建筑业									
建筑业总产值(万元)	2175	9484	22677	134155	684870	1534134	2162026	2758006	4108635
施工房屋面积(万平方米)	15.91	24.96	42.54	158.10	341.02	540.19	691.91	957.63	1684.92
竣工房屋面积(万平方米)	9.01	15.10	25.72	104.50	215.66	403.78	394.12	650.95	555.89
交通运输									
公路客运量(万人)	257	300	254	861	2001	1784	1948	2095	2305
公路货运量(万吨)	201	353	1093	3319	15800	14574	18604	23450	30356
公路旅客周转量(万人公里)	23001	25245	17433	71280	148935	243368	270381	289554	318700
公路货物周转量(万吨公里)	17564	35998	84069	250560	1203277	2683956	3494511	4367811	5680800

续 表 2

2012	2013	速度指标						
		发展速度（2013年比2012年）	平均增长速度(%)					
			1986-1990	1991-1995	1996-2000	2001-2005	2006-2010	2008-2013
14.69	15.55	105.9	9.2	6.8	6.8	13.1	-1.9	2.7
2549	2710	106.3	-1.9	8.0	-2.9	25.2	8.7	4.7
14387	15573	108.2	33.2	14.1	9.8	6.5	10.6	13.4
63937.90	63000.00	98.5	18.5	26.4	6.3	41.6	24.1	17.7
–	1.02	–	15.5	8.5	3.0	12.3	-28.8	–
570.11	690.70	121.2	8.3	78.9	44.3	20.8	16.0	10.5
32.92	42.47	129.0	14.6	24.5	-4.9	-3.7	74.8	15.7
1010.51	1189.05	117.7	8.3	55.7	19.3	14.6	7.9	20.2
4350358	4718022	108.5	34.2	19.0	42.7	38.5	32.1	25.2
1140.64	2622.65	229.9	9.4	11.3	30.0	16.6	22.9	37.2
490.12	361.41	73.7	10.9	11.2	32.4	15.6	24.7	-2.2
2423	2537	104.7	3.1	-3.3	27.7	18.4	0.9	7.3
35258	40206	114.0	11.9	25.4	24.9	36.6	8.2	22.5
335066	350606	104.6	1.9	-7.1	32.5	15.9	14.2	7.6
6877146	7982991	116.1	15.4	18.5	24.4	36.9	29.4	24.4

指　标	总量指标								
	1985	1990	1995	2000	2005	2008	2009	2010	2011
邮电通信业									
报刊累计份数(万份)				2453	2163	2341	2408	2414	2702
固定电话用户(万户)	0.49	0.97	3.54	12.37	23.60	26.96	26.81	24.49	25.03
移动电话用户(万户)				8.83	76.01	164.66	235.29	296.22	299.43
国内商业									
社会消费品零售总额(万元)	38610	90080	271601	556934	1528822	2782962	3131525	3721770	4399977
对外经济贸易									
进出口总额(万美元)		1093	8163	18354	58332	86352	44768	43068	61500
出口总额		1093	6723	17202	55087	69578	22298	31668	31026
进口总额			1440	1152	3245	16774	22470	11400	30474
旅　游									
旅游人数(万人)					310	498	548	444.8	506.3
入境旅游人数(万人)		0.12	0.47	0.66	1.10	1.32	1.68	2.23	3.15
旅游总收入(亿元)					18.6	50.8	59.3	76.1	95.02
旅游外汇收入(万美元)					354	895	1078	1155.3	1686.8
金融保险									
金融机构各项存款(万元)	21019	74930	292183	775576	3059224	7866729	13491676	17608770	20215390
金融机构各项贷款(万元)	41926	143161	722482	939224	2755548	6402016	12056728	15854036	19613277
保险公司保费收入(万元)	200	1180	5325	17284	64123	176801	222068	310794	370777
教育科技									
在校学生数									
小学(人)	148242	143224	141073	114255	96361	107381	106324	103193	106216
普通中学(人)	48106	57557	60212	66832	97769	101034	98420	96350	98260
中等专业学校(人)	3333	5240	3755	5384	7991	9585	10827	14588	10734

续 表 3

2012	2013	速度指标						
		发展速度（2013年比2012年）	平均增长速度(%)					
			1986-1990	1991-1995	1996-2000	2001-2005	2006-2010	2008-2013
2257	2374	105.2				-2.5	2.2	0.3
25.04	23.34	93.2	14.9	29.4	28.5	13.8	0.7	-2.8
301.24	306.21	101.6				53.8	31.3	13.2
5013886	5538138	110.5	18.5	24.7	15.4	22.4	19.5	14.8
42260	113600	268.8		49.5	17.6	26.0	-5.9	5.6
22903	34578	151.0		43.8	20.7	26.2	-10.5	-13.1
19357	79100	408.6			-4.4	23.0	28.6	36.4
592.91	650.70	109.7					7.5	5.5
3.43	3.10	90.3		31.4	7.0	10.8	15.2	18.6
125.39	152.40	121.5					32.5	24.6
1912	2139	111.9					26.7	19.0
21949177	23256906	106.0	28.9	31.3	21.6	31.6	41.9	24.2
22181093	23685646	106.8	27.8	38.2	5.4	24.0	41.9	29.9
340408	323700	95.1	42.6	35.2	26.6	30.0	37.1	12.9
107485	111939	104.1	-0.7	-0.3	-4.1	-3.3	1.4	0.8
86985	85301	98.1	3.7	0.9	2.1	7.9	-0.3	-3.3
8822	8620	97.7	9.5	-6.4	7.5	8.2	12.8	-2.1

指　　标	总量指标								
	1985	1990	1995	2000	2005	2008	2009	2010	2011
县以上部门属科研开发机构基本情况									
机构数(个)	8	8	8	9	9	9	9	9	9
职工人数(人)	726	826	1194	420	456	308	307	314	340
经费支出总额(万元)	721	4967	6694	1713	2603	4200	3857	7091	10325
生　活									
城镇居民人均可支配收入(元)	541	1153	2926	5502	11025	19435	21883	25205	29283
农牧民人均纯收入(元)	357	600	1251	2453	4601	7052	7803	8756	10047
城乡居民储蓄存款(万元)	12080	48604	206482	536252	1620865	3244386	4647989	5863378	7807046
工　资									
在岗职工工资总额(万元)	10019	22915	71651	103229	304053	540293	687991	895475	1160473
# 国有经济单位	8587	20134	62828	80162	190074	375564	487944	631500	793917
在岗职工平均工资(元)	1057	1809	4406	7951	21628	36255	44205	53015	59306
卫　生									
医院、卫生院数(个)	157	155	156	149	132	135	135	156	158
床位数(张)	2646	3042	3315	4025	4613	9260	9260	7287	7191
医生数(人)	2044	2464	2910	3515	3043	4635	4635	5479	6031

续 表 4

2012	2013	速度指标						
		发展速度（2013 年比 2012 年）	平均增长速度（%）					
			1986–1990	1991–1995	1996–2000	2001–2005	2006–2010	2008–2013
8	8	100.0			2.4			–2.3
378	378	100.0	2.6	7.6	–18.9	1.7	–7.2	4.2
89435	9234	10.3	47.1	6.1	–23.9	8.7	22.2	17.1
33140	37564	113.3	16.3	20.5	13.5	14.9	18.0	14.1
11416	12800	112.1	10.9	15.8	14.4	13.4	13.7	12.7
10316736	11793909	114.3	32.1	33.5	21.0	24.8	29.3	29.5
1476596	2113100	143.1	18.0	25.6	7.6	24.1	24.1	31.4
984166	1163071	118.2	18.6	25.6	5.0	18.8	27.1	25.4
66892	68231	102.0	11.3	19.5	12.5	22.2	19.6	13.5
170	175	102.9	–0.3	0.1	–0.9	–2.4	3.4	5.3
8669	9872	113.9	2.8	1.7	4.0	2.8	9.6	1.3
6427	6893	107.3	3.8	3.4	3.8	–2.8	12.5	8.3

2－5 国民经济主要比例关系

单位：%

指　　标	1985	1990	1995	2000	2005	2006	2009	2010	2011	2012	2013
生产总值中三次产业比例											
第一产业	48.73	47.92	34.09	16.34	6.83	5.39	2.80	2.68	2.58	2.46	2.46
第二产业	24.67	25.43	39.65	55.93	52.53	54.95	58.33	58.69	60.08	60.52	59.89
第三产业	26.60	26.65	26.26	27.73	40.64	39.66	38.87	38.63	37.34	37.01	37.64
社会从业人员中三次产业比例											
第一产业	74.80	70.08	64.27	60.00	38.03	36.12	31.26	27.74	26.10	25.80	25.86
第二产业	9.31	11.42	15.88	17.29	25.12	26.18	27.28	28.83	30.80	30.30	30.17
第三产业	15.89	18.5	19.85	22.71	36.85	37.7	41.46	43.42	43.10	43.90	43.97
农业总产值中农林牧渔业比例											
农　业	44.00	50.69	51.43	49.17	46.77	47.73	44.85	45.39	44.56	51.10	45.68
林　业	15.19	9.11	4.53	5.9	3.81	4.09	5.23	4.88	4.73	5.08	4.01
牧　业	40.63	39.39	43.16	43.83	46.90	45.51	47.08	47.00	47.86	40.76	47.26
渔　业	0.18	0.81	0.88	1.10	0.77	0.87	0.77	0.83	1.04	1.23	1.22
农林牧渔服务业					1.75	1.80	2.07	1.89	1.81	1.84	1.84
工业总产值中轻重工业比例											
轻工业	64.95	60.44	38.88	38.35	15.71	14.69	6.84	7.48	5.67	4.96	5.51
重工业	35.05	39.56	61.12	61.65	84.29	85.31	93.16	92.52	94.33	95.04	94.49
财政收入占生产总值比例	5.96	8.60	8.93	10.49	15.70	17.73	16.93	20.36	24.75	22.42	21.62
文教卫生科学事业费占财政支出比例	28.64	29.66	32.07	19.79	14.21	12.10	22.84	24.48	21.79	21.19	21.24

注：本表按当年价格计算。

主要统计指标解释

当年价格 指报告期的实际价格，如工厂的出厂价格，商业的零售价格等。按当年价格计算，是指一些货币表现的实物量指标，如社会总产值、国民收入、国民生产总值等，按照当年的实际价格来计算总量。使用当年价格计算的数字，是为了使国民经济各项指标相互衔接，便于考虑当年效益，便于对生产和流通、生产和分配、生产和消费进行经济核算和综合平衡。

按当年价格计算的价值指标，在不同年份之间进行对比时，因为包含有各年价格变动的因素，不能确实的反映实物量的增减变动。必须消除价格变动的因素后，才能真实反映经济发展动态。因此，在计算增长速度时都使用按可比价格计算的数字。

不变价格 用某一时期的同类产品的平均价格作为固定价格，来计算各个时期的产品价格。新中国成立后，随着工农业产品价格水平的变化，国家统计局先后五次制定了全国统一的工业品不变价格和农产品不变价格，从 1949 年到 1957 年使用 1952 年工（农）业产品不变价格，从 1957 年到 1971 年使用 1957 年不变价格。从 1971 年到 1981 年使用 1970 年不变价格，从 1981 年到 1990 年使用 1980 年不变价格。从 1990 年开始使用 1990 年不变价格。

可比价格 指在不同时期的价值指标对比时，扣除了价格变动的因素，以确切表示物量的变化。按可比价格计算有两种方法：一种是直接按产品产量乘其不变价格计算；一种是物价指数换算。

平均每年增长速度 在我国计算平均增长速度有两种方法，一种是习惯上经常使用的“水平法”，又称几何平均法，是以间隔期最后一年的水平同基期水平对比来计算平均每年增长（或下降）速度。另一种是“累计法”，又称代数平均法或方程法，是以间隔期内各年水平的总和同基期水平对比来计算平均每年增长（或下降）速度。

在一般正常情况，两种方法计算的平均每年增长速度比较接近，但在经济发展不平衡，出现大起大落时，两种方法计算的结果差别较大。

三、国民经济核算

东胜区全民健身中心

3—1 主要年份地区生产总值

单位:万元

年份	合计	第一产业	第二产业			第三产业	人均地区生产总值(元)
			小计	工业	建筑业		
1957	14588	6557	4139	2897	1242	3892	263
1965	16802	7552	4767	3337	1430	4483	230
1970	23737	10670	6734	4714	2020	6333	285
1975	30787	13839	8734	6114	2620	8214	322
1978	34633	15568	9825	6877	2948	9240	344
1980	34191	15369	9700	6790	2910	9122	330
1981	35467	15942	10062	7043	3019	9463	337
1982	42013	18885	11919	8343	3576	11209	393
1983	41386	18603	11741	8219	3522	11042	382
1984	48936	21997	13883	9718	4165	13056	444
1985	59211	28851	14605	10223	4382	15755	526
1986	69049	31292	19260	13482	5778	18497	605
1987	83372	34737	24369	17060	7309	24266	718
1988	120385	54192	35241	26485	8756	30952	1026
1989	140510	61235	42761	35317	7444	36514	1193
1990	148678	71248	37809	27505	10304	39621	1245
1991	177461	70041	69175	39143	30032	38245	1465
1992	206843	76513	74806	45831	28975	55524	1691
1993	258566	82383	98789	49772	49017	77394	2016
1994	368592	140693	122694	87084	35611	105205	2987
1995	497404	169560	197221	159392	37829	130623	3992
1996	641471	196572	291379	259618	31761	153520	5091
1997	792246	218507	373600	341531	32068	200139	6293
1998	1002603	240050	493825	451522	42303	268728	7875
1999	1181153	221087	627391	573636	53756	332675	9165
2000	1500922	245272	839396	768738	70658	416254	11505
2001	1718362	243751	954425	875791	78634	520186	13014
2002	2047691	281131	1103026	1017219	85808	663534	15324
2003	2784642	331111	1417312	1267441	149871	1036219	20596
2004	3959644	367218	1965051	1693167	271884	1627375	25961
2005	5948300	406400	3124500	2690100	434400	2417400	37774
2006	8225100	430800	4396400	3676800	719600	3397900	50582
2007	11731600	477800	6331000	5350500	980500	4922800	69744
2008	16902000	576500	9445500	8439000	1006500	6880000	95933
2009	21610000	606100	12604900	11321100	1283800	8399000	117274
2010	26432300	708100	15514400	13911300	1603100	10209800	138109
2011	32185400	831600	19336800	17230500	2106300	12017000	163012
2012	36568006	901374	22131321	19716821	2414500	13535311	182680
2013	39558982	975000	23693282	21095300	2597982	14890700	196727

注:三次产业分类按照《国民经济行业分类》(GB/T.4752-2002)。

3－2 主要年份地区生产总值构成

单位：%

年 份	合 计	第一产业	第二产业			第三产业
			小 计	工 业	建筑业	
1957	100	44.95	28.37	19.86	8.51	26.68
1965	100	44.95	28.37	19.86	8.51	26.68
1970	100	44.95	28.37	19.86	8.51	26.68
1975	100	44.95	28.37	19.86	8.51	26.68
1978	100	44.95	28.37	19.86	8.51	26.68
1980	100	44.95	28.37	19.86	8.51	26.68
1981	100	44.95	28.37	19.86	8.51	26.68
1982	100	44.95	28.37	19.86	8.51	26.68
1983	100	44.95	28.37	19.86	8.51	26.68
1984	100	44.95	28.37	19.86	8.51	26.68
1985	100	48.73	24.67	17.27	7.40	26.61
1986	100	45.32	27.89	19.53	8.37	26.79
1987	100	41.67	29.23	20.46	8.77	29.11
1988	100	45.02	29.27	22.00	7.27	25.71
1989	100	43.58	30.43	25.13	5.30	25.99
1990	100	47.92	25.43	18.50	6.93	26.65
1991	100	39.47	38.98	22.06	16.92	21.55
1992	100	36.99	36.17	22.16	14.01	26.84
1993	100	31.86	38.21	19.25	18.96	29.93
1994	100	38.17	33.29	23.63	9.66	28.54
1995	100	34.09	39.65	32.04	7.61	26.26
1996	100	30.64	45.42	40.47	4.95	23.93
1997	100	27.58	47.16	43.11	4.05	25.26
1998	100	23.94	49.25	45.03	4.22	26.80
1999	100	18.72	53.12	48.57	4.55	28.17
2000	100	16.34	55.93	51.22	4.71	27.73
2001	100	14.19	55.54	50.97	4.58	30.27
2002	100	13.73	53.87	49.68	4.19	32.40
2003	100	11.89	50.90	45.52	5.38	37.21
2004	100	9.27	49.63	42.76	6.87	41.10
2005	100	6.83	52.53	45.22	7.30	40.64
2006	100	5.24	53.45	44.70	8.75	41.31
2007	100	4.07	53.97	45.61	8.36	41.96
2008	100	3.41	55.88	49.93	5.95	40.71
2009	100	2.80	58.33	52.39	5.94	38.87
2010	100	2.68	58.69	52.63	6.06	38.63
2011	100	2.58	60.08	53.54	6.54	37.34
2012	100	2.46	60.52	53.92	6.60	37.01
2013	100	2.46	59.89	53.33	6.57	37.64

注：本表按当年价格计算；三次产业分类按照《国民经济行业分类》(GB/T.4752－2002)。

3－3 主要年份地区生产总值指数

上年＝100

年 份	合 计	第一产业	第二产业			第三产业	人均地区生产总值
			小 计	工 业	建筑业		
1957	67.9	65.8	66.2	57.5	72.2	73.3	65.7
1965	89.5	86.0	86.8	84.5	89.0	87.5	86.8
1970	100.0	110.1	107.8	110.8	100.2	81.2	97.7
1975	109.4	107.9	113.1	109.2	119.4	108.1	107.5
1978	102.5	103.8	99.4	97.1	101.9	103.6	100.9
1980	100.5	99.9	102.6	103.8	99.5	99.4	99.1
1981	100.8	102.1	99.8	104.5	73.6	99.7	99.4
1982	121.5	120.0	122.8	129.0	113.8	122.8	119.5
1983	99.0	98.5	100.7	101.8	94.6	98.1	97.7
1984	108.7	109.3	106.9	107.5	102.1	109.7	106.7
1985	111.5	106.6	115.4	110.5	120.7	115.6	109.2
1986	111.9	97.0	124.2	102.7	135.4	125.1	110.3
1987	110.4	96.9	115.0	117.4	111.3	124.2	108.5
1988	115.8	128.4	105.2	116.6	100.7	112.9	113.6
1989	108.2	101.4	88.2	101.4	79.4	135.9	107.4
1990	106.7	115.9	101.5	104.8	97.4	101.4	105.3
1991	121.4	99.9	180.9	107.8	210.6	93.9	119.7
1992	115.3	109.0	108.6	115.6	101.4	142.1	114.2
1993	113.8	98.2	123.6	119.6	131.5	123.1	118.9
1994	115.3	108.6	114.2	140.2	66.3	124.2	114.7
1995	119.1	110.9	130.3	137.3	103.1	114.1	117.9
1996	123.1	107.7	140.2	152.7	75.9	114.9	121.8
1997	118.3	105.5	123.1	124.7	106.1	121.8	118.4
1998	120.0	107.0	125.2	126.1	113.7	121.5	118.6
1999	118.0	95.1	126.2	126.2	125.8	119.7	116.6
2000	122.1	101.3	128.7	128.7	128.2	121.1	120.7
2001	113.0	97.0	112.9	113.2	109.8	122.5	113.0
2002	117.4	114.9	114.2	115.2	102.9	124.6	116.0
2003	127.1	114.6	126.7	123.4	167.5	133.1	125.6
2004	131.0	115.7	132.2	127.2	177.9	134.1	127.7
2005	137.0	106.2	141.5	139.8	152.9	139.8	132.7
2006	126.2	104.2	129.7	128.0	140.5	125.3	122.2
2007	125.8	103.4	128.7	128.3	131.0	125.0	121.6
2008	122.9	108.3	121.9	127.2	92.8	125.8	117.3
2009	123.0	105.2	122.9	122.0	130.1	125.0	117.6
2010	119.0	104.5	119.9	120.1	118.0	119.1	114.6
2011	115.1	104.9	116.8	116.3	121.5	113.2	111.6
2012	113.0	103.6	115.4	115.6	113.5	109.8	111.4
2013	109.6	103.3	111.4	111.9	107.3	107.0	109.1

注：三次产业分类按照《国民经济行业分类》（GB/T.4752－2002）。

3－4　地区生产总值(2013年)

指　　标	绝对数(亿元)	构成(%)	指数(上年=100)
地区生产总值	3955.90	100.00	109.6
农林牧渔业	97.50	2.46	103.3
采矿业	1556.44	39.34	111.5
制造业	410.49	10.38	111.3
电力、燃气及水的生产和供应业	142.60	3.60	118.9
建筑业	259.80	6.57	107.3
交通运输、仓储和邮政业	459.49	11.62	106.0
信息传输、计算机服务和软件业	19.17	0.48	96.3
批发和零售业	402.09	10.16	107.7
住宿和餐饮业	70.63	1.79	107.6
金融业	117.94	2.98	104.4
房地产业	75.28	1.90	106.0
租赁和商务服务业	27.63	0.70	127.6
科学研究、技术服务和地质勘查业	9.58	0.24	115.4
水利、环境和公共设施管理业	16.53	0.42	107.0
居民服务和其他服务业	138.44	3.50	107.1
教育	28.91	0.73	103.0
卫生、社会保障和社会福利业	17.49	0.44	111.4
文化、体育和娱乐业	9.42	0.24	127.7
公共管理和社会组织	96.47	2.44	108.0

3－5 地区生产总值构成项目(2013年)

单位:亿元

指　标	增加值	劳动者报酬	生产税净额	固定资产折旧	营业盈余
地区生产总值	3955.90	1083.43	773.82	360.08	1738.57
农林牧渔业	97.50	93.64		3.86	
采矿业	1556.44	414.35	329.98	124.45	687.67
制造业	410.49	110.11	92.70	77.16	130.52
电力、燃气及水的生产和供应业	142.60	45.28	30.79	22.64	43.89
建筑业	259.80	88.28	34.74	26.19	110.59
交通运输、仓储和邮政业	459.49	77.22	53.01	28.02	301.23
信息传输、计算机服务和软件业	19.17	3.77	1.27	8.31	5.82
批发和零售业	402.09	45.71	193.70	11.30	151.39
住宿和餐饮业	70.63	10.35	2.85	3.67	53.75
金融业	117.94	29.33	17.64	5.71	65.26
房地产业	75.28	7.32	7.67	25.97	34.32
租赁和商务服务业	27.63	3.09	0.89	4.00	19.65
科学研究、技术服务和地质勘查业	9.58	7.98	0.44	0.84	0.33
水利、环境和公共设施管理业	16.53	5.75	1.00	1.55	8.22
居民服务和其他服务业	138.44	14.72	6.18	5.09	112.45
教育	28.91	25.39	0.09	2.28	1.15
卫生、社会保障和社会福利业	17.49	9.10	0.41	1.48	6.50
文化、体育和娱乐业	9.42	2.80	0.38	0.43	5.81
公共管理和社会组织	96.47	89.24	0.10	7.13	

3－6　分旗区地区生产总值(2013年)

单位:亿元

地　区	地区生产总值	第一产业	第二产业			第三产业	人均地区生产总值(元)
				工业	建筑业		
东 胜 区	880.28	1.48	328.29	270.16	58.13	550.51	145742
达拉特旗	480.30	31.30	297.81	274.52	23.29	151.19	145943
准格尔旗	1050.54	9.26	657.39	604.23	53.17	383.88	285511
鄂托克前旗	118.25	11.11	74.08	59.75	14.33	33.06	170390
鄂托克旗	430.13	7.51	338.23	308.27	29.96	84.39	272408
杭 锦 旗	77.03	17.28	29.09	20.51	8.58	30.66	68748
乌 审 旗	378.00	12.46	301.36	273.74	27.62	64.18	285177
伊金霍洛旗	645.57	7.10	393.75	356.39	37.35	244.72	271363

注:本表按当年价格计算;三次产业分类按照旧的行业标准。

3－7　分旗区地区生产总值构成(2013年)

单位:%

地　区	地区生产总值	第一产业	第二产业			第三产业
				工业	建筑业	
东 胜 区	100.0	0.2	37.3	30.7	6.6	62.5
达拉特旗	100.0	6.5	62.0	57.2	4.8	31.5
准格尔旗	100.0	0.9	62.6	57.5	5.1	36.5
鄂托克前旗	100.0	9.4	62.6	50.5	12.1	28.0
鄂托克旗	100.0	1.7	78.6	71.7	7.0	19.6
杭 锦 旗	100.0	22.4	37.8	26.6	11.1	39.8
乌 审 旗	100.0	3.3	79.7	72.4	7.3	17.0
伊金霍洛旗	100.0	1.1	61.0	55.2	5.8	37.9

注:本表按当年价格计算;三次产业分类按照《国民经济行业分类》(GB/T.4752−2002)。

3－8 分旗区地区生产总值指数(2013年)

上年=100

地 区	地区生产总值	第一产业	第二产业			第三产业	人均地区生产总值
				工业	建筑业		
东胜区	105.3	100.5	104.5	104.7	103.7	105.8	104.9
达拉特旗	110.4	103.7	112.0	112.2	110.2	108.2	110.1
准格尔旗	108.2	101.8	109.7	110.1	104.8	105.8	107.8
鄂托克前旗	119.6	103.3	129.2	136.1	107.1	107.5	118.7
鄂托克旗	110.4	105.5	111.4	111.5	109.7	107.1	109.6
杭锦旗	107.9	102.8	112.3	111.2	115.2	106.5	107.5
乌审旗	113.0	103.3	114.8	115.4	109.6	107.9	112.1
伊金霍洛旗	106.6	102.9	107.0	106.9	107.7	105.9	106.0

注：三次产业分类按照《国民经济行业分类》(GB/T.4752-2002)。

3－9 主要年份工农业总产值

单位：万元

年　份	工农业总产值	工业总产值	农业总产值
1957	13422	3685	9737
1965	17724	5838	11886
1970	22999	6762	16237
1975	31265	14804	16461
1978	29030	12121	16909
1980	30383	13613	16770
1981	34584	11138	23446
1982	44666	14368	30298
1983	45705	14624	31081
1984	58539	20514	38025
1985	74408	33207	41201
1986	83632	37832	45800
1987	102228	50535	51693
1988	164801	89002	75799
1989	201004	113766	87238
1990	202493	101965	100528
1991	213010	111839	101171
1992	234377	120251	114126
1993	281060	157941	123119
1994	437992	229537	208455
1995	687772	427525	260247
1996	1058874	748997	309877
1997	1299035	956220	342815
1998	1524679	1147610	377069
1999	1728550	1380096	348454
2000	2215318	1829666	385652
2001	2329579	1952256	377323
2002	2832916	2400334	432582
2003	3475864	2978493	497371
2004	4344563	3733193	611370
2005	6139041	5460500	678541
2006	7826463	7105201	721262
2007	11826901	10978800	848100
2008	18914600	17938600	976000
2009	23710600	22689300	1021300
2010	31249600	30055000	1194600
2011	42692000	41282500	1409500
2012	45294126	43774300	1519826
2013	48567103	46912000	1655103

3－10 主要年份居民消费水平

年 份	绝对数(元/人)			指数(上年=100)		
	全体居民	农村居民	城镇居民	全体居民	农村居民	城镇居民
1952	86	81	299	117.81	117.39	116.80
1957	100	83	347	79.41	72.53	106.00
1965	105	80	464	95.40	94.12	115.97
1970	156	121	568	126.26	120.00	149.84
1975	171	137	438	107.09	107.92	105.71
1978	181	145	464	100.69	100.00	106.65
1980	170	139	384	102.13	103.54	89.26
1981	154	126	343	93.75	94.02	95.06
1982	162	133	352	96.30	97.27	92.86
1983	170	140	362	105.38	105.61	102.43
1984	232	193	466	145.99	148.67	134.47
1985	259	219	478	144.50	157.73	115.99
1986	297	252	569	89.27	82.64	108.10
1987	330	268	654	107.80	106.40	104.90
1988	461	387	834	129.90	135.20	114.10
1989	547	483	860	101.10	101.30	100.90
1990	568	496	900	101.40	100.30	101.70
1991	622	526	1040	103.50	100.40	108.80
1992	683	543	1266	101.90	96.60	111.60
1993	801	624	1513	103.50	104.10	107.50
1994	1069	754	2285	105.10	92.40	113.40
1995	1353	928	2873	118.70	114.10	120.00
1996	1497	1046	3006	110.70	114.40	111.00
1997	1787	1190	3653	113.50	112.00	111.40
1998	2065	1261	3927	110.80	101.40	136.60
1999	2517	1607	4099	120.70	131.70	100.40
2000	3596	2533	4778	129.20	143.30	106.00
2001	3733	1621	5037	104.30	64.40	105.90
2002	4297	2080	5363	114.82	127.61	106.26
2003	5004	2893	5918	114.65	137.69	108.51
2004	6457	3278	7717	124.70	111.10	125.70
2005	7236	3933	10161	132.73	138.44	122.97
2006	8920	5041	12029	109.77	116.20	104.78
2007	11403	6120	15031	123.20	117.50	120.40
2008	16349	7936	21279	122.22	111.40	119.96
2009	21087	9261	27064	123.90	109.00	122.30
2010	26762	12809	33125	112.70	108.70	111.90
2011	30578	14392	37218	112.30	107.50	110.80
2012	32108	15685	38759	105.2	110.3	104.1
2013	33810	17182	40158	102.30	109.90	100.10

注:本表绝对数按当年价格计算,指数按可比价格计算。

主要统计指标解释

地区生产总值 是按市场价格计算的地区生产总值的简称。它是一个地区所有常住单位在一定时期内生产活动的最终成果。地区生产总值有三种表现形式，即价值形态、收入形态和产品形态。从价值形态看，它是所有常住单位在一定时期内所生产的全部货物和服务价值超过同期投入的全部非固定资产货物和服务价值的差额，即所有常住单位的增加值之和；从收入形态看，它是所有常住单位在一定时期内所创造并分配给常住单位和非常住单位的初次分配收入之和；从产品形态看，它是最终使用的货物和服务减去进口货物和服务。在实际核算中，地区生产总值的三种表现形态表现为三种计算方法，即生产法、收入法和支出法。三种方法分别从不同的方面反映地区生产总值及其构成。

劳动者报酬 指劳动者因从事生产活动所获得的全部报酬。包括劳动者获得的各种形式的工资、奖金和津贴，既包括货币形式的，也包括实物形式的；还包括劳动者所享受的公费医疗和医药卫生费、上下班交通补贴和单位支付的社会保险费等。对于个体经济来说，其所有者所获得的劳动报酬和经营利润不易区分，这两部分统一作为劳动者报酬处理。

生产税净额 指生产税减生产补贴后的余额。生产税指政府对生产单位生产、销售和从事经营活动以及因从事生产活动使用某些生产要素（如固定资产、土地、劳动力）所征收的各种税、附加费和规费。生产补贴与生产税相反，指政府对生产单位的单方面收入转移，因此视为负生产税，包括政策亏损补贴、粮食系统价格补贴、外贸企业出口退税收入等。

固定资产折旧 指一定时期内为弥补固定资产损耗按照核定的固定资产折旧率提取的固定资产折旧，或按国民经济核算统一规定的折旧率虚拟计算的固定资产折旧。它反映了固定资产在当期生产中的转移价值。各类企业和企业化管理的事业单位的固定资产折旧是指实际计提并计入成本费中的折旧费；不计提折旧的政府机关、非企业化管理的事业单位和居民住房的固定资产折旧是按照统一规定的折旧率和固定资产原值计算的虚拟折旧。原则上，固定资产折旧应按固定资产的重置价格计算，但是目前我国尚不具备对全社会固定资产进行重估价的基础，所以暂时只能采用上述办法。

营业盈余 指常住单位创造的增加值扣除劳动者报酬、生产税净额和固定资产折旧后的余额。它相当于企业的营业利润加上生产补贴，但要扣除从利润中开支的工资和福利等。

四、人口

鄂尔多斯太阳广场

4－1 主要年份年末户籍总人口数及构成

单位：万人

年 份	总人口	按性别分		按农业、非农业分		按城乡分	
		男	女	农业人口	非农业人口	市镇人口	乡村人口
1957	56.16	31.20	24.96	52.38	3.78	1.08	55.08
1965	74.02	40.71	33.32	67.96	6.06	5.51	68.52
1970	84.16	46.34	37.82	77.75	6.41	7.01	77.14
1975	96.60	51.77	44.83	86.37	10.23	10.03	86.57
1978	101.43	54.15	47.28	90.37	11.07	10.70	90.73
1980	103.46	55.78	47.68	91.08	12.38	11.57	91.90
1981	105.87	56.48	49.39	92.93	12.94	11.36	94.51
1982	107.66	57.12	50.54	94.22	13.44	12.04	95.63
1983	108.74	57.93	50.81	94.87	13.87	12.16	96.58
1984	111.60	59.46	52.14	97.15	14.45	14.02	97.58
1985	113.38	60.63	52.75	97.82	15.56	16.09	97.28
1986	114.66	61.20	53.46	97.85	16.81	16.65	98.01
1987	115.82	61.61	54.21	97.45	18.37	17.71	98.11
1988	117.28	62.32	54.96	97.75	19.53	18.79	98.49
1989	118.41	62.82	55.59	97.94	20.47	19.53	98.88
1990	120.40	64.16	56.24	98.40	22.00	21.51	98.89
1991	121.73	64.49	57.24	98.40	23.33	22.77	98.96
1992	122.82	65.12	57.70	98.87	23.95	23.53	99.29
1993	122.81	65.16	57.65	97.42	25.39	24.56	98.25
1994	123.92	65.74	58.18	97.36	26.56	27.94	95.98
1995	125.28	66.31	58.97	97.13	28.15	30.15	95.12
1996	125.18	66.12	59.06	94.94	30.24	32.17	93.01
1997	126.58	67.00	59.58	94.52	32.06	32.39	94.19
1998	128.07	67.67	60.40	93.62	34.45	44.44	83.63
1999	129.67	68.51	61.16	93.06	36.61	49.67	80.00
2000	131.25	69.20	62.05	93.16	38.09	73.91	57.34
2001	132.83	69.94	62.89	92.55	40.28	89.36	43.47
2002	134.42	70.60	63.82	92.26	42.16	91.08	43.34
2003	135.97	71.22	64.75	91.92	44.05	97.60	38.37
2004	136.87	71.58	65.29	91.97	44.90	97.76	39.11
2005	137.86	71.95	65.91	92.86	45.00	98.80	39.06
2006	141.00	73.39	67.61	95.32	45.68	126.95	14.05
2007	143.99	74.65	69.34	97.65	46.34		
2008	146.69	75.58	71.11	99.8	46.89		
2009	149.48	76.80	72.69	101.94	47.54		
2010	152.38	77.92	74.46	104.03	48.35		
2011	154.18	78.46	75.72	105.31	48.87		
2012	152.08	77.34	74.74	104.09	47.99		
2013	154.34	78.32	76.02	105.49	48.85		

4－2 主要年份户籍人口出生率、死亡率、自然增长率

单位:(‰)

年　份	出生率	死亡率	自然增长率	人口机械增长率
1957	41.18	8.70	32.48	–10.28
1965	35.42	8.15	27.27	–0.90
1970	37.91	6.99	30.92	–10.24
1975	31.37	6.56	24.81	–4.07
1978	25.06	6.57	18.49	–0.97
1980	24.45	6.65	17.80	2.69
1981	25.83	6.75	19.08	–4.76
1982	24.56	6.61	17.95	4.18
1983	13.57	4.68	8.89	1.08
1984	19.22	4.62	14.60	2.41
1985	13.28	4.37	8.91	6.93
1986	13.79	4.30	9.49	1.75
1987	14.17	4.49	9.68	0.37
1988	12.97	3.93	9.04	3.50
1989	14.06	3.98	10.08	–0.46
1990	20.19	7.42	12.77	3.89
1991	12.86	4.44	8.42	2.55
1992	12.45	4.59	7.86	1.02
1993	12.29	4.77	7.52	6.48
1994	12.56	4.80	7.76	3.38
1995	12.79	4.91	7.88	6.46
1996	12.90	4.80	8.10	10.64
1997	12.60	5.82	6.78	4.06
1998	11.72	4.41	7.32	6.71
1999	10.62	4.34	6.28	7.66
2000	12.69	6.79	5.89	5.06
2001	9.43	3.52	5.91	7.45
2002	9.68	3.80	5.88	6.53
2003	9.26	3.66	5.59	7.04
2004	10.71	6.28	4.43	2.07
2005	12.46	6.41	6.05	3.26
2006	10.47	2.54	7.93	10.29
2007	13.68	4.54	9.14	10.30
2008	14.23	4.89	9.34	8.33
2009	14.36	3.84	10.50	9.14
2010	19.44	6.59	12.85	6.67
2011	12.58	4.00	8.58	5.98
2012	15.27	12.87	2.39	2.41
2013	10.94	5.12	5.82	2.36

4－3 年末户籍总人口及其变动情况

指　标	2012	2013	2013年比2012年增长(%)
一、年末总户数(户)	619018	634407	2.5
二、总人口数(人)	1520812	1543375	1.5
#蒙古族	189892	194110	2.2
其他少数民族	7743	8157	5.3
按性别分			
男	773391	783201	1.3
女	747421	760174	1.7
按农业和非农业分			
农业人口	1040907	1054854	1.3
非农业人口	479905	488521	1.8
三、人口自然变动			
出生人口(人)	23377	22746	-2.7
男	12202	11599	-4.9
女	11175	11147	-0.3
死亡人口(人)	19714	7782	-60.5
出生率(‰)	15.27	10.94	-4.3*
死亡率(‰)	12.87	5.12	-7.8*
自然增长率(‰)	2.39	5.82	3.4*
四、人口迁移变动			
省内迁入(人)	10503	11374	8.3
省外迁入(人)	6888	6350	-7.8
迁入率(‰)	11.36	11.55	0.2*
迁往省内(人)	10901	9097	-16.5
迁往省外(人)	2799	3422	22.3
迁出率(‰)	8.95	8.16	-0.8*
机械增长率(‰)	2.41	3.39	1.0*

注:"*"为提高或降低千分点个数。

4－4 分旗区户籍人口及人口变动情况(2013年)

指　　标	东胜区	达拉特旗	准格尔旗	鄂托克前旗	鄂托克旗	杭锦旗	乌审旗	伊金霍洛旗
一、年末总户数(户)	93330	156936	137741	27799	40221	63477	41429	73474
二、总人口数(人)	268908	362444	314673	77147	97023	143264	109706	170210
#蒙古族	25046	16191	30868	23269	26449	27113	32061	13113
其他少数民族	78	32	47	9	34	27	27	41
按性别分								
男	134972	184933	159925	39059	48958	73252	55772	86330
女	133936	177511	154748	38088	48065	70012	53934	83880
按农业和非农业分								
农业人口	80737	296800	234432	55405	58816	115779	83933	128952
非农业人口	188171	65644	80241	21742	38207	27485	25773	41258
三、人口自然变动								
出生人口(人)	3402	5644	4966	1214	1234	1839	1908	2539
男	1823	2902	2261	771	616	859	1024	1343
女	1579	2742	2705	443	618	980	884	1196
死亡人口(人)	654	1884	1163	381	435	1221	1394	650
出生率(‰)	12.8	15.7	15.9	15.8	12.7	12.9	17.5	15.0
死亡率(‰)	2.5	5.2	3.7	5.0	4.5	8.6	12.8	3.8
自然增长率(‰)	10.3	10.5	12.2	10.8	8.2	4.3	4.7	11.2
四、人口迁移变动								
省内迁入(人)	3944	1652	1803	138	413	1974	465	985
省外迁入(人)	1683	537	1760	428	303	484	419	736
迁往省内(人)	2955	1516	1188	140	694	1491	592	521
迁往省外(人)	682	385	766	262	386	610	180	151

4－5 民族人口及构成

单位:人

指　　标	2012	2013	构成(%)	
			2012	2013
总人口	1520812	1543375	100.0	100.0
#汉　族	1323177	1341108	87.0	86.9
蒙古族	189892	194110	12.5	12.6
回　族	1924	1980	0.1	0.1
满　族	4581	4861	0.3	0.3
朝鲜族	140	149	…	…
达斡尔族	152	164	…	…
鄂温克族	43	48	…	…
鄂伦春族	5	6	…	…
壮　族	116	125	…	…
藏　族	116	114	…	…
锡伯族	29	29	…	…
苗　族	131	143	…	…
土家族	64	84	…	…
彝　族	140	148	…	…
维吾尔族	13	11	…	…

4—6 主要年份年末民族人口数

单位:人

年 份	在人口总数中						
	汉 族	蒙古族	回 族	满 族	朝鲜族	达斡尔族	鄂温克族
1957	491879	69375	197	119	2	1	1
1965	652498	86816	602	248	11	36	5
1970	745491	94942	694	322	2	51	
1975	856247	108408	811	448	18	30	8
1978	899006	113961	780	474	19	29	7
1980	913784	119333	825	542	18	38	8
1981	936160	120937	848	580	24	40	9
1982	950813	123930	955	768	19	42	9
1983	959207	126403	780	878	18	38	10
1984	984857	129271	815	901	17	42	10
1985	998266	133572	850	950	18	42	11
1986	1009054	135536	812	1044	17	45	10
1987	1019008	137049	832	1145	14	46	9
1988	1031170	139318	860	1280	18	54	11
1989	1039202	142626	881	1256	20	53	12
1990	1056013	145506	925	1386	25	57	14
1991	1067412	147330	942	1428	29	61	14
1992	1078664	146940	943	1414	35	55	11
1993	1077815	147544	992	1537	43	63	12
1994	1088779	147408	1062	1648	66	64	13
1995	1100048	149626	1024	1748	67	68	25
1996	1119196	151361	1075	1931	82	67	8
1997	1107000	155028	1108	2274	85	74	12
1998	1120302	156281	1146	2586	104	69	14
1999	1132335	158425	1076	2748	362	207	259
2000	1148549	159379	1234	2855	106	89	16
2001	1161721	161937	1279	2908	161	83	15
2002	1177240	162174	1315	3018	114	82	19
2003	1191876	162805	1410	3095	117	79	19
2004	1198127	165413	1398	3167	119	81	17
2005	1204217	168627	1428	3212	124	79	14
2006	1236944	167572	1465	3331	120	85	14
2007	1258587	175463	1543	3549	122	93	21
2008	1281128	179530	1669	3731	131	98	28
2009	1323177	189892	1924	4581	140	152	43
2010	1330174	186464	1823	4173	140	119	30
2011	1344699	189543	1895	4386	143	130	35
2012	1323177	189892	1924	4581	140	152	43
2013	1341108	194110	1980	4861	149	164	48

4－7 主要年份常住人口

指　标	2000	2004	2005	2006	2007	2008	2009	2010	2011	2012	2013
年末人口(万人)	139.36	154.49	160.45	164.77	171.65	180.72	187.82	194.95	199.93	200.42	201.75
城镇人口	60.56	78.77	86.48	94.09	104.77	117.49	127.36	135.55	141.27	143.68	146.01
乡村人口	78.80	75.72	73.97	70.68	66.88	63.23	60.46	59.40	58.66	56.74	55.74
城镇化率(%)	43.5	50.99	53.90	57.10	61.04	65.01	67.81	69.53	70.66	71.69	72.37
出生人口(万人)	1.64	1.58	1.71	1.69	1.79	1.81	1.93	2.34	2.30	2.34	2.20
死亡人口(万人)	0.77	0.85	0.80	0.93	0.94	0.94	1.00	0.96	0.97	0.99	1.03
出生率(‰)	11.77	10.20	10.87	10.40	10.65	10.29	10.47	12.21	11.64	11.69	10.94
死亡率(‰)	5.54	5.51	5.11	5.71	5.56	5.36	5.43	5.00	4.93	4.95	5.12
自然增长率(‰)	6.23	4.69	5.76	4.69	5.09	4.93	5.04	7.21	6.71	6.74	5.82

注:2001－2003年没有常住人口统计。

4－8　主要年份分旗区常住人口

单位：万人

地　区	2005	2006	2007	2008	2009	2010	2011	2012	2013
东 胜 区	42.57	44.60	47.76	51.73	55.57	58.64	60.12	60.23	60.57
达拉特旗	30.48	30.76	31.29	31.64	31.88	32.31	32.80	32.85	32.97
准格尔旗	29.96	30.79	31.62	32.94	34.51	35.76	36.61	36.69	36.90
鄂托克前旗	6.90	6.88	6.83	6.81	6.83	6.86	6.87	6.90	6.98
鄂托克旗	12.00	12.20	12.60	13.80	14.25	14.94	15.65	15.71	15.87
杭 锦 旗	11.86	11.67	11.45	11.39	11.30	11.16	11.15	11.17	11.24
乌 审 旗	9.70	10.18	10.60	11.50	11.83	12.49	13.12	13.18	13.33
伊金霍洛旗	16.98	17.69	19.50	20.91	21.65	22.79	23.61	23.69	23.89

4－9　主要年份分旗区城镇化率

单位：%

地　区	2005	2006	2007	2008	2009	2010	2011	2012	2013
东 胜 区	88.70	89.82	90.90	92.10	93.00	93.43	93.75	93.97	94.09
达拉特旗	36.77	38.15	43.58	48.80	51.00	51.50	52.80	54.12	55.14
准格尔旗	45.76	48.08	52.36	57.30	62.50	63.29	64.96	66.56	67.48
鄂托克前旗	45.07	45.29	49.60	53.00	54.40	54.70	55.46	56.52	57.59
鄂托克旗	60.83	65.45	68.20	69.50	70.50	71.13	72.46	73.39	74.04
杭 锦 旗	36.52	39.73	43.10	48.00	50.00	50.43	51.41	52.55	53.56
乌 审 旗	38.04	40.74	44.80	50.20	52.50	53.08	54.34	55.84	56.86
伊金霍洛旗	46.43	54.17	56.30	61.00	64.60	65.34	66.94	68.47	69.36

主要统计指标解释

户籍人口　指公民依《中华人民共和国户口登记条例》已在其经常居住地的公安户籍管理机关登记了常住户口的人，这类人口不管其是否外出，也不管外出时间长短，只要在某地注册有常住户口，则为该地区的户籍人口。

市镇总人口和乡村总人口：其定义有两种口径：

第一种口径（按行政建制）

市人口：市管辖区域内的全部人口（含市辖镇，不含市辖区县）；

镇人口：县辖镇的全部人口（不含市辖镇）；

县人口：县辖乡人口。

第二种口径（按常住人口划分）

市人口：设区的市的区人口和不设区的市所辖的街道人口；

镇人口：不设区的市所辖镇的居民委员会人口和县辖镇的居民委员会人口；

县人口：除上述两种人口以外的全部人口。

1952–1980 年数据为第一种口径的数据，1982 年以后的数据为第二种口径的数据。

出生率（又称粗出生率）　指在一定时期内（通常为一年）平均每千人所出生的人数的比率，一般用千分率表示。计算公式为：

$$出生率=\frac{年出生人数}{年平均人数}\times 1000‰$$

式中：出生人数指活产婴儿，即胎儿脱离母体时（不管怀孕月数），有过呼吸或其他生命现象。年平均人数指年初、年底人口数的平均数，也可用年中人口数代替。

死亡率（又称粗死亡率）　指在一定时期内（通常为一年）一定地区的死亡人数与同期平均人数（或期中人数）之比，一般用千分率表示。计算公式为：

$$死亡率=\frac{年死亡人数}{年平均人数}\times 1000‰$$

人口自然增长率　指在一定时期内（通常为一年）人口自然增加数（出生人数减死亡人数）与该时期内平均人数（或期中人数）之比，一般用千分率表示。计算公式为：

$$人口自然增长率=\frac{(本年出生人数-本年死亡人数)}{年平均人数}\times 1000‰=人口出生率-人口死亡率$$

人口机械增长率　一年内城市人口因迁入和迁出因素的消长，导致人口增减的绝对数量（本年城市迁入人口数–本年城市迁出人口数）与同期该城市年平均总人口数之比。反映城市人口因迁入和迁出等社会因素引起人口增减变化的指标。计算公式为：

$$人口机械增长率=\frac{(本年城市迁入人口数-本年城市迁出人口数)}{年平均城市总人口数}\times 1000‰$$

五、就业人员和职工工资

成吉思汗广场雕塑

5－1　就业基本情况

指　　标	2003	2004	2005	2006	2007	2008	2009	2010	2011	2012	2013
就业人员(人)	790745	829447	839481	847656	868118	912721	931054	980111	1021538	1023935	1030833
第一产业	375585	334890	319264	306143	311085	300888	291017	271913	266621	264175	266548
第二产业	169103	202534	210861	221949	225164	243447	254015	282596	314633	310252	310987
第三产业	246057	292023	309356	319564	331869	368386	386022	425602	440283	449508	453298
就业人员构成(%)											
第一产业	47.50	40.37	38.03	36.12	35.83	32.97	31.26	27.74	26.10	25.80	25.85
第二产业	21.38	24.42	25.12	26.18	25.94	26.67	27.28	28.83	30.80	30.30	30.17
第三产业	31.12	35.21	36.85	37.70	38.23	40.36	41.46	43.42	43.10	43.90	43.97
按城乡从业人员分组											
城镇就业人员(人)	290351	388935	418729	437428	456706	521559	548809	634039	641031	632517	637934
#国有单位	85215	88175	89593	93568	97571	99693	105365	113419	128525	143068	156738
城镇集体单位	3234	3193	3133	3117	3447	3414	3539	3789	4094	4416	4318
股份合作	448	414	153	575	575	280	341	341	136	8114	8422
联　营											35
有限责任公司	24647	24552	25159	30058	36013	32755	33755	38602	51065	50700	103814
港澳台商投资	1662	2625	2064	2485	2548	1609	1611	1121	1087	594	2400
外商投资企业	13498	12236	11388	11539	9427	7329	7413	7237	7236	5185	17320
乡村就业人员(人)	500394	440512	420752	410228	411412	391162	382245	346072	380507	391418	392899
在岗职工人数(人)	133200	135887	139306	149182	159292	150051	156903	168909	195661	220163	304467
国有单位	83101	85930	88557	92561	96501	98719	104119	111811	125069	140927	154421
城镇集体单位	3234	3193	3127	3117	3447	3414	3519	3769	4071	4382	4226
其他单位	46865	46764	47622	53504	59344	47918	49265	55332	66521	74854	145820
在岗职工平均工资(元)	13151	16965	21628	27074	31829	36255	44205	53015	59306	66892	68231
城镇登记失业人数(人)	8798	10076	9690	10562	10527	11621	9061	7901	9423	12642	15127
城镇登记失业率(%)	4.0	4.47	4.00	3.98	3.71	3.80	2.91	2.21	2.21	2.55	2.74

5—2 主要年份按三次产业划分的年末就业人员

年份	就业人员（万人）				构成（合计=100）		
		第一产业	第二产业	第三产业	第一产业	第二产业	第三产业
1957	25.09	23.79	0.68	0.62	94.82	2.71	2.47
1965	32.51	29.28	1.50	1.73	90.06	4.61	5.32
1970	35.59	31.05	2.58	1.96	87.24	7.25	5.51
1975	40.29	34.01	3.27	3.01	84.41	8.12	7.47
1978	41.52	34.87	3.33	3.32	83.98	8.02	8.00
1980	43.65	35.91	3.25	4.49	82.27	7.44	10.29
1981	45.61	37.46	3.25	4.90	82.13	7.13	10.74
1982	47.00	38.15	3.21	5.64	81.17	6.83	12.00
1983	48.84	39.22	3.39	6.23	80.30	6.94	12.76
1984	50.68	39.06	3.79	7.83	77.07	7.48	15.45
1985	52.42	39.21	4.88	8.33	74.80	9.31	15.89
1986	52.60	38.00	6.21	8.39	72.24	11.81	15.95
1987	54.83	39.33	5.98	9.52	71.73	10.91	17.36
1988	55.74	39.18	6.62	9.94	70.29	11.88	17.83
1989	56.74	40.36	6.26	10.12	71.13	11.03	17.84
1990	58.65	41.10	6.70	10.85	70.08	11.42	18.50
1991	60.30	41.99	7.54	10.77	69.64	12.50	17.86
1992	62.76	42.42	8.78	11.56	67.59	13.99	18.42
1993	64.33	42.74	9.24	12.35	66.44	14.36	19.20
1994	64.49	42.49	9.50	12.50	65.89	14.73	19.38
1995	65.43	42.05	10.39	12.99	64.27	15.88	19.85
1996	67.68	42.33	11.56	13.79	62.54	17.08	20.38
1997	68.74	41.21	11.08	16.45	59.95	16.12	23.93
1998	67.70	40.96	10.81	15.93	60.50	15.97	23.53
1999	68.24	41.81	10.74	15.69	61.27	15.74	22.99
2000	72.37	43.42	12.52	16.43	60.00	17.29	22.71
2001	75.01	44.30	12.68	18.03	59.06	16.90	24.03
2002	77.91	45.10	13.47	19.34	57.88	17.30	24.82
2003	79.07	37.56	16.91	24.60	47.50	21.38	31.12
2004	82.94	33.49	20.25	29.20	40.37	24.42	35.21
2005	83.95	31.93	21.09	30.93	38.03	25.12	36.85
2006	84.77	30.61	22.20	31.96	36.12	26.18	37.70
2007	86.81	31.11	22.52	33.19	35.83	25.94	38.23
2008	91.27	30.09	24.34	36.84	32.97	26.67	40.36
2009	93.10	29.10	25.40	38.60	31.26	27.28	41.46
2010	98.01	27.19	28.26	42.56	27.74	28.83	43.42
2011	102.15	26.66	31.46	44.03	26.10	30.80	43.10
2012	102.39	26.42	31.03	44.95	25.80	30.30	43.90
2013	103.08	26.65	31.10	45.33	25.85	30.17	43.97

5-3 分行业城镇单位年末女性就业人员(2013年)

单位:人

指　　标	合　　计	国有单位	城镇集体单位	其他单位
合　计	100259	59200	2133	38926
按企业、事业、机关分组				
企　业	54049	13612	1574	38863
事　业	31404	30845	559	
机　关	14743	14743		
按国民经济行业分组				
农、林、牧、渔业	1519	1519		
采矿业	14047	3976	12	10059
制造业	17230	754	41	16435
电力、热力、燃气及水生产和供应业	3701	2037		1664
建筑业	703	42	10	651
交通运输、仓储和邮政业	3195	1692		1503
信息传输、软件和信息技术服务业	2207	1056		1151
批发和零售业	3102	1539		1563
住宿和餐饮业	2115	134		1981
金融业	5235	2925	1508	802
房地产业	1861	152		1709
租赁和商务服务业	562	132	4	426
科学研究、技术服务业	943	714		229
水利、环境和公共设施管理业	4565	4302		263
居民服务、修理和其他服务业	88	33		55
教　育	16361	16185		176
卫生和社会工作	6179	5396	558	225
文化、体育和娱乐业	1527	1493		34
公共管理、社会保障和社会组织	15119	15119		

5－4 按登记注册类型和城乡划分的年末就业人员

单位：人

年　份	合　计	城镇			
		小　计	#国有单位	#集体单位	#股份合作
1995	654358	182887	136355	18226	
1996	676829	194098	134773	17187	
1997	687460	194934	133663	12590	
1998	677047	184830	114163	5682	6034
1999	682405	187966	104809	3808	40
2000	723685	195622	98384	3797	2161
2001	750096	204721	97114	3000	1845
2002	779123	240315	90181	3099	375
2003	790745	290351	85215	3234	448
2004	829447	388935	88175	3193	414
2005	839481	418729	89593	3133	153
2006	847656	437428	93568	3117	575
2007	868118	456706	97571	3447	575
2008	912721	521559	99693	3414	280
2009	931054	548809	105365	3539	341
2010	980111	634039	113419	3789	341
2011	1021538	641031	128525	4094	136
2012	1023935	632517	143068	4416	8114
2013	1030833	637934	156738	4318	8422

5－4 续表

年 份	城 镇				乡 村
	#有限责任公司	#股份有限公司	#港澳台商投资	#外商投资企业	
1995		5631	1240	3391	471471
1996		8193	2329	8591	482731
1997		8184	2009	6522	492526
1998	458	7772	5679	2536	492217
1999	3577	12265	1491	6703	494439
2000	3523	13937	1654	7498	528063
2001	3388	13042	1547	6895	545375
2002	14716	10843	1293	9443	538808
2003	24647	7632	1662	13498	500394
2004	24552	7825	2625	12236	440512
2005	25159	8934	2064	11388	420752
2006	30058	8917	2485	11539	410228
2007	36013	10918	2548	9427	411412
2008	32755	6152	1609	7329	391162
2009	33755	7380	1611	7413	382245
2010	38602	8144	1121	7237	346072
2011	51065	8746	1087	7236	380507
2012	50700	10494	594	5185	391418
2013	103814	15675	2400	17320	392899

5－5 分行业年末在岗职工人数(2013年)

单位:人

指　　标	合　计	国有单位	城镇集体单位	其他单位
合　计	304467	154421	4226	145820
按企业、事业、机关分组				
企　业	201432	52639	3085	145708
事　业	61811	60670	1141	
机　关	41112	41112		
按国民经济行业分组				
农、林、牧、渔业	4316	4279	37	
采矿业	81090	25953	52	55085
制造业	51500	4678	398	46424
电力、热力、燃气及水生产和供应业	14568	8421		6147
建筑业	10336	1880	75	8381
交通运输、仓储和邮政业	13734	3420		10314
信息传输、软件和信息技术服务业	3374	1666		1708
批发和零售业	6015	2835		3180
住宿和餐饮业	4088	254		3834
金融业	8636	4927	2557	1152
房地产业	5232	302		4930
租赁和商务服务业	1779	517	10	1252
科学研究、技术服务业	3958	1972		1986
水利、环境和公共设施管理业	12024	11600		424
居民服务、修理和其他服务业	312	89		223
教　育	27870	27526		344
卫生和社会工作	10112	8637	1097	378
文化、体育和娱乐业	2787	2729		58
公共管理、社会保障和社会组织	42736	42736		

5－6 分旗区分行业年末在岗职工人数(2013年)

单位:人

指　　标	东胜区	达拉特旗	准格尔旗	鄂托克前旗	鄂托克旗	杭锦旗	乌审旗	伊金霍洛旗
合　计	84296	31188	62020	10707	40090	10723	13415	52028
按企业、事业、机关分组								
企　业	47941	18529	50399	6483	32137	3227	4954	37762
事　业	23269	8714	7528	2429	4251	4122	4572	6926
机　关	13086	3945	3981	1795	3702	3374	3889	7340
按国民经济行业分组								
农、林、牧、渔业	705	1036	370	132	610	317	495	651
采矿业	8657	442	34722	3168	3774		499	29828
制造业	10020	7228	3260	1315	25856	599	1400	1822
电力、热力、燃气及水生产和供应业	4807	3129	2923	301	510	477	457	1964
建筑业	2452	2652	2980	685	98	433	55	981
交通运输、仓储和邮政业	8217	1088	1917	384	332	566	1000	230
信息传输、软件和信息技术服务业	2562	109	356	80	109	64	37	57
批发和零售业	2684	811	1328	246	245	93	213	395
住宿和餐饮业	519	1092	1570		291	419	4	193
金融业	4745	848	723	176	455	350	393	946
房地产业	1795	860	446	184	529	334	335	749
租赁和商务服务业	748	416	112	3	69	23	68	340
科学研究、技术服务业	3015	160	195	128	67	130	208	55
水利、环境和公共设施管理业	7445	726	65	41	99	149	954	2545
居民服务、修理和其他服务业	146	80	35				51	
教　育	6362	4983	5155	1211	2355	2312	2252	3240
卫生和社会工作	4126	1268	1566	459	518	505	697	973
文化、体育和娱乐业	1488	245	48	103	289	177	235	202
公共管理、社会保障和社会组织	13803	4015	4249	2091	3884	3775	4062	6857

5－7　城镇就业及失业人数

年　份	当年就业人数（人）	年末城镇登记失业人数（人）	登记失业率（%）
1980	4435	8888	10.7
1981	6695	8375	9.3
1982	4484	6071	6.8
1983	3221	5053	5.4
1984	5119	1805	1.9
1985	3121	1829	1.7
1986	5806	2265	2.0
1987	4672	2383	2.0
1988	4739	3689	2.8
1989	4321	5068	3.8
1990	5514	4919	3.4
1991	5544	7669	4.1
1992	8660	5705	3.5
1993	4408	5048	2.8
1994	3594	5002	2.7
1995	3704	5900	3.2
1996	8473	6267	3.0
1997	8679	5734	2.6
1998	8158	4873	2.2
1999	3507	3804	2.1
2000	8058	3653	2.1
2001	10646	5158	2.6
2002	8198	6690	3.2
2003	10695	8798	4.0
2004	12491	10076	4.5
2005	13015	9690	4.0
2006	14488	10562	4.0
2007	19681	10527	3.7
2008	25409	11621	3.8
2009	30068	9061	2.9
2010	31571	7901	2.2
2011	36824	9423	2.2
2012	38510	12642	2.55
2013	36389	15127	2.74

5－8 主要年份职工工资总额及指数

年份	绝对数(万元)				指数(以上年为100)			
	工资总额	国有	集体	其他	工资总额	国有	集体	其他
1957	1030	1030			122.3	122.3		
1965	1457	1457			107.6	107.6		
1970	1889	1889			101.4	101.4		
1975	3619	3005	613		140.9	117.0		
1978	4337	3760	577		121.4	123.3	110.4	
1980	5741	4963	778		123.9	124.0	123.2	
1981	5987	5268	719		104.3	106.1	92.4	
1982	6778	5950	828		113.2	112.9	115.2	
1983	7321	6595	726		108.0	110.8	87.7	
1984	8434	7161	1273		115.2	108.6	175.3	
1985	10019	8587	1432		118.8	119.9	112.5	
1986	12092	10442	1650		120.7	121.6	115.2	
1987	13640	11854	1796		112.9	113.5	108.2	
1988	17207	14910	2297		126.1	125.8	128.7	
1989	19296	16904	2392		112.1	113.4	104.1	
1990	22915	20134	2781		118.8	119.1	116.3	
1991	27609	24250	3306	53	120.3	120.4	118.9	100.0
1992	33532	29822	3569	141	121.7	123.0	108.0	266.0
1993	45624	41378	3524	722	136.1	138.7	98.7	512.1
1994	61715	54832	4701	2182	135.3	132.5	133.4	302.1
1995	71651	62828	5480	3343	116.1	114.6	116.6	153.2
1996	84012	68049	5584	10379	117.3	108.3	101.9	310.5
1997	95475	79540	4542	11393	113.6	116.9	81.3	109.8
1998	98913	80131	2519	16263	104.6	101.8	55.8	143.4
1999	96622	75873	2332	18417	97.7	94.7	92.6	113.2
2000	103229	80162	2247	20820	106.8	105.7	96.4	113.0
2001	125091	98791	2396	23904	121.2	123.2	106.6	114.8
2002	145523	103379	2977	39167	116.3	104.6	124.2	163.9
2003	171471	113792	3685	53994	117.8	110.1	123.8	137.9
2004	228964	151403	3853	73708	133.5	133.1	104.6	136.5
2005	304053	190074	4459	109520	132.8	125.5	115.7	148.6
2006	402589	250754	5749	146086	132.4	131.9	128.9	133.4
2007	502803	308739	8336	185728	124.9	123.1	145.0	127.1
2008	540293	375564	10960	153770	107.5	121.6	131.5	82.8
2009	687923	487944	14116	185863	127.3	129.9	128.8	120.9
2010	895475	631500	17819	246156	130.2	129.4	126.2	132.4
2011	1160473	793917	22938	343618	129.6	125.7	128.7	139.6
2012	1476596	984166	28056	464375	127.2	124.0	122.3	135.1
2013	2113100	1163071	27147	922881	143.1	118.2	96.8	198.7

注:1998年(包括1998年)以后工资总额为在岗职工工资总额。

5-9 主要年份职工平均工资及指数

年份	平均工资(元)				指数(以上年为100)			
	全部职工	国有	集体	其他	全部职工	国有	集体	其他
1957	641	641			98.0	98.0		
1965	647	647			100.6	100.6		
1975	673	712	532		102.1	108.0		
1978	675	692	579		110.1	108.3	117.0	
1980	784	791	745		119.7	119.8	118.1	
1981	765	778	685		97.6	98.4	91.9	
1982	833	838	798		108.9	107.7	116.5	
1983	873	897	701		104.8	107.0	87.8	
1984	963	965	952		110.3	107.6	135.8	
1985	1057	1107	832		109.8	114.7	87.4	
1986	1188	1244	924		112.4	112.4	111.1	
1987	1269	1331	964		106.8	107.0	104.3	
1988	1488	1515	1181		117.3	113.8	122.5	
1989	1601	1603	1181		107.6	105.8		
1990	1809	1810	1358		113.0	112.9	115.0	
1991	2022	1989	1538		111.8	109.9	113.3	
1992	2248	2316	1601	1699	111.2	116.4	104.1	
1993	2897	3058	1714	2536	128.9	132.0	107.1	149.3
1994	3912	4189	2409	2975	135.0	136.9	140.5	117.3
1995	4406	4684	3051	3171	112.6	111.8	126.7	106.6
1996	5021	5239	3230	5151	114.0	111.8	105.9	162.4
1997	5927	6134	3467	6218	118.0	117.1	107.3	120.7
1998	6915	7052	4471	6836	109.2	106.3	79.6	125.8
1999	7337	7377	6074	7365	106.1	104.6	135.9	107.7
2000	7951	8220	5931	7300	108.4	111.4	97.6	99.1
2001	9919	10285	7917	8845	124.8	125.1	133.5	121.2
2002	11223	11646	9609	10363	113.1	113.2	121.4	117.2
2003	13151	13853	11522	11986	117.2	119.0	119.9	115.7
2004	16965	17801	12068	15777	129.0	128.5	104.7	131.6
2005	21628	21532	14375	22257	127.5	121.0	119.1	141.1
2006	27074	27320	18838	27120	125.2	126.9	131.0	121.8
2007	31829	31911	24744	32104	117.6	116.8	131.4	118.4
2008	36255	38373	32301	32196	113.9	120.3	130.5	100.3
2009	44205	47623	40170	37436	121.9	124.1	124.4	116.3
2010	53015	56944	47938	45338	119.9	119.6	119.3	121.1
2011	59306	63526	57504	51656	111.9	111.6	120.0	113.9
2012	66892	69599	63605	61978	112.8	109.6	110.6	120.0
2013	68231	74486	64269	61803	102.0	107.0	101.0	99.7

注:1998年(包括1998年)以后全部职工平均工资为在岗职工平均工资。

5－10 分行业在岗职工平均工资(2013 年)

单位:元

指　　标	合　　计	国有单位	城镇集体单位	其他单位
合　计	68231	74486	64269	61803
按企业、事业、机关分组				
企　业	67203	82788	63189	61806
事　业	70877	70948	67068	
机　关	69261	69261		
按国民经济行业分组				
农、林、牧、渔业	62251	62292	57405	
采矿业	81391	92735	29231	76336
制造业	50724	79347	33932	48059
电力、热力、燃气及水生产和供应业	88813	82304		97562
建筑业	41110	58185	32040	37724
交通运输、仓储和邮政业	62663	59568		63689
信息传输、软件和信息技术服务业	69514	65836		73661
批发和零售业	50007	61077		40192
住宿和餐饮业	35855	45547		35221
金融业	75590	79530	69489	71781
房地产业	48946	66623		47843
租赁和商务服务业	64025	47074	66700	71246
科学研究、技术服务业	75210	69719		80581
水利、环境和公共设施管理业	50145	50492		39837
居民服务、修理和其他服务业	47716	72618		37502
教　育	80471	81120		27146
卫生和社会工作	76231	79320	67292	32369
文化、体育和娱乐业	73046	73792		39000
公共管理、社会保障和社会组织	68689	68689		

5－11 分旗区分行业在岗职工平均工资(2013 年)

单位:元

指　　标	东胜区	达拉特旗	准格尔旗	鄂托克前旗	鄂托克旗	杭锦旗	乌审旗	伊金霍洛旗
合　计	71123	55628	74589	53551	59790	55898	56731	78278
按企业、事业、机关分组								
企　业	69474	47631	74331	43373	55786	39352	45236	83190
事　业	68553	72284	77831	76766	78420	73314	66365	65017
机　关	82563	56530	72251	61031	73426	51268	60315	64417
按国民经济行业分组								
农、林、牧、渔业	80786	57854	41276	62053	60925	63459	62127	61814
采矿业	94757	46671	82152	42968	53691		67799	84421
制造业	40106	38983	52235	42113	55094	36888	38490	113787
电力、热力、燃气及水生产和供应业	81880	98706	92938	77368	74276	54616	59560	104617
建筑业	57473	29604	34490	37646	27296	33972	49818	56277
交通运输、仓储和邮政业	66902	44393	81395	45005	74051	25500	39931	46284
信息传输、软件和信息技术服务业	75166	36771	53955	43925	62294	24594	54541	60842
批发和零售业	65637	25710	39050	31331	54961	36882	32765	52505
住宿和餐饮业	51639	31371	30881		37021	43324	15813	37163
金融业	75166	56883	46905	81307	93356	51199	88555	67830
房地产业	56453	38636	53393	23139	62390	38656	33227	48795
租赁和商务服务业	86172	48159	43143	48000	90667	55391	47485	37161
科学研究、技术服务业	79913	50217	64774	61008	76597	73885	48231	67159
水利、环境和公共设施管理业	48542	69921	66708	62732	54351	70376	50843	48511
居民服务、修理和其他服务业	52158	56419	39914				27725	
教　育	83902	80675	82362	82975	88772	81491	67296	71860
卫生和社会工作	83947	57185	79620	82040	78743	74495	58765	71905
文化、体育和娱乐业	81580	57620	58167	69932	79405	47318	60379	65650
公共管理、社会保障和社会组织	81275	56468	70516	61280	70156	51609	61551	65233

5－12 国有单位年末就业人员和劳动报酬(2013年)

单位:人、万元

指 标	就业人员	#女 性	在岗职工	单位就业人员劳动报酬	在岗职工工资总额	其他就业人员劳动报酬
合 计	156738	59200	154421	1168686	1163071	5614
按企业、事业、机关分组						
企 业	53722	13612	52639	435933	434262	1671
事 业	61174	30845	60670	448542	447262	1280
机 关	41842	14743	41112	284211	281547	2664
按国民经济行业分组						
农、林、牧、渔业	4289	1519	4279	26710	26686	24
采矿业	25989	3976	25953	238626	238488	138
制造业	4679	754	4678	36556	36555	0.4
电力、热力、燃气及水生产和供应业	8470	2037	8421	68272	68123	149
建筑业	1915	42	1880	11068	10950	118
交通运输、仓储和邮政业	3459	1692	3420	20484	20354	130
信息传输、软件和信息技术服务业	2192	1056	1666	12738	12627	111
批发和零售业	2889	1539	2835	17508	17334	174
住宿和餐饮业	254	134	254	1175	1175	
金融业	5282	2925	4927	40127	39248	878
房地产业	302	152	302	2012	2012	
租赁和商务服务业	517	132	517	2420	2420	
科学研究、技术服务业	1976	714	1972	13738	13728	10
水利、环境和公共设施管理业	11600	4302	11600	70765	70765	
居民服务、修理和其他服务业	89	33	89	646	646	
教 育	27576	16185	27526	223286	223218	69
卫生和社会工作	8784	5396	8637	68897	68446	452
文化、体育和娱乐业	2768	1493	2729	19605	19518	87
公共管理、社会保障和社会组织	43708	15119	42736	294054	290779	3275

5－13 城镇集体单位年末就业人员和劳动报酬(2013 年)

单位:人、万元

指　　标	就业人员	#女　性	在岗职工	单位就业人员劳动报酬	在岗职工工资总额	其他就业人员劳动报酬
合　计	4318	2133	4226	27625	27147	478
按企业、事业、机关分组						
企　业	3177	1574	3085	19738	19260	478
事　业	1141	559	1141	7887	7887	
机　关						
按国民经济行业分组						
农、林、牧、渔业	37		37	212	212	
采矿业	52	12	52	152	152	
制造业	398	41	398	1354	1354	
电力、热力、燃气及水生产和供应业						
建筑业	75	10	75	240	240	
交通运输、仓储和邮政业						
信息传输、软件和信息技术服务业						
批发和零售业						
住宿和餐饮业						
金融业	2649	1508	2557	17982	17504	478
房地产业						
租赁和商务服务业	10	4	10	67	67	
科学研究、技术服务业						
水利、环境和公共设施管理业						
居民服务、修理和其他服务业						
教　育						
卫生和社会工作	1097	558	1097	7618	7618	
文化、体育和娱乐业						
公共管理、社会保障和社会组织						

5－14 其他单位年末就业人员和劳动报酬(2013年)

单位:人、万元

指 标	就业人员	#女 性	在岗职工	单位就业人员劳动报酬	在岗职工工资总额	其他就业人员劳动报酬
合 计	149160	38926	145820	941510	922881	18628
按企业、事业、机关分组						
企 业	149048	38863	145708	940908	922280	18628
事 业						
机 关						
按国民经济行业分组						
农、林、牧、渔业						
采矿业	56264	10059	55085	446379	436388	9991
制造业	47547	16435	46424	230706	225759	4947
电力、热力、燃气及水生产和供应业	6181	1664	6147	60199	60069	129
建筑业	8699	651	8381	36038	35045	993
交通运输、仓储和邮政业	10856	1503	10314	67870	65676	2194
信息传输、软件和信息技术服务业	1708	1151	1708	12530	12530	
批发和零售业	3243	1563	3180	12960	12865	95
住宿和餐饮业	3840	1981	3834	13917	13873	44
金融业	1152	802	1152	7688	7688	
房地产业	4996	1709	4930	23338	23146	192
租赁和商务服务业	1256	426	1252	8584	8571	13
科学研究、技术服务业	1988	229	1986	16231	16221	10
水利、环境和公共设施管理业	424	263	424	1880	1880	
居民服务、修理和其他服务业	226	55	223	835	814	21
教 育	344	176	344	909	909	
卫生和社会工作	378	225	378	1220	1220	
文化、体育和娱乐业	58	34	58	226	226	
公共管理、社会保障和社会组织						

5－15　分旗区分行业在岗职工工资总额(2013年)

单位:万元

指　　标	东胜区	达拉特旗	准格尔旗	鄂托克前旗	鄂托克旗	杭锦旗	乌审旗	伊金霍洛旗
合　计	614388	174054	469733	59158	240665	60923	76616	417564
按企业、事业、机关分组								
企　业	333515	88574	381778	29641	180296	13376	22817	325805
事　业	176092	62981	58591	18562	33289	30249	30342	45044
机　关	104781	22499	28763	10955	27080	17298	23457	46715
按国民经济行业分组								
农、林、牧、渔业	5712	5982	1527	819	3716	2018	3075	4049
采矿业	82164	2012	292840	12340	20338		3376	261957
制造业	40066	28660	17091	5631	143548	2626	5666	20379
电力、热力、燃气及水生产和供应业	38713	30895	27110	2437	3773	2572	2710	19982
建筑业	14093	7984	10216	4894	268	1468	274	7040
交通运输、仓储和邮政业	54880	4834	15563	1805	2459	1433	3997	1060
信息传输、软件和信息技术服务业	21099	401	1921	351	679	157	202	347
批发和零售业	17663	2113	5241	739	1270	343	741	2090
住宿和餐饮业	2887	3319	4944		1044	2101	25	728
金融业	39108	4625	3391	1431	4248	1802	3480	6356
房地产业	9749	3288	2403	400	3276	1280	1113	3650
租赁和商务服务业	6420	1912	483	14	626	127	323	1152
科学研究、技术服务业	24286	809	1263	781	513	961	1003	334
水利、环境和公共设施管理业	48159	5076	434	257	527	1049	4850	12293
居民服务、修理和其他服务业	762	418	140				141	
教　育	53270	40200	42458	10048	20888	18873	15121	23268
卫生和社会工作	35006	7245	12469	3675	4047	3792	4096	6953
文化、体育和娱乐业	11454	1412	279	720	2294	833	1419	1333
公共管理、社会保障和社会组织	108901	22870	29962	12814	27150	19488	25002	44593

主要统计指标解释

从业人员 指从事一定社会劳动并取得劳动报酬或经营收入的人员，包括全部职工、再就业的离退休人员、私营业主、个体户主、私营和个体从业人员、乡镇企业从业人员、农村从业人员、其他从业人员(包括民办教师、宗教职业者、现役军人等)。这一指标反映了一定时期内全部劳动力资源的实际利用情况，是研究我国基本国情国力的重要指标。

各单位的从业人员 指在各级国家机关、政党机关、社会团体及企业、事业单位中工作，取得工资或其他形式的劳动报酬的全部人员。包括在岗职工、再就业的离退休人员、民办教师以及在各单位中工作的外方人员和港澳台方人员、兼职人员、借用的外单位人员和第二职业者。不包括离开本单位仍保留劳动关系的职工。各单位的从业人员反映了各单位实际参加生产或工作的全部劳动力。

城镇私营和个体从业人员 城镇私营从业人员指在工商管理部门注册登记，其经营地址设在县城关镇(含城关镇)以上的私营企业从业人员；包括私营企业投资者和雇工。城镇个体从业人员指在工商管理部门注册登记，并持有城镇户口或在城镇长期居住，经批准从事个体工商经营的从业人员；包括个体经营者和在个体工商户劳动的家庭帮工和雇工。

城镇登记失业人员 指有非农业户口，在一定的劳动年龄内，有劳动能力，无业而要求就业，并在当地就业服务机构进行求职登记的人员。

城镇登记失业率 指城镇登记失业人数同城镇从业人数与城镇登记失业人数之和的比。计算公式为：

$$城镇登记失业率 = \frac{城镇登记失业人数}{(城镇从业人数+城镇登记失业人数)} \times 100\%$$

职工 指在国有经济、城镇集体经济、联营经济、股份制经济、外商和港、澳、台投资经济、其他经济单位及其附属机构工作，并由其支付工资的各类人员，不包括返聘的离退休人员、民办教师、在国有经济单位工作的外方人员和港、澳、台人员(1998 年以后的数据均为在岗职工数据，其他相关指标如职工工资总额，职工平均工资等指标也从 1998 年按此口径进行了相应调整)。

国有单位职工 指在国有经济单位及其附属机构工作，并由其支付工资的各类人员。

城镇集体单位职工 指在城镇集体经济单位及其管理部门工作，并由其支付工资的各类人员。

其他单位职工 指在联营经济、股份制经济、外商投资经济、港、澳、台投资经济单位工作，并由其支付工资的各类人员。

在岗职工 指在本单位工作并由单位支付工资的人员，以及有工作岗位，但由于学习、病伤产假等原因暂未工作，仍由单位支付工资的人员。

职工工资总额 指各单位在一定时期内直接支付给本单位全部职工的劳动报酬总额。工资总额的计算原则应以直接支付给职工的全部劳动报酬为根据。各单位支付给职工的劳动报酬以及其他根据有关规定支付的工资，不论是计入成本的还是不计入成本的，不论是按国家规定列入计征奖金税项目的，还是未列入计征奖金税项目的，不论是以货币形式支付的还是以实物形式支付的，均包括在工资总额内。

职工平均工资 指企业、事业、机关单位的职工在一定时期内平均每人所得的货币工资额。它表明一定时期职工工资收入的高低程度，是反映职工工资水平的主要指标。计算公式为：

$$职工平均工资 = \frac{报告期实际支付的全部职工工资总额}{报告期全部职工平均人数}$$

六、固定资产投资

伊金霍洛旗大剧院

6—1 1990年以来全社会固定资产投资

单位:万元

年　份	投资总额	#住　宅	按隶属关系分		按投资管理渠道分		
			中央项目	地方项目	城镇投资	房地产开发	农村非农户
1990	80244	6728	54992	25252			
1991	146368	10354	113781	32587			
1992	226697	13771	185614	41083			
1993	328640	14122	256359	72281			
1994	339488	18347	234328	105160			
1995	441614	26656	325543	116071			
1996	437411	30102	307119	130292			
1997	387457	17905	237341	150116			
1998	357787	32432	154239	203548			
1999	392515	32796	76675	315840			
2000	499192	32837	132129	367063			
2001	588413	48009	162950	425463			
2002	685627	74126	89927	595700			
2003	1355670	71508	177902	1177768			
2004	2627350	140286	164469	2462881			
2005	4036867	261649	326636	3710231			
2006	6166689	425529	1224059	4942630			
2007	8857444	725080	2112525	6744919			
2008	10883868	1175319	3137727	7746141	9284253	1508162	82520
2009	15675329	1413296	2503149	13172180	12984676	2194432	445032
2010	18983954	1842934	2536083	16447871	15924187	2805296	254474
2011	22434230	2515436	2056723	20377507	18068806	4260312	105112
2012	25705760	1171048	2450687	23255073	23777118	1753420	175222
2013	29960428	1256726	2951729	27008699	28388233	1375613	196582

6－2 按登记注册类型分的固定资产投资

单位：万元

指　　标	2012	2013	城镇投资	农村非农户	房地产开发
投资总额(万元)	25705760	29960428	28388233	196582	1375613
按登记注册类型分					
内资企业	25705760	29952828	28380633	196582	1375613
国有企业	8581999	10025794	9863961	142575	19258
集体企业	7858	2493	2493		
股份合作企业	4260	272913	261803	5480	5630
联营企业	26177	1391	1391		
国有独资公司	51466	69884			69884
其他有限责任公司	1157548	960274			960274
有限责任公司	13850281	15400972	15360585	40387	
私营独资企业	11114	800			800
股份有限公司	295623	823422	758972		64450
私营有限责任公司	425455	203134			203134
私营企业	493096	872692	864752	7940	
私营股份有限公司	15765	46240			46240
其他企业	785118	1272819	1266676	200	5943
港、澳、台商投资企业					
外商投资企业					
个体经营		7600	7600		

6－2 续表

单位:万元

指　　标	2012	2013			
			城镇投资	农村非农户	房地产开发
按隶属关系分					
中　央	2450687	2951729	2947329	2885	1515
地　方	23255073	27008699	25440904	193697	1374098
自治区	1423899	2281493	2242950		38543
盟市旗县	21831174	24727206	23197954	193697	1335555
盟(市)	4620737	5313857	4837126		476731
县(旗、县级市)	14342798	15833702	15402286	89078	342338
其他	2867639	3579647	2958542	104619	516486
按三次产业分					
第一产业	766454	754699	685613	69086	
第二产业	15418861	21147828	21092779	55049	
第三产业	9520445	8057901	6609841	72447	1375613
按资金来源分					
国家预算内资金	571690	448804	435762	13042	
国内贷款	3139408	3841308	3695382	4390	141536
利用外资	4505	8001	8001		
自筹资金	21278364	23971422	22488321	187442	1295659
其他资金	1251671	721205	392516		328689

6－3 按行业分的固定资产投资(2013年)

单位:万元

指标	投资额	城镇投资	农村非农户	房地产开发
农、林、牧、渔业	754699	685613	69086	
采矿业	5510418	5510418		
煤炭开采和洗选业	4047890	4047890		
石油和天然气开采业	980660	980660		
开采辅助活动	437548	437548		
制造业	13028712	13019850	8862	
农副食品加工业	51730	42868	8862	
食品制造业	4514	4514		
酒、饮料和精制茶制造业	270056	270056		
纺织业	500	500		
造纸及纸制品业	95624	95624		
石油加工、炼焦及核燃料加工业	1014682	1014682		
化学原料及化学制品制造业	6025327	6025327		
橡胶和塑料制品业	297340	297340		
非金属矿制品业	236419	236419		
黑色金属冶炼和压延加工业	558629	558629		
有色金属冶炼和压延加工业	165416	165416		
金属制品业	1489	1489		
通用设备制造业	183165	183165		
专用设备制造业	2007789	2007789		
汽车制造业	1270529	1270529		
铁路、船舶、航空航天等制造业	23408	23408		
电气机械及器材制造业	283527	283527		
计算机、通信和其他电子设备制造业	315961	315961		
电力、热力、燃气及水的生产和供应业	2515501	2479201	36300	
电力、热力的生产和供应业	981063	947419	33644	
燃气生产和供应业	730212	729864	348	
水的生产和供应业	804226	801918	2308	
建筑业	93197	83310	9887	
房屋建筑业	63823	57312	6511	
土木工程建筑业	15264	11888	3376	
建筑安装业				
建筑装饰和其他建筑业	14110	14110		
批发和零售业	148052	147902	150	
批发业	34545	34395	150	
零售业	113507	113507		
交通运输、仓储和邮政业	2323903	2302396	21507	
铁路运输业	858035	858035		
道路运输业	1363300	1341793	21507	
航空运输业	55294	55294		
装卸搬运和运输代理业	1	1		
仓储业	14499	14499		

6－3 续表

单位:万元

指　　标	投资额	城镇投资	农村非农户	房地产开发
住宿和餐饮业	305401	305401		
住宿业	304213	304213		
餐饮业	1188	1188		
信息传输、软件和信息技术服务业	46162	46162		
互联网和相关服务业	22612	22612		
软件和信息技术服务业	9050	9050		
金融业	3000	3000		
房地产业	2076198	689285	11300	1375613
租赁和商务服务业	119089	105311	13778	
租赁业				
商务服务业	119089	105311	13778	
科学研究和技术服务业	118081	118081		
研究与试验发展	105124	105124		
专业技术服务业	12757	12757		
科技交流和推广服务业	200	200		
水利、环境和公共设施管理业	1599664	1581795	17869	
水利管理业	100934	99830	1104	
生态保护和环境治理业	18296	18296		
公共设施管理业	1480434	1463669	16765	
居民服务和其他服务业	53710	52136	1574	
居民服务业	26277	24703	1574	
机动车、电子产品和日用产品修理业	24713	24713		
教育	279995	278115	1880	
卫生和社会工作	115396	113573	1823	
卫生	104717	102894	1823	
社会工作	10679	10679		
文化、体育和娱乐业	338999	336993	2006	
广播、电视、电影和影视录音制作业	52461	52461		
文化艺术业	62413	62107	306	
体育	193621	193621		
娱乐业	30504	28804	1700	
公共管理和社会组织	530251	529691	560	
国家机构	465795	465235	560	
群众团体、社会团体和其他成员组织	63256	63256		
基层群众自治组织	700	700		

6—4 固定资产投资(按资金来源和构成分)

年　份	按资金来源分				按构成分		
	国家预算内资金	国内贷款	利用外资	自筹和其他资金	建筑安装工程	设备工器具购置	其他费用
投资额(万元)							
1991	1537	9422	90024	30096	87325	21569	25002
1992	12045	29945	124783	48908	129892	53368	29548
1993	23050	74082	141298	74861	170956	108419	29837
1994	15219	155772	73833	76113	134299	127064	54713
1995	47839	180246	60429	115122	140155	156318	112678
1996	28326	157489	9404	158488	149124	111596	133831
1997	4186	212274	12940	125592	136110	124932	87789
1998	21513	138201	55	176291	213855	82047	35590
1999	44647	133766	41424	157063	286463	46365	26302
2000	25411	129678	28023	244183	307790	113856	41445
2001	40332	183270	34189	240300	373360	111846	56507
2002	94139	248813	16361	348561	419569	123364	80854
2003	152524	383120	17856	700436	833516	239047	132150
2004	236996	414543	5900	1549337	1614467	354070	183480
2005	304813	921847	23400	2408083	3114401	470273	255855
2006	213850	929994	19610	5176216	4600065	900548	458377
2007	357413	885528	16430	7210208	6592767	1336234	691206
2008	619477	575756	35322	10034192	7304271	2410077	1078067
2009	1585599	1033226	9483	13411789	11605036	2084633	1934471
2010	786444	972873		22816916	13863506	3194486	1925962
2011	540894	2089025	20041	22456713	16985007	4426672	1022551
2012	571690	3139408	4505	22530035	18110158	6714273	881329
2013	448804	3841308	8001	23971422	17579069	11599868	781491
构成(%)							
1991	1.17	7.19	68.68	22.96	65.22	16.11	18.67
1992	5.58	13.88	57.86	22.68	61.04	25.08	13.88
1993	7.35	23.65	45.10	23.90	55.29	35.06	9.65
1994	4.74	48.53	23.01	23.72	42.49	40.20	17.31
1995	11.85	44.66	14.97	28.52	34.25	38.21	27.54
1996	8.00	44.53	2.66	44.81	37.80	28.28	33.92
1997	1.18	59.79	3.65	35.38	39.02	35.81	25.17
1998	6.40	41.12	0.02	52.46	64.51	24.75	10.74
1999	11.85	35.49	10.99	41.67	79.77	12.91	7.32
2000	5.94	30.35	6.56	57.15	66.46	24.59	8.95
2001	8.10	36.80	6.86	48.24	68.92	20.65	10.43
2002	13.30	35.15	2.31	49.24	67.26	19.78	12.96
2003	12.16	30.55	1.43	55.86	69.19	19.84	10.97
2004	10.74	18.79	0.27	70.21	75.02	16.45	8.53
2005	8.33	25.20	0.64	65.83	81.09	12.25	6.66
2006	3.37	14.67	0.31	81.65	77.20	15.11	7.69
2007	4.22	10.46	0.19	85.13	76.48	15.50	8.02
2008	5.50	5.11	0.31	89.08	67.68	22.33	9.99
2009	9.89	6.44	0.06	83.61	74.28	13.34	12.38
2010	3.20	3.96		92.84	73.03	16.83	10.15
2011	2.15	8.32	0.08	89.45	75.71	19.73	4.56
2012	2.18	11.96	0.02	85.84	70.43	26.14	3.43
2013	1.59	13.59	0.03	84.79	58.67	38.72	2.61

注:固定资产投资指基本建设、更新改造、房地产开发和其他投资。

6－5 2000年以来分旗区全社会固定资产投资

单位：万元

年 份	东胜区	达拉特旗	准格尔旗	鄂托克前旗	鄂托克旗	杭锦旗	乌审旗	伊金霍洛旗
2000	96150	68823	139631	15572	24290	31617	33486	53522
2001	113526	108248	193483	37449	36976	39277	12776	46678
2002	133547	98528	142756	46327	72169	57211	45007	90082
2003	176384	241942	195515	55756	234514	72797	121996	256766
2004	414008	401389	604220	88805	420759	112817	164091	421261
2005	650047	658135	779034	134027	667926	133708	322721	691269
2006	1109246	1116626	1132924	106860	954152	143274	508468	1095139
2007	1882170	1178285	1983327	184842	1204716	209059	709571	1505474
2008	2292497	1280193	2149836	608272	1476742	312251	1043240	1720839
2009	4009012	1533176	3216813	604088	1614760	812232	1684010	2201237
2010	5000302	1600183	4000523	881954	2000236	1000427	1900163	2600166
2011	5602266	1716933	4785443	1558871	2205138	1100552	2367696	3097331
2012	6026112	1902895	5501237	2013646	2601030	1251312	3003623	3405905
2013	6501079	2305451	6204832	2309507	3070785	1700703	3601067	3954250

6－6　分旗区固定资产投资(2013年)

指　　标	东胜区	达拉特旗	准格尔旗	鄂托克前旗	鄂托克旗	杭锦旗	乌审旗	伊金霍洛旗
投资总额(万元)	**6501079**	**2305451**	**6204832**	**2309507**	**3070785**	**1700703**	**3601067**	**3954250**
按登记注册类型分								
内资企业	6501079	2297851	6204832	2309507	3070785	1700703	3601067	3954250
国有企业	1193499	877801	1605696	1939243	184685	61169	2604204	1246743
集体企业								2493
股份合作企业	260850	6403		180			5480	
联营企业		500						891
国有独资公司			51884					18000
有限责任公司	3640188	1120127	3691576	279707	2650365	1626104	708072	1684833
其他有限责任公司	707527	109872	77628		14202	13430	2116	35499
私营独资企业	800							
股份有限公司	272112	153643		9000	21853		42498	324316
私营有限责任公司	95685			12757	12250		10700	71742
私营企业	281395	21323			187430		227997	154547
私营股份有限公司	46240							
其他企业	2783	8182	778048	68620				415186
港、澳、台商投资企业								
外商投资企业								
个体经营		7600						
按隶属关系分								
中　央	348465	190545	371085		76325	558	1377073	274924
地　方	6152614	2114906	5833747	2309507	2994460	1700145	2223994	3679326
#市直旗区项目	5504299	2114369	4921579	2309507	2994460	1658145	2139392	3085455
按资金来源分								
国家预算内资金	2421	291836	76085	45441		2084	6203	24734
国内贷款	188048	380851	50060	51243	31600		2157523	841244
利用外资		8001						
自筹资金	6502810	1401145	4311039	1970316	3270308	1733928	1529100	3080761
其他资金	74809	105343	205722	236214	1100		380	97637
房屋建筑面积(平方米)								
施工面积	17567778	1832331	2877014	1935851	553884	1966058	289477	5736263
#住宅	9472262	778946	1752166	854798	228300	480950	218668	2175959
竣工面积	1629365	408053	276586	1019343	262443			778611
#住宅	1246605	298422	236447	408996	158991			78643

6－7 分旗区国民经济各行业固定资产投资(2013年)

单位:万元

指　　标	东胜区	达拉特旗	准格尔旗	鄂托克前旗	鄂托克旗	杭锦旗	乌审旗	伊金霍洛旗
总　计	6501079	2305451	6204832	2309507	3070785	1700703	3601067	3954250
按国民经济行业分								
农、林、牧、渔业	2221	227812	17888	113428	32156	195583	56640	108971
采矿业	909287	599044	807839	551940	134015	185387	1461108	549044
制造业	3223768	505782	3317638	25570	2614274	856310	1599365	886005
电力、燃气及水的生产和供应业	280294	450796	227610	329776	20638	278933	52781	874673
建筑业		9410	14382	41800		13810	3895	9900
交通运输、仓储和邮政业	332646	104240	978554	11600	220902		221827	454134
信息传输、计算机服务和软件业	29092			14500				2570
批发和零售业	10700	29122		27960	2469	3400	15741	58660
住宿和餐饮业		6895	150587	34360	100		32259	81200
金融业				3000				
房地产业	1069944	123895	352266	250542	41672	29300	14376	194203
租赁和商务服务业	4798	1896	24400	29836	840		57319	
科学研究、技术服务和地质勘查业	115881	850	1037				313	
水利、环境和公共设施管理业	189944	108593	216661	463187	969	128281	62197	429832
居民服务和其他服务业	18800	12770			250	2777	3000	16113
教　育	95339	1600	38794	93970	100	3832	5765	40595
卫生、社会保障和社会福利业	48928	7665	7419	32133		2130	1823	15298
文化、体育和娱乐业	165817	23079	2219	20527	1900	30		125427
公共管理和社会组织	3620	92002	47538	265378	500	930	12658	107625

6－8 固定资产新增主要生产能力(2013 年)

项　　目	本年施工规模	# 本年新开工能力	累计新增生产能力	# 本年新增
原煤开采(万吨/年)	12825	6945	1180	1180
洗　煤(万吨/年)	3260	1160	410	410
焦　炭(万吨/年)	1550	820	150	150
天然气开采(亿立方米/年)	41	10	25	25
水　泥(万吨/年)	424.5			
火力发电(万千瓦)	310	120	120	120
输电线路长度(11 万伏及以上,公里)	2025	1785	968	926
新建公路(公里)	1492.11	385.31	435.49	435.49
# 一级公路	90.8			
改建公路(公里)	412.6	306.6	280.6	225.6

6－9 房地产开发主要指标

指　　标	2001	2002	2003	2004	2005	2006	2007	2008	2009	2010	2011	2012	2013
一、企业个数(个)				75	95	138	177	317	257	302	351	319	262
二、年末从业人员(人)	1069	1530	1643	2754	3831	3629	4440	8903	6930	11427	13771		
三、土地开发及购置(万平方米)													
本年土地开发面积		16.9	6.8	17.4	77.4	58.2	213.8	381.9	189.6				
本年土地购置面积		15.4	14.4	21.9	220.2	205.4	261.4	369.5	244.3	341.6	114.01	39.7	7.72
四、本年完成投资(万元)	18762	36833	55574	63327	170500	405562	848623	1508162	2194432	2805296	4260312	1753420	1375613
#住　宅	16104	27247	36426	40978	140365	317452	632588	1059637	1154230	1586133	2270298	918746	1013126
五、资金来源小计(万元)	17309	33596	52568	82720	174904	416636	857378	1666198	1988218	3173311	4647938	2102574	1765884
#国内贷款	1756	8285	11315		3301	23290	57049	108921	308906	113549	149296	183488	141536
利用外资													
自筹资金	5240	18294	34850		154701	349318	663920	1405555	1491064	2970181	4342984	1690378	1295659
六、房屋建筑面积(万平方米)													
施工面积	34.3	58.1	60.7	87.4	239.9	498.3	723.1	1240.6	2255.0	3158.3	4199.8	3978.1	2622.7
本年新开工面积	25.0	53.7	57.0	46.2	202.9	352.0	488.0	756.8	1624.0	1343.2	1783.0	1076.0	189.9
#住　宅	21.3	44.1	40.9		180.0	282.2	380.9	473.8	963.7	704.8	947.76	626.28	117.17
竣工面积	19.2	37.2	45.9	61.7	71.2	201.0	263.0	422.0	260.5	217.4	217.74	433.52	361.41
竣工房屋价值(万元)	14280	32812	42825	60564	73430	207839	436700	676165	490778	325977	633304	1010107	957286
七、商品房屋销售面积(万平方米)	13.3	35.7	33.2	61.9	111.6	239.3	416.5	420.1	406	535.5	459.88	232.69	233.17
#住　宅	12.0	31.1	24.8	46.6	100.6	214.1	328.1	375.4	356.26	448.2	360.68	181.41	200.99
八、经营总收入(万元)	13678	31877	32027		118840	429230	662113	1680679	2441064	2598894	1777837		
#土地转让收入		51	724		282	6038	4842	85756	42551	160988			

6－10 房地产开发建设投资总规模及完成情况

单位:万元

年　份	实际需要总投资	自开始建设至本年底累计完成投资	#本年完成投资
1998	8538	5693	5593
1999	13190	9680	7984
2000	23846	16185	13298
2001	27856	20979	18762
2002	57310	43803	36833
2003	66481	56524	55574
2004	130395	91224	63327
2005	375377	170500	170500
2006	755784	405562	405562
2007	1350678	1035175	848623
2008	2854170	1931352	1508162
2009	6790575	3045494	2194432
2010	10583822	5047433	2805296
2011	15311269	8373038	4260312
2012	17088952	9057035	1753420
2013	16010563	8614640	1375613

6－11 按用途分的房地产开发企业(单位)完成情况

单位:万元

年　份	本年完成投资额	住　宅	#别墅高档公寓	办公楼	商业营业用房	其　他
1998	5593	4278		26	1157	132
1999	7984	5476		407	2101	
2000	13298	8504		430	3679	685
2001	18762	16104		108	2520	30
2002	36833	27247	404	1780	5843	1963
2003	55574	36426		4322	13531	1295
2004	63327	40978				
2005	170500	140365	14573	3514	22887	3734
2006	405562	317452	36196	24137	49148	14825
2007	848623	632588	126799	30886	137983	47166
2008	1508162	1059637	241546	55363	275112	118050
2009	2194432	1154230	168363	207966	592459	239777
2010	2805296	1586133	74196	237380	674898	306885
2011	4260312	2270298	116107	402020	1123237	464757
2012	1753420	918746	61732	184959	474212	175503
2013	1375613	1013126	38069	100020	180967	81500

6－12 商品房屋销售情况

年　份	房屋销售面积（万平方米）	#住　宅	商品房销售额（万元）	#住　宅
1998	4.57	4.24	3967	3411
1999	8.59	7.99	6452	5487
2000	12.69	10.92	11587	7881
2001	13.29	12.00	13850	11583
2002	35.72	31.10	39373	33047
2003	33.19	24.78	49302	26456
2004	61.85	46.55	77788	54618
2005	111.64	100.58	186962	155476
2006	239.27	214.14	475781	380386
2007	416.47	328.05	1181255	811187
2008	420.06	375.40	1272364	1073960
2009	405.97	347.54	1595652	1190484
2010	535.5	448.20	2516254	1730219
2011	459.88	360.68	2242779	1558238
2012	232.69	181.41	1079007	731921
2013	233.17	200.99	1038527	816357

主要统计指标解释

全社会固定资产投资 固定资产投资是社会固定资产再生产的主要手段。通过建造和购置固定资产的活动，国民经济不断采用先进技术装备，建立新兴部门，进一步调整经济结构和生产力的地区分布，增强经济实力，为改善人民物质文化生活创造物质条件。这对我国的社会主义现代化建设具有重要意义。

固定资产投资额是以货币表现的建造和购置固定资产活动的工作量，它是反映固定资产投资规模、速度、比例关系和使用方向的综合性指标。全社会固定资产投资按经济类型可分为国有、集体、个体、联营、股份制、外商、港澳台商、其他等。

城镇固定资产投资 指城镇各种登记注册类型的企业、事业、行政单位及个体户进行的计划总投资(或实际需要总投资)500 万元及 500 万元以上的建设项目投资、房地产开发投资、城镇和工矿区私人建房投资。县城及以上区域内发生的投资，县及县以上各级政府及主管部门直接领导、管理的建设项目和企业事业单位的投资均为城镇固定资产投资。

房地产开发投资 指房地产开发公司、商品房建设公司及其他房地产开发法人单位和附属于其他法人单位实际从事房地产开发或经营的活动单位统一开发的包括统代建、拆迁还建的住宅、厂房、仓库、饭店、宾馆、度假村、写字楼、办公楼等房屋建筑物和配套的服务设施，土地开发工程(如道路、给水、排水、供电、供热、通讯、平整场地等基础设施工程)的投资；不包括单纯的土地交易活动。

农村投资 包括在农村区域范围内进行固定资产投资活动的企业、事业、行政单位及农村个人投资。

建设总规模 是指在报告期内所有施工项目的计划总投资。这个指标和施工项目相对应。

在建总规模 是指在报告期末所有在建项目的计划总投资。

在建净规模 是指报告期末所有在建项目建成投产尚需的投资总量。

在建净规模＝在建总规模－累计完成投资。

固定资产投资的资金来源 根据固定资产投资的资金来源不同，分为国家预算内资金、国内贷款、利用外资、自筹资金和其他资金来源。

(1)国家预算内资金：指中央财政和地方财政中由国家统筹安排的基本建设拨款和更新改造拨款，以及中央财政安排的专项拨款中用于基本建设的资金和基本建设拨款改贷款的资金等。

(2)国内贷款：指报告期内企、事业单位向银行及非银行金融机构借入的用于固定资产投资的各种国内借款。包括银行利用自有资金及吸收的存款发放的贷款、上级主管部门拨入的国内贷款、国家专项贷款(包括煤代油贷款、劳改煤矿专项贷款等。)、地方财政专项资金安排的贷款、国内储备贷款、周转贷款等。

(3)利用外资：指报告期内收到的用于固定资产投资的国外资金，包括统借统还、自借自还的国外贷款，中外合资项目中的外资，以及对外发行债券和股票等。国家统借统还的外资指由我国政府出面同外国政府、团体或金融组织签订贷款协议、并负责偿还本息的国外贷款。

(4)自筹资金：指建设单位报告期内收到的，用于进行固定资产投资的上级主管部门、地方和企、事业单位自筹资金。

(5)其他资金来源：指报告期内收到的除以上各种拨款、借款、自筹资金之外，其他用于固定资产投资的资金。

固定资产投资按国民经济行业分 建设项目归哪个行业，按其建成投产后的主要产品或主要用途及社会经济活动性质来确定。基本建设按建设项目划分国民经济行业，更新改造、国有单位其他固定资产投资及城镇集体投资根据整个企业、事业单位所属的行业来划分。一般情况下，一个建设项目或一个企业、事业单位只属于一种国民经济行业。为了更准确地反映国民经济各行业之间的比例关系，联合企业(总厂)所属分厂属于不同行业的，原则上按分厂划分行业。

固定资产投资按建设性质分 建设项目的性质

一般分为新建、扩建、改建、迁建、恢复。基本建设按建设项目划分建设性质,更新改造、国有单位其他固定资产投资及城镇集体投资等按整个企业、事业单位的建设情况确定建设性质,房地产开发单位、农村投资、城镇工矿区私人建房等投资不划分建设性质。

(1)新建:一般是指从无到有、"平地起家"新开始建设的单位。有的单位原有的基础很小,经过建设后其新增加的固定资产价值超过原有固定资产价值(原值)三倍以上的也算新建。

(2)扩建:一般是指为扩大原有产品的生产能力,在厂内或其他地点增建主要生产车间(或主要工程)、独立的生产线或分厂的企业;事业单位和行政单位在原单位增建业务用房(如学校增建教学用房、医院增建门诊部或病床用房、行政机关增建办公楼等)也作为扩建。

(3)改建:一般是指现有企业、事业单位为了技术进步,提高产品质量,增加花色品种,促进产品升级换代,降低消耗和成本,加强资源综合利用和三废治理、劳保安全等,采用新技术、新工艺、新设备、新材料等对现有设施、工艺条件进行技术改造或更新(包括相应配套的辅助性生产、生活福利设施)。有的企业为充分发挥现有生产能力,进行填平补齐而增建不增加本单位主要产品生产能力的车间等,也属于改建。

固定资产投资按构成分 固定资产投资活动按其工作内容和实现方式分为建筑安装工程,设备、工具、器具购置,其他费用三个部门。

(1)建筑安装工程(建筑安装工作量):指各种房屋、建筑物的建造工程和各种设备、装置的安装工程。包括各种房屋建造工程,各种用途设备基础和各种工业窑炉的砌筑工程;为施工而进行的各种准备工作和临时工程以及完工后的清理工作等;铁路、道路的铺设,矿井的开凿及石油管道的架设等;水利工程;防空地下建筑等特殊工程;以及各机械设备的安装工程;为测定安装工程质量,对设备进行的试运工作。在安装工程中,不包括被安装设备本身的价值;

(2)设备、工具、器具购置:指购置或自制达到固定资产标准的设备、工具、器具的价值,固定资产的标准按财务部门规定。新建单位、扩建单位的新建车间按照设计和计划要求购置或自制的全部设备、工具、器具,不论是否达到固定资产标准均计入"设备、工具、器具购置"中。

(3)其他费用:指在固定资产建造和购置过程中发生的,除建筑安装工程和设备、工具、器具购置以外的各种应摊入固定资产的费用。

施工项目 指报告期内曾进行建筑或安装工程施工活动的建设项目,包括报告期内新开工项目、报告期以前开工跨入报告期继续施工的项目以及报告期施过工并在报告期内全部建成投产或停缓建的项目。

全部建成投产项目 工业项目是指设计文件规定形成生产能力的主体工业及其相应配套的辅助设施全部建成,经负荷试运转,证明具备生产设计规定合格产品的条件,并经过验收鉴定合格或达到竣工验收标准,与生产性工程配套的生活福利设施可以满足近期正常生产的需要,正式移交生产的建设项目。非工业项目是指设计文件规定的主体工程和相应的配套工程全部建成,能够发挥设计规定的全部效益,经验收鉴定合格或达到竣工验收标准,正式移交作用的建设项目。

新增生产能力 指通过固定资投资活动而增加的设计能力或工程效益,它是用实物形态表示的固定资产投资的成果,也是考核投资经济效果的重要依据。新增生产能力的计算,是以能独立发挥生产能力或工程效益的单项工程(或项目)为对象。当单项工程(或项目)建成,经有关部门鉴定合格,正式移交投入生产,即可算新增生产能力。新增生产能力或工程效益有以下几种表现形式:

(1)用产品数量表示,以工程在单位时间内(一般是一年)所能生产的产品数量(即年产量)表示。如原煤开采用万吨/年表示。

(2)用单位时间内所能处理的原料数量表示,以工程每天(或小时)所能处理原料的数量表示。

(3)以新增的主要设备数量或容量表示,如棉纺锭锭数、发电机组容量等。

（4）以节约的原材料、燃料、动力实物量表示，适用于反映更新改造节约项目的效益。

（5）以建筑物容积、容量、面积或长度表示，是非工业项目或工程新增效益的一种表现形式。如水库容量、铁路公路里程等。

根据工程的特点，有时需要用两种或两种以上的复合计量单位表示新增生产能力（或工程效益），如新增内燃机生产能力同时用年产台数、千瓦数表示等。

房屋建筑面积 指从房屋外墙线算起的各层平面面积的总和，包括可供使用的有效面积和房屋结构（如柱、墙）占用的面积。多层建筑按各层（包括地下室）面积总和计算。

住宅建筑面积 指施工和竣工房屋建筑面积中供居住用的施工和竣工房屋建筑面积。

施工面积 指报告期内施工的全部房屋建筑面积。包括本期新开工的面积、上期跨入本期继续施工的房屋面积、上期停缓建在本期恢复施工的房屋面积、本期竣工的房屋面积及本期施工后又停缓建的房屋面积。

竣工面积 指在报告期内房屋建筑按照设计要求已全部完工，达到住人和使用条件，经验收鉴定合格，正式移交使用单位的建筑面积。

房屋建筑面积竣工率 指一定时期内房屋竣工面积占同期房屋施工面积的比率。它是从房屋建筑施工速度的角度反映投资效果和建筑业经济效益的指标。

新增固定资产 指通过投资活动所形成的新的固定资产价值，包括已经建成投入生产或交付使用的工程价值和达到固定资产标准的设备、工具、器具的价值及有关应摊入的费用。它是以价值形式表示的固定资产投资成果的综合性指标，可以综合反映不同时期、不同部门、不同地区的固定资产投资成果。

建设项目投产率 指一定时期内全部建成投入生产项目个数与同期正式施工项目个数的比率。它是从项目建设速度的角度反映投资效果的指标。

商品房销售面积 指报告期内出售商品房屋的合同总面积（即双方签署的正式买卖合同中所确定的建筑面积）。由现房销售建筑面积和期房销售建筑面积两部分组成。

商品房销售额 指报告期内出售商品房屋的合同总价款（即双方签署的正式买卖合同中所确定的合同总价）。该指标与商品房销售面积同口径，由现房销售额和期房销售额两部分组成。

固定资产交付使用率 指一定时期新增固定资产与同期完成投资额的比率。它是反映各个时期固定资产动用速度，衡量建设过程中投资效果的一个综合性指标。

七、工业企业能源购进、消费及库存

乌兰木伦四号桥

7－1 工业企业能源购进、消费及库存(规模以上工业,2013年)

指　　标	购进量	
	实物量	金　额(千元)
原　煤(吨)	78150487.51	17863647.09
洗精煤(吨)	9580435.80	5462167.67
其他洗煤(吨)	411420.78	114777.31
焦　炭(吨)	1376172.30	1126257.56
其他焦化产品(吨)	1725193.54	1206084.09
焦炉煤气(万立方米)	1456.00	3203.20
天然气(万立方米)	225784.63	2811047.25
汽　油(吨)	4030.06	33618.50
煤　油(吨)		
柴　油(吨)	215274.25	1480848.91
燃料油(吨)	609.33	4731.00
液化石油气(吨)		
热　力(百万千焦)	6464226.22	186697.61
电　力(万千瓦时)	2372405.20	9510727.46
能源合计(吨标准煤)		

7－1 续表

指　标	消费量			年末库存量
	合　计	1.工业生产消费	2.非工业生产消费	
原　煤(吨)	84361013.06	83931415.52	429597.54	4468144.71
洗精煤(吨)	9520451.30	9520451.30		161573.50
其他洗煤(吨)	408052.27	408052.27		31780.41
焦　炭(吨)	1487301.83	1487301.83		32816.47
其他焦化产品(吨)	1725544.54	1725544.54		696.04
焦炉煤气(万立方米)	45377.32	45377.32		
天然气(万立方米)	225784.63	224934.63	850.00	
汽　油(吨)	4030.06	1069.22	2960.84	
煤　油(吨)				
柴　油(吨)	213931.56	209065.55	4866.00	3100.38
燃料油(吨)	733.08	648.81	84.27	701.39
液化石油气(吨)	2643.00	2643.00		10.00
热　力(百万千焦)	7110444.33	7110444.33		
电　力(万千瓦时)	2939321.72	2888615.98	50705.75	
能源合计(吨标准煤)	74074091.65	73675575.73	398515.92	

7－2 主要年份能耗情况

单位:吨标准煤 / 万元、%

年 份	万元 GDP 能耗	
		比上年增长
2005	2.19	
2006	2.08	-5.0
2007	1.9316	-7.0
2008	1.8051	-6.6
2009	1.6849	-6.7
2010	1.5895	-5.7
2011	0.9944	-2.8
2012	0.9498	-4.49
2013	0.917	-3.45

注:2010 年前万元 GDP 能耗中 GDP 用 2005 年价核算,2010 年后万元 GDP 能耗中的 GDP 用 2010 年价核算。

主要统计指标解释

消费 指独立核算的法人企业(单位)在报告期内实际消费的原材料、能源数量,包括主营活动用和附营活动用及乡镇建筑企业施工消费(由投资单位代填)。原材料、能源消费数量分别用价值量和实物量表示,但企业自产自用的中间产品不重复计算。

库存 是指独立核算的企业(单位)在报告期初、期末实际结存的原材料的数量。年初库存是指一月一日的库存量,也就是上一年度十二月三十一日库存量,期末库存量是指报告期最后一天的库存量,通常分月末库存、季末库存和年末库存等。库存除了正常储备的原材料、燃料外,还包括超储积压、特种储备,更新改造措施用物资,以及外购协作件、借入物资等。但是待验收物资和在途物资不包括。

万元 GDP 能耗 是指一个地区在报告内(如一个季度、一年等)创造每一万元所耗费的综合能源消费量,综合能源消费量为一个地区一定时期的三次产业、居民生活所耗费的电力、油品、煤品等能源品种折算成标准煤的合计数。

万元 GDP 能耗 = 综合能源消费量(吨标准煤)/GDP(万元),单位为吨标准煤 / 万元。

八、财政

草原情广场

8－1 财政收入情况

单位:万元

指标	2012	2013
地方财政总收入	8199967	8553739
一般预算收入	3755121	4400156
# 税收收入	3002471	3186638
国内增值税	545307	556859
营业税	668668	657575
企业所得税	532880	402755
个人所得税	135198	118485
资源税	101111	102123
城市维护建设税	225185	236940
房产税	50616	63455
印花税	52334	47238
城镇土地使用税	245240	305428
土地增值税	67981	102409
车船税	21775	24611
耕地占用税	283266	441902
契　税	72910	126858
非税收收入	752650	1213518
上划中央税收	3726239	3484180
上划自治区税收	718614	669408
政府性基金收入	1900834	656906

注:2012 年一般预算收入为公共财政预算收入。

8－2 财政支出情况

单位:万元

指　　标	2012	2013
地方财政支出	4832535	5186990
一般预算支出	4832535	5186990
一般公共服务	481872	417757
公共安全	233934	202862
教育	592291	584985
科学技术	47928	39883
文化体育与传媒	171037	221268
社会保障和就业	435724	403299
医疗卫生	212811	260530
节能环保	130137	101061
城乡社区事务	884788	1284561
农林水事务	586327	523391
交通运输	249772	215941
国土资源气象等事务	269686	389852
其他支出	49163	92764
政府性基金支出	1942268	642245

8－3 主要年份财政收支总额及增长速度

单位：万元、%

年份	财政收入	财政支出	增长速度	
			财政收入	财政支出
1957	667	988	13.1	-3.4
1965	1107	2029	-9.0	21.1
1970	950	2317	48.9	10.1
1975	1809	5663	-3.3	15.5
1978	1886	7263	55.1	15.2
1980	2308	9702	9.3	20.9
1981	2505	8986	8.5	-7.4
1982	3495	10600	39.5	18.0
1983	2560	12171	-26.8	14.8
1984	2645	16765	3.3	37.7
1985	3530	16754	33.5	-0.1
1986	4591	20251	30.1	20.9
1987	6636	22579	44.5	11.5
1988	8887	26325	33.9	16.6
1989	10821	28048	21.8	6.5
1990	12793	31666	18.2	12.9
1991	16054	33669	25.5	6.3
1992	17731	38811	10.4	15.3
1993	29564	47253	66.7	21.8
1994	34671	50756	17.3	7.4
1995	44410	58587	28.1	15.4
1996	64339	78812	44.9	34.5
1997	96248	107122	49.6	35.9
1998	107371	123354	11.6	15.2
1999	125948	134842	17.3	9.3
2000	157426	161036	25.0	19.4
2001	179751	234078	14.2	45.4
2002	217039	266488	20.7	13.9
2003	286086	341105	31.8	28.0
2004	424046	479677	87.7	40.6
2005	933687	652654	120.3	36.1
2006	1458576	957784	56.2	46.8
2007	2008233	1471452	37.7	53.6
2008	2650322	1676779	50.8	41.9
2009	3657956	2316345	38.0	38.2
2010	5382802	3187910	47.2	37.7
2011	7964744	4466232	48.0	40.1
2012	8199967	4832535	3.0	8.2
2013	8553739	5186990	4.3	7.3

注：从2008年起，财政收入和支出不包括政府性基金收入和支出。

8－4 主要年份财政收入

单位：万元、%

年 份	财政收入	地方财政收入	各项税收	占收入比重
1957	667	667	579	86.81
1965	1107	1107	845	76.33
1970	950	950	1112	117.05
1975	1809	1809	2137	118.13
1978	1886	1886	1814	96.18
1980	2308	2308	1917	83.06
1981	2505	2505	1986	79.28
1982	3495	3495	2391	68.41
1983	2560	2560	2680	104.69
1984	2645	2645	2895	109.45
1985	3530	3530	3576	101.30
1986	4591	4591	4567	99.48
1987	6636	6636	6560	98.85
1988	8887	8887	9124	102.67
1989	10821	10821	11490	106.18
1990	12793	12793	8254	64.52
1991	16054	16054	8946	55.72
1992	17731	17731	19631	110.72
1993	29564	19114	14863	77.76
1994	34671	22064	17665	80.06
1995	44410	29889	20291	67.89
1996	64339	44396	38900	87.62
1997	96248	66123	55044	83.24
1998	107371	71830	59632	83.02
1999	125948	83767	69111	82.50
2000	157426	100955	84158	83.36
2001	179751	107838	90676	84.09
2002	217039	115025	95446	82.98
2003	286086	154399	128124	82.98
2004	424046	237315	194329	81.89
2005	933687	461208	400948	86.93
2006	1458576	822620	453402	55.12
2007	2008233	1020917	633630	62.06
2008	2650322	1181983	928504	78.55
2009	3657956	1620408	1295958	79.98
2010	5382802	2390774	1923537	80.46
2011	7964744	3461762	2734287	78.99
2012	8199967	3755121	3002471	79.96
2013	8553739	4400151	3186633	72.42

注：从 2008 年起，地方财政收入不包括政府性基金收入，为一般预算财政收入。

8－5 主要年份财政收支情况

单位:万元、%

年份	财政收入	财政收入占地区生产总值的比重	财政支出	#科教文卫事业费	教育事业费
1957	667	4.57	988	205	132
1965	1107	6.59	2029	556	349
1970	950	4.00	2317	649	357
1975	1809	5.88	5663	1253	781
1978	1886	5.45	7263	1735	1091
1980	2308	6.75	9702	2264	1396
1981	2505	7.06	8986	2421	1391
1982	3495	8.32	10600	3019	1747
1983	2560	6.19	12171	3644	1930
1984	2645	5.41	16765	4577	2316
1985	3530	5.96	16754	4798	2661
1986	4591	6.65	20251	5785	3157
1987	6636	7.96	22579	6163	3400
1988	8887	7.38	26325	7458	4072
1989	10821	7.70	28048	8273	4583
1990	12793	8.60	31666	9392	5057
1991	16054	9.05	33669	9912	5106
1992	17731	8.57	38811	11519	6028
1993	29564	11.43	47253	13344	7134
1994	34671	9.41	50756	16577	8817
1995	44410	8.93	58587	18791	9987
1996	64339	10.03	78812	20654	11307
1997	96248	12.15	107122	24141	13048
1998	107371	10.71	123354	25465	14665
1999	125948	10.66	134842	28304	16736
2000	157426	10.49	161036	31869	18893
2001	179751	10.46	234078	41270	25114
2002	217039	10.60	266488	47809	29152
2003	286086	10.27	341105	54907	32705
2004	424046	10.71	479677	72963	44745
2005	933687	15.70	652654	92762	58006
2006	1458576	17.73	957784	115876	71052
2007	2008233	14.98	1471452	266175	148850
2008	2650322	15.68	1676779	341544	198981
2009	3657956	16.93	2316345	529149	268642
2010	5382802	20.36	3187910	780310	438534
2011	7964744	24.75	4466232	973377	489624
2012	8199967	22.42	4832535	1024067	592291
2013	8553739	21.62	5186990	1100987	584985

8－6 分旗区财政收支情况(2013 年)

单位:万元

地　　区	地方财政总收入	公共财政预算收入	公共财政预算支出
东 胜 区	2155126	966716	930501
达拉特旗	437659	190817	374465
准格尔旗	2260677	738579	726677
鄂托克前旗	220166	116630	264972
鄂托克旗	620018	271674	366247
杭 锦 旗	135252	96446	274239
乌 审 旗	400290	185359	285124
伊金霍洛旗	1942908	751080	882568

注:2013 年旗区公共财政预算收入中不计上划市级收入。

主要统计指标解释

地方财政总收入 指地方财政收入中的一般预算收入及上划自治区收入，具体包括：全市地方一般预算收入；上划中央的国内增值税、国内消费税、企业所得税和个人所得税；上划自治区的国内增值税、营业税、企业所得税、个人所得税和资源税。

财政支出 国家财政将筹集起来的资金进行分配使用，以满足经济建设和各项事业的需要，主要包括：

一般公共服务 指国家财政用于人大事务、政协事务、政府办公厅（室）及相关机构事务、发展与改革事务、统计信息事务、财政事务、税收事务、审计事务、海关事务、人事事务、纪检监察事务、人口与计划生育事务、商贸事务、知识产权事务、工商行政管理事务、食品和药品监督管理事务、质量技术监督与检验检疫事务、国土资源事务、海洋管理事务、测绘事务、地震事务、气象事务、民族事务、宗教事务、港澳台侨事务、档案事务、共产党事务、民主党派事务、群众团体事务、彩票事务、国债事务、其他一般公共服务支出。

公共安全 指国家财政用于武装警察、公安、国家安全、检察、法院、司法、监狱、劳教、国家保密、其他公共安全支出。

教育 指国家财政用于教育事务支出。具体包括教育行政管理，学前教育，小学教育，初中教育，普通高中教育，普通高等教育，初等职业教育，中专教育，技校教育，职业高中教育，高等职业教育，广播电视教育，留学生教育，特殊教育，干部继续教育，教育机关服务等。

科学技术管理事务 指国家财政用于各级政府科学技术管理事务方面的支出。具体包括科学技术管理事务、基础研究、应用研究、技术研究与开发、科技条件与服务、社会科学、科学技术普及、科技交流与合作、其他科学技术支出。

文化体育与传媒 指国家财政用于在文化，文物，体育，广播影视，新闻出版等方面的支出。

社会保障和就业 指国家财政用于在社会保障与就业方面的支出。包括社会保障和就业管理事务，民政管理事务，补充全国社会保障基金，行政事业单位离退休，企业关闭破产补助，就业补助，抚恤，退役安置，社会福利，残疾人事业，城市居民最低生活保障，其他城镇社会救济，农村社会救济，自然灾害生活救助，红十字事务等。

医疗卫生 指国家财政用于医疗卫生方面的支出。具体包括医疗卫生管理事务支出，医疗服务支出，医疗保障支出，疾病预防控制支出，卫生监督支出，妇幼保健支出，农村卫生支出等。

环境保护 指国家财政用于环境保护管理事务、环境监测与监察、污染防治、自然生态保护、天然林保护、退耕还林、风沙荒漠治理、退牧还草、已垦草原退耕还草、其他环境保护支出。

城乡社区事务 指国家财政用于城乡社区管理事务、城乡社区规划与管理、城乡社区公共设施、城乡社区住宅、城乡社区环境卫生、建设市场管理与监督、政府住房基金支出、土地有偿使用支出、城镇公用事业附加支出、其他城乡社区事务支出。

农林水事务 指国家财政用于农业、林业、水利、南水北调、扶贫、农业综合开发、其他农林水事务支出。

交通运输 指国家财政用于公路水路运输、铁路运输、民用航空运输、其他交通运输支出。

工业商业金融等事务 指国家财政用于采掘业、制造业、建筑业、电力、信息产业、旅游业、涉外发展、粮油事务、商业流通事务、物资储备、金融业、烟草事务、安全生产、国有资产监管、中小企业事务、可再生能源、能源节约利用、其他工业商业金融等事务支出。

九、物价指数

鄂尔多斯图书馆

9－1 居民消费价格指数(2013年)

上年=100

指　　标	东胜区	准　旗
居民消费价格总指数	101.8	102.3
食品	101.6	104.8
粮食	103.3	103.9
淀粉及制品	100.2	99.9
干豆类及豆制品	100.9	98.0
油脂	100.9	96.9
肉禽及其制品	105.0	105.9
食用畜肉及副产品	105.9	110.7
禽	96.4	97.1
加工肉禽	104.6	98.0
蛋	101.1	103.5
水产品	99.3	99.6
鱼	98.3	98.9
其他水产品	102.3	101.9
菜	100.1	105.2
调味品	101.4	102.1
糖	100.6	103.1
茶及饮料	101.1	101.2
茶叶	104.5	100.9
饮料	100.4	101.2
干鲜瓜果	97.8	106.3
糕点饼干面包	101.7	105.1
液体乳及乳制品	103.7	100.5
在外用膳食品	100.3	112.4
其他食品	100.0	100.1
烟酒	100.9	100.1
烟草	100.0	100.0
酒	102.2	100.1

9－1 续表1

上年＝100

指　　标	东胜区	准　旗
衣着	106.7	107.8
服装	105.9	107.8
男式服装	107.6	106.1
女式服装	106.2	107.9
儿童服装	101.8	110.8
衣着材料	100.0	109.6
鞋袜帽	110.4	105.9
鞋	110.8	106.3
袜子	106.0	102.8
帽子	100.0	107.1
衣着加工服务费	104.0	116.1
家庭设备用品及维修服务	100.1	100.6
耐用消费品	100.5	99.7
家具	100.1	100.6
家庭设备	100.9	99.0
室内装饰品	100.8	105.2
床上用品	99.7	100.0
家庭日用杂品	98.6	100.7
家庭服务及加工维修服务	100.6	100.7
医疗保健和个人用品	100.0	101.5
医疗保健	100.8	103.5
医疗器具及用品	100.0	101.6
中药材及中成药	103.0	98.2
西药	100.2	100.2
保健器具及用品	100.0	100.6
医疗保健服务	100.0	116.7
个人用品及服务	98.6	99.3
化妆美容用品	100.5	99.8

9—1 续表2

上年=100

指　　标	东胜区	准　旗
清洁化妆用品	98.3	102.2
个人饰品	95.5	94.7
个人服务	100.0	100.9
交通和通信	99.1	99.9
交通	99.7	100.1
交通工具	99.4	98.8
车用燃料及零配件	98.8	98.9
车辆使用及维修费	101.0	100.0
市区公共交通费	100.0	102.0
城市间交通费	100.1	100.7
通信	98.2	99.6
通信工具	91.9	98.5
通信服务	100.0	100.0
娱乐教育文化用品及服务	103.2	100.1
文娱用耐用消费品及服务	97.8	98.4
教育	101.2	100.0
教材及参考书	100.0	100.0
教育服务	101.3	100.0
文化娱乐类	100.0	101.3
文化娱乐用品	100.0	103.2
书报杂志	100.0	100.0
文娱费	100.0	100.0
旅游	114.5	101.8
居住	99.0	100.1
建房及装修材料	101.3	99.9
住房租金	97.7	101.1
自有住房	98.3	100.0
水、电、燃料	100.2	100.3

9－2 商品零售价格指数(2013年)

上年=100

指 标	东胜区	准 旗
商品零售价格总指数	101.1	102.2
食 品	101.7	105.5
粮 食	103.4	104.1
淀粉及制品	100.2	99.9
干豆类及豆制品	100.7	97.6
油 脂	100.9	97.0
肉禽及其制品	105.0	106.7
食用畜肉及副产品	105.9	112.2
禽	96.3	97.0
加工肉禽	104.6	98.0
蛋	101.1	103.6
水产品	99.3	99.7
鱼	98.3	99.0
其他水产品	102.3	101.6
菜	100.1	105.7
调味品	101.4	102.0
糖	100.4	103.6
干鲜瓜果	97.8	106.3
糕点饼干面包	101.7	104.8
液体乳及乳制品	103.8	100.5
在外用膳食品	100.3	112.6
其他食品	100.0	100.1
饮料、烟酒	101.0	100.3
茶及饮料	101.2	101.1
茶 叶	104.5	100.9
饮 料	100.4	101.1
烟 草	100.0	100.0
酒	102.2	100.1
服装、鞋帽	107.3	106.8
服 装	106.2	107.5
男式服装	107.5	106.1
女式服装	106.2	107.8
儿童服装	101.8	110.0
鞋袜帽	110.3	105.9
鞋	110.7	106.4
袜 子	105.9	102.8
帽 子	100.0	107.1
其 他	100.0	104.2

9－2 续表

上年＝100

指　标	东胜区	准　旗
纺织品	99.8	104.6
衣着材料	100.0	109.1
床上用品	99.7	100.0
家用电器及音像器材	100.0	98.7
家庭设备	101.0	99.0
文娱用耐用消费品	98.6	98.2
专业音像器材	99.9	100.0
文化办公用品	99.1	102.2
日用品	99.3	100.2
日用百货	99.8	99.6
日用杂品	98.1	102.0
洗涤用品	99.5	99.7
其他日用品	99.5	100.1
体育娱乐用品	99.9	102.1
体育用品	99.8	100.3
娱乐用品	100.0	103.8
交通、通信用品	97.5	99.4
交通运输机械	99.5	99.9
通信器材	91.5	98.8
家具	100.0	100.6
化妆品	99.4	100.7
金银珠宝	91.4	91.7
中西药品及医疗保健用品	101.1	99.6
医疗器具及用品	100.0	101.6
中药材及中成药	103.0	98.2
西药	100.2	100.3
保健品及器具	100.0	100.6
书报杂志及电子出版物	100.0	101.1
教材及参考书	100.0	100.0
书报杂志	100.0	100.0
电子音像制品	100.0	105.3
燃料	98.4	99.2
煤炭及制品	97.0	99.4
石油及制品	98.9	99.1
建筑材料及五金电料	100.5	99.6
建筑装璜材料	100.2	99.0
五金电料	101.8	101.4

9－3 主要年份价格指数

上年＝100

年 份	商品零售价格指数	城镇居民消费价格指数	农副产品收购价格指数
1978	102.0	102.5	102.3
1979	103.9	103.3	121.2
1980	106.5	107.1	113.0
1981	102.8	102.9	107.3
1982	102.7	102.7	100.9
1983	102.0	102.2	102.6
1984	105.4	105.9	107.9
1985	109.5	109.9	114.5
1986	106.0	106.5	115.1
1987	108.1	108.5	112.4
1988	117.3	117.3	124.6
1989	116.3	117.7	94.3
1990	101.1	103.5	91.1
1991	104.8	105.9	86.3
1992	108.0	108.8	108.3
1993	111.9	113.9	111.1
1994	122.3	121.3	154.3
1995	114.8	115.5	111.2
1996	106.5	109.7	91.6
1997	102.3	106.3	87.7
1998	97.1	100.1	96.5
1999	96.2	104.0	107.4
2000	98.1	104.1	115.7
2001	99.5	100.1	102.5
2002	98.6	99.2	99.1
2003	99.3	101.0	99.6
2004	102.9	103.7	114.5
2005	101.3	101.8	115.0
2006	101.2	102.4	101.5
2007	102.2	103.8	
2008	104.3	104.3	
2009	99.3	100.0	
2010	103.0	103.7	
2011	104.4	105.7	
2012	100.8	101.8	
2013	101.5	101.8	

注：本表2010年以后（包括2010年）为东胜区的数据。

9－4 主要年份价格指数

1978年=100

年　份	商品零售价格指数	城镇居民消费品价格指数	农副产品收购价格指数
1978	100.0	100.0	100.0
1979	103.9	103.3	121.2
1980	110.7	110.6	136.9
1981	113.8	113.8	146.9
1982	116.8	116.9	148.3
1983	119.2	119.5	152.1
1984	125.6	126.5	164.1
1985	137.5	139.1	187.9
1986	145.8	148.1	216.3
1987	157.6	160.7	243.2
1988	184.8	188.5	302.9
1989	214.9	221.9	285.7
1990	217.3	229.6	260.3
1991	227.8	243.2	224.6
1992	245.9	264.6	243.3
1993	275.3	301.3	270.3
1994	336.7	365.5	417.0
1995	386.5	422.2	463.7
1996	411.6	463.1	424.8
1997	421.1	492.3	372.5
1998	408.9	492.8	359.5
1999	393.3	512.5	386.1
2000	385.8	533.5	446.7
2001	383.9	534.0	457.9
2002	378.5	529.8	453.7
2003	375.9	535.1	451.9
2004	386.8	554.9	517.4
2005	391.8	564.9	595.0
2006	396.5	578.5	603.9
2007	405.2	600.5	
2008	422.6	626.3	
2009	419.6	626.3	
2010	432.2	649.5	
2011	451.2	686.5	
2012	454.9	698.8	
2013	461.7	711.4	

9－5 各盟市物价

（以上年同期为 100）

指 标	内蒙古自治区	城市	农村	呼和浩特市	包头市	乌海市
居民消费价格总指数	103.2	103.4	102.8	103.8	102.8	104.0
一、食品	106.3	106.6	105.2	108.3	105.8	105.6
二、烟酒	101.5	101.4	101.6	103.4	102.2	100.6
三、衣着	103.7	103.6	104.3	104.7	101.8	107.7
四、家庭设备用品及维修服务	100.8	100.8	100.7	100.8	100.5	101.3
五、医疗保健和个人用品	101.4	101.0	102.3	100.8	102.9	101.5
六、交通和通信	99.5	99.2	100.3	99.1	97.3	99.9
七、娱乐教育文化用品及服务	101.9	101.8	102.5	101.3	100.9	101.5
八、居住	102.3	102.8	100.7	101.6	103.7	105.0
商品零售价格总指数	102.6	102.6	102.7	101.9	101.8	102.6
一、食品	106.5	106.8	105.8	108.4	105.8	105.4
二、饮料、烟酒	101.4	101.6	101.1	103.3	102.4	100.4
三、服装、鞋帽	103.8	103.4	104.8	104.2	101.6	107.8
四、纺织品	104.0	104.4	103.2	100.7	102.5	113.1
五、家用电器及音像器材	99.1	99.1	99.2	102.3	96.6	97.5
六、文化办公用品	98.9	98.3	100.8	97.4	97.8	100.3
七、日用品	101.5	101.6	101.4	100.0	101.3	101.6
八、体育娱乐用品	100.8	100.5	101.2	101.7	100.0	99.8
九、交通、通信用品	98.2	97.6	99.8	97.2	97.6	97.7
十、家具	100.9	101.1	99.9	101.2	103.1	96.5
十一、化妆品	100.7	100.7	100.7	100.8	100.5	100.0
十二、金银珠宝	91.5	91.3	92.0	89.8	90.3	89.1
十三、中西药品及医疗保健用品	102.0	102.2	101.6	101.5	103.7	103.8
十四、书报杂志及电子出版物	100.4	100.2	100.7	99.9	100.1	102.4
十五、燃料	100.0	100.1	99.6	99.1	100.5	99.2
十六、建筑材料及五金电料	99.8	99.7	99.9	96.9	100.0	98.1

指数(2013年)

(以上年同期为100)

赤峰市	呼伦贝尔市(海拉尔)	兴安盟(乌兰浩特)	通辽市(科尔沁)	锡林郭勒市(锡林浩特)	乌兰察布市(集宁)	鄂尔多斯市(东胜)	巴彦淖尔市(临河)	阿拉善盟(阿拉善左旗)
103.7	104.3	103.2	105.7	102.6	104.6	101.8	103.0	103.4
108.0	109.7	107.0	109.8	106.7	108.6	101.6	107.2	105.9
99.2	98.9	100.0	101.3	101.7	100.0	100.9	101.1	100.0
100.7	101.6	106.1	106.6	100.7	104.5	106.7	100.2	103.6
102.0	102.1	100.3	100.1	100.1	101.4	100.1	100.8	100.0
100.9	102.4	100.0	99.4	101.1	102.5	100.0	101.6	103.1
99.9	100.2	100.0	103.2	99.4	100.1	99.1	102.9	100.1
100.1	102.6	100.3	102.3	100.9	101.9	105.1	101.9	101.7
103.9	100.2	100.4	104.7	100.8	105.5	99.0	100.0	103.0
103.2	103.8	103.1	104.3	101.8	103.0	101.1	101.3	102.6
108.2	110.0	107.3	109.8	106.4	107.9	101.7	107.2	106.0
99.7	99.4	100.0	101.4	102.6	100.3	101.0	100.5	100.2
100.8	101.7	106.1	105.9	100.7	103.1	107.3	99.9	103.8
99.9	100.8	103.0	111.9	100.1	105.1	99.8	104.3	99.5
99.9	99.7	100.0	99.0	94.8	100.0	100.0	94.7	99.1
99.4	100.5	100.0	99.2	99.9	100.0	99.1	100.0	98.6
107.4	99.9	100.3	100.5	100.5	100.2	99.3	100.5	100.8
99.9	100.4	100.0	99.0	100.6	100.0	99.9	103.9	99.1
99.8	97.2	100.0	98.2	100.0	98.7	97.5	98.2	100.0
101.4	99.9	100.1	99.3	100.3	100.7	100.0	97.7	100.2
103.1	100.4	100.0	100.6	100.9	101.7	99.4	101.1	100.2
94.5	98.5	91.8	92.9	95.8	93.0	91.4	87.4	95.8
100.1	103.1	100.0	98.2	101.4	103.4	101.1	102.1	105.3
100.0	99.9	101.0	100.3	99.9	100.8	100.0	100.7	99.9
99.9	99.8	99.3	100.5	100.4	100.0	98.4	95.5	97.4
99.2	99.5	100.0	108.2	100.4	101.4	100.5	98.4	101.3

主要统计指标解释

商品零售价格指数 是全面反映市场零售物价总水平变动趋势和程度的相对数。通过它，可以观察市场零售的升降水平，说明货币购买力的强弱，以及市场零售商品价格变动对人民生活支出的影响。

居民消费价格指数 是反映城乡居民所购买的生活消费价格和服务项目价格变动趋势和程度的相对数。利用居民消费价格指数，可以观察和分析消费品的零售价格和服务价格变动对城乡居民实际生活费用支出的影响程度。

农副产品收购价格指数 是反映国营、集体、个体企业和有关部门以各种价格形式收购农副产品的综合价格变动趋势和程度的相对数。用其可以观察和研究农副产品收购价格水平的变化情况，及对农民货币收入和收购部门支出的影响，以作为制订和检查农副产品价格政策的依据。

工业品出厂价格指数 是反映工业企业的产品第一次进入市场的出售价格变动趋势和程度的相对数。用以观察和研究产品价格变动对工业生产及对批发、调拨、零售一系列价格的影响。

建筑业产值价格指数 是反映一个地区（或部门）建筑业产值价格变动趋势和程度的相对数。通过它可以观察和分析建筑业产值的增长情况，以便准确地计算建设规模和发展速度，反映建筑业的真实成果和企业的实际管理水平。

工业原材料购进价格指数 是反映工业企业通过各种价格形式购进的主要工业原材料价格水平变动趋势和程度的相对数。通过它，可以观察和研究主要工业原材料购进价格变动对工业企业各项经济效益指标和对国家财政收支的影响。

固定资产投资价格指数 是反映固定资产投资活动中所涉及的建筑安装工程投资价格、设备及工器具投资价格和其它费用投资价格水平变动趋势和程度的相对数。通过它，可以观察和研究固定资产投资价格变动对固定资产投资活动和对国家财政支出的影响，消除价格变动对各项用现价计算的价值量指标的影响，正确反映固定资产投资规模、投资结构和投资效益。

农业生产资料价格指数 是反映一定时期内农业生产资料零售价格变动趋势和生产资料价格变动对农业投入及生产的影响。

十、人民生活

■ 鄂尔多斯视界广场

10－1　主要年份城乡居民家庭收入

单位：元

年　份	城镇居民人均可支配收入	农牧民人均纯收入		
			农　民	牧　民
1978	279	194	170	285
1980	312	214	158	312
1981	348	235	182	340
1982	388	259	208	372
1983	434	298	269	407
1984	484	281	251	445
1985	541	357	285	519
1986	604	412	317	636
1987	674	420	348	710
1988	753	591	514	869
1989	939	558	502	758
1990	1032	600	576	685
1991	1159	596	596	594
1992	1639	707	702	728
1993	1969	804	818	793
1994	2629	957	956	964
1995	2926	1251	1261	1213
1996	3534	1674	1709	1586
1997	4128	1989	1985	1997
1998	4630	2292	2309	2254
1999	5069	2371	2358	2419
2000	5502	2453	2367	2593
2001	6058	2258	2211	2350
2002	6244	2470	2349	2930
2003	7204	3090	3114	3045
2004	8770	3908	3918	3891
2005	11025	4601	4608	4588
2006	13002	5308	5353	5229
2007	16226	6123	6075	6208
2008	19435	7052	7218	6758
2009	21883	7803	7854	7714
2010	25205	8756	8795	8696
2011	29283	10047		
2012	33140	11416		
2013	36132	12800		

注：城镇居民人均可支配收入，在1991年以前为城镇居民人均生活费收入。

10－2 主要年份分旗区城镇居民人均可支配收入

单位:元

年 份	全 市	东胜区	达拉特旗	准格尔旗	鄂托克前旗	鄂托克旗	杭锦旗	乌审旗	伊金霍洛旗
1978	279	287	260	120		346	230	300	190
1980	312	398	308	250	467	414	349	340	250
1981	348	408	344	280	533	413	380	370	279
1982	388	440	384	310	615	435	413	420	300
1983	434	465	460	450	581	440	450	430	332
1984	484	496	480	680	695	441	190	440	348
1985	541	576	537	700	798	521	510	470	379
1986	604	688	599	780	889	591	522	510	402
1987	674	822	668	810	901	727	522	550	412
1988	753	982	745	900	1101	775	641	600	558
1989	939	1024	929	951	1061	899	729	670	589
1990	1032	1128	1021	985	1203	1025	856	870	601
1991	1159	1358	1147	1045	1439	1117	916	980	612
1992	1639	1636	1408	1245	1370	1251	1073	1170	721
1993	1969	2121	1743	1549	1809	1396	1286	1640	1205
1994	2629	2752	2310	1770	2313	1986	1850	1920	1852
1995	2926	3137	2600	2231	2246	1999	2364	2210	2258
1996	3534	3738	2989	2983	3062	2788	2785	2716	3144
1997	4128	4684	3802	3983	3605	3823	3290	3217	3508
1998	4630	5139	4315	4485	3908	4347	3790	3917	4028
1999	5069	5589	4787	4943	4362	4814	4326	4420	4509
2000	5502	6001	5198	5405	4773	5213	4749	4833	5012
2001	6058	6706	5705	5918	5181	5620	5151	5241	5776
2002	6244	7347	6188	6429	6058	5922	5789	6076	6564
2003	7204	7887	6716	7237	6526	6502	6204	6453	7312
2004	8770	9306	7812	9010	7835	8203	7248	7818	8808
2005	11025	11820	9465	11399	9107	10168	8587	9055	11020
2006	13002	14091	11032	14032	10602	11798	9554	11012	13598
2007	16226	17545	14002	17416	12352	15010	10580	13010	17381
2008	19435	20851	16452	20419	15579	16991	13795	16386	20401
2009	21883	23426	18524	23106	18324	19332	17595	18430	23098
2010	25205	27002	21313	26699	21046	22197	20576	21116	26684
2011	29283	30702	26057	30579	25904	26605	25503	25958	30566
2012	33140	34719	29712	34604	30382	31330	29604	30393	34586
2013	36132	37696	32565	37586	33916	35003	32463	34005	37582

注:城镇居民人均可支配收入,在1991年以前为城镇居民人均生活费收入。

10－3 主要年份分旗区农牧民人均纯收入

单位：元

年 份	全 市	东胜区	达拉特旗	准格尔旗	鄂托克前旗	鄂托克旗	杭锦旗	乌审旗	伊金霍洛旗
1978	194	147	210	144	–	196	171	175	172
1980	214	174	264	143	123	192	181	199	236
1981	235	163	268	164	148	202	202	213	218
1982	259	178	260	177	148	253	213	230	231
1983	298	211	274	220	163	236	212	233	275
1984	281	270	283	237	148	253	234	233	279
1985	357	291	330	239	179	368	353	248	324
1986	412	326	371	253	216	376	401	269	365
1987	420	303	442	340	252	482	350	278	332
1988	591	429	595	455	282	569	406	575	527
1989	558	391	529	454	314	521	433	610	514
1990	600	430	773	504	344	522	486	645	543
1991	596	411	720	486	361	512	493	615	553
1992	707	599	770	670	484	569	493	756	608
1993	804	631	992	740	569	696	560	859	622
1994	957	732	1117	870	640	866	737	993	728
1995	1251	1104	1540	1215	1100	1258	1190	1261	1052
1996	1674	1653	1893	1610	1600	1613	1580	1524	1510
1997	1989	2126	2205	1336	1482	2007	1539	1438	1365
1998	2292	2428	2505	2222	2135	2364	2196	2316	2150
1999	2371	2364	2463	2055	2287	2533	2371	2488	2325
2000	2453	2368	2525	2207	2443	2684	2483	2641	2338
2001	2258	2152	2672	1748	2323	2141	2008	2675	2102
2002	2470	2456	2905	2181	2525	2309	2158	2865	2236
2003	3090	3281	3200	3060	3189	2706	2814	3435	3191
2004	3908	3940	3822	3891	4135	3700	3578	4130	3986
2005	4601	4716	4655	4705	4796	4608	4136	4783	4742
2006	5308	5430	5208	5412	5485	5189	4997	5443	5446
2007	6123	6287	6198	6287	6318	6187	5995	6289	6301
2008	7052	7241	7129	7155	7289	7058	6954	7241	7262
2009	7803	7943	7864	7945	7966	7826	7783	7945	7959
2010	8756	–	8736	8766	8764	8720	8694	8755	8774
2011	10047	–	10021	10093	10093	9998	9956	10054	10098
2012	11416	–	11394	11452	11468	11365	11334	11446	11452
2013	12800	–	12728	12828	12862	12755	12657	12824	12828

10—4 城镇居民主要收支情况(旧口径数据)

单位:元/人

指　　标	2012年	2013年	2013年比2012年增加	
			绝对值	%
家庭总收入	35669	37564	1895	5.3
可支配收入	33140	36132	2992	9.0
工资性收入	25102	26313	1211	4.8
经营净收入	4935	5322	387	7.8
财产性收入	2352	2440	88	3.7
转移性收入	3280	3489	209	6.4
消费性支出	27488	27393	-95	-0.4
食品	7254	7398	144	2.0
衣着	4446	3906	-540	-12.2
居住	2267	2343	76	3.4
家庭设备及服务	1796	1896	100	5.6
交通和通讯	5625	5962	337	6.0
教育文化娱乐服务	3056	2936	-120	-3.9
医疗保健	1380	1431	51	3.7
其它商品和服务	1664	1521	-143	-8.6

10－5 农牧民主要收支情况(旧口径数据)

单位:元/人

指　　标	2012年	2013年	2013年比2012年增加	
			绝对值	%
人均纯收入	11416	12800	1384	12.1
工资性收入	3660	3984	324	8.9
家庭经营纯收入	5742	6613	871	15.2
第一产业纯收入	4971	5636	665	13.4
#农业纯收入	2311	2560	249	10.8
牧业纯收入	2573	2852	279	10.8
第二产业纯收入	242	298	56	23.1
第三产业纯收入	528	679	151	28.6
财产性纯收入	597	663	66	11.1
转移性处收入	1417	1540	123	8.7
消费性支出	10392	11492	1100	10.6
食品	3778	4015	237	6.3
衣着	602	628	26	4.3
居住	1468	1728	260	17.7
家庭设备及服务	631	702	71	11.3
交通和通讯	1867	2170	303	16.2
教育文化娱乐服务	820	797	-23	-2.8
医疗保健	935	1133	198	21.2
其它商品和服务	291	319	28	9.6

10－6　各旗区城镇居民收入情况（2013年旧口径数据）

单位：元

地　区	家庭总收入	#可支配收入	工资性收入	经营净收入	财产性收入	转移性收入
鄂尔多斯市	37564	36132	26313	5322	2440	3489
东胜区	41128	37696	28345	6113	3025	3645
达拉特旗	32764	32565	24114	4294	1280	3076
准格尔旗	40108	37586	31061	2918	3073	3057
鄂托克前旗	34245	33916	19195	9042	2594	3414
鄂托克旗	35925	35003	22071	9078	798	3978
杭锦旗	33101	32463	22905	5545	1233	3418
乌审旗	34182	34005	17718	11514	1268	3682
伊金霍洛旗	38140	37582	26227	4194	3630	4089

10－7　各旗区城镇居民生活消费情况（2013年旧口径数据）

单位：元

地　区	消费支出	食品	衣着	居住	家庭设备及服务	交通和通讯	教育文化娱乐服务	医疗保健	其它商品和服务
鄂尔多斯市	27393	7398	3906	2343	1896	5962	2936	1431	1521
东胜区	31298	9141	4900	2919	1628	5313	4231	1072	2094
达拉特旗	21009	4882	2494	1878	1709	4648	3270	1223	904
准格尔旗	29382	6247	5343	1193	1727	7102	3259	2362	2150
鄂托克前旗	27366	6522	3424	2437	953	8964	1621	2638	808
鄂托克旗	24057	6535	3314	1376	1865	5268	2255	2288	1156
杭锦旗	19477	5161	2405	2743	1405	4134	1596	843	1190
乌审旗	18281	4307	2231	2806	1529	2972	1814	1255	1367
伊金霍洛旗	27076	7582	3745	2664	1903	6027	2683	1515	957

10—8 各旗区农牧民收入情况(2013年旧口径数据)

单位:元

地区	人均纯收入	工资性收入	经营纯收入	第一产业纯收入	农业纯收入	牧业纯收入	第二产业纯收入	第三产业纯收入	财产性收入	转移性收入
鄂尔多斯市	12800	3984	6613	5636	2560	2852	298	679	663	1540
东胜区										
达拉特旗	12728	1951	9853	9952	8141	1589	-33	-66	-55	979
准格尔旗	12828	5843	4119	1183	182	818	1235	1701	761	2105
鄂托克前旗	12862	4875	7009	6503	1985	4278	485	21	345	633
鄂托克旗	12755	2717	6185	6095	704	5619	50	39	850	3003
杭锦旗	12657	1488	8971	8552	6235	2513	58	361	768	1430
乌审旗	12824	2173	8672	8468	2589	5674	11	193	1435	544
伊金霍洛旗	12828	6495	5103	3455	948	2220	184	1465	630	600

10—9 各旗区农牧民生活消费情况(2013年旧口径数据)

单位:元

地区	生活消费支出	食品	衣着	居住	家庭设备及服务	交通和通讯	教育文化娱乐服务	医疗保健	其它商品和服务
鄂尔多斯市	11492	4015	628	1728	702	2170	797	1133	319
东胜区									
达拉特旗	8607	2989	444	1145	348	1302	785	1062	532
准格尔旗	11385	3977	622	1711	695	2149	789	1122	320
鄂托克前旗	15241	2818	905	2560	1066	5435	653	1145	659
鄂托克旗	13495	5155	776	1345	842	2286	1388	1128	575
杭锦旗	11821	3189	626	2678	530	1393	1150	1650	605
乌审旗	11731	4189	1031	1010	1092	1042	1798	722	847
伊金霍洛旗	11355	2519	659	1983	568	4217	714	401	294

10－10 全体居民主要收支情况

单位:元/人

指标	2012年	2013年	2013年比2012年增加	
			绝对值	%
可支配收入	23645	25880	2236	9.5
工资性收入	14644	15618	974	8.0
经营净收入	4565	5406	841	13.8
第一产业净收入	1418	1753	335	9.1
#农业净收入	781	958	176	5.7
牧业净收入	613	739	126	10.7
第二产业净收入	529	579	51	8.2
第三产业净收入	2619	3074	455	16.9
财产性净收入	2929	3228	299	10.1
转移性净收入	1506	1628	122	7.5
消费性支出	19881	20112	230	4.8
食品	4581	4684	102	5.0
衣着	2238	1971	-266	-9.6
居住	3734	3946	212	12.3
生活用品及服务	1441	1489	48	8.3
交通和通讯	3667	3839	172	11.6
交通	2745	2884	139	10.8
通信	922	953	31	13.9
教育文化娱乐服务	2079	2007	-72	-3.1
教育	1168	1137	-30	-0.5
文化娱乐	911	870	-41	-6.7
医疗保健	1422	1515	93	9.7
其它商品和服务	719	660	-58	0.9

注:从2013年起新增全体居民人均可支配收入,之前的城乡居民收入统计口径变化,城镇居民人均可支配收入变为城镇常住居民可支配收入、农牧民人均纯收入变为农村牧区常住居民可支配收入。

10－11　城镇常住居民主要收支情况

单位：元／人

指　　标	2012 年	2013 年	2013 年比 2012 年增加	
			绝对值	%
可支配收入	29572	32243	2671	9.0
工资性收入	20051	21680	1628	8.1
经营净收入	4179	4744	565	13.5
第一产业净收入	486	516	30	6.3
# 农业净收入	192	200	8	4.0
牧业净收入	280	307	27	9.8
第二产业净收入	665	715	50	7.5
第三产业净收入	3028	3513	485	16.0
财产性净收入	3561	3910	350	9.8
转移性净收入	1781	1909	128	7.2
消费性支出	24960	24874	–86	–0.4
食品	5747	5830	83	1.5
衣着	3003	2639	–365	–12.2
居住	4544	4665	121	2.7
生活用品及服务	1892	1955	63	3.4
交通和通讯	4560	4727	167	3.7
交通	3370	3490	120	3.6
通信	1190	1234	44	3.7
教育文化娱乐服务	2607	2505	–102	–3.9
教育	1388	1336	–52	–3.8
文化娱乐	1219	1169	–50	–4.1
医疗保健	1646	1676	30	1.8
其它商品和服务	960	878	–83	–8.6

10－12　农村牧区常住居民主要收支情况

单位：元／人

指　　标	2012 年	2013 年	2013 年比 2012 年增加	
			绝对值	%
可支配收入	10798	12107	1309	12.1
工资性收入	2291	2494	203	8.9
经营净收入	5961	6841	880	14.8
第一产业净收入	3907	4431	524	13.4
# 农业净收入	2345	2598	253	10.8
牧业净收入	1512	1676	164	10.8
第二产业净收入	232	286	54	23.1
第三产业净收入	1822	2124	302	16.6
财产性净收入	1597	1751	154	9.7
转移性净收入	949	1021	72	7.5
消费性支出	8837	9773	935	10.6
食品	2048	2177	129	6.3
衣着	504	525	22	4.3
居住	2026	2389	363	17.9
生活用品及服务	430	479	48	11.3
交通和通讯	1741	1917	176	10.1
交通	1413	1572	159	11.3
通信	328	344	16	4.9
教育文化娱乐服务	931	929	–2	–0.2
教育	716	707	–9	–1.2
文化娱乐	215	222	7	3.2
医疗保健	984	1167	183	18.6
其它商品和服务	173	190	17	9.6

10－13 居民家庭基本情况(2013 年)

指　　标	单位	全体居民	城镇常住居民	农村常住居民
调查户数	户	946	564	382
住户常住地				
居委会住户	%	49.77	83.51	
村委会住户	%	50.23	16.49	100.00
城镇居委会住户	%	49.77	83.51	
城镇村委会住户或农村住户	%	50.23	16.49	100.00
住户类型				
家庭居住户	%	97.85	96.39	100.00
集体居住户	%	2.15	3.61	
户主文化程度				
未上过学	%	3.38	1.42	6.28
小学	%	25.34	13.61	42.64
初中	%	37.49	35.36	40.64
高中	%	15.92	20.51	9.13
大学专科	%	11.97	19.37	1.05
大学本科	%	5.69	9.37	0.26
研究生	%	0.21	0.35	
住户经营情况				
生产经营户	%	55.63	32.44	88.49
农业生产经营户	%	37.89	9.05	78.74
非农生产经营户	%	18.72	23.39	12.10
兼营户	%	0.97		2.35

10－13 续表

指　　标	单位	全体居民	城镇常住居民	农村常住居民
非生产经营户	%	44.37	67.56	11.51
按家庭规模分的住户类型				
一人户	%	4.08	3.45	4.97
二人户	%	25.34	16.81	37.46
三人户	%	40.58	48.51	29.32
四人户	%	23.94	26.62	20.14
五人户	%	4.35	3.55	5.50
六人及以上户	%	1.70	1.06	2.62
按世代分的住户类型				
一代户	%	30.69	26.42	36.97
二代户	%	64.56	69.85	56.75
三代户	%	4.76	3.72	6.28
四代及以上户	%			
住户特征				
纯老人户	%	8.14	5.32	12.30
家中有未成年子女户	%	43.02	50.54	31.92
年轻夫妻无子女户	%			
无劳动力户	%	2.11	1.42	3.14

10－14 居民家庭耐用消费品拥有情况(2013 年)

指　　标	单位	全体居民	城镇常住居民	农村常住居民
耐用消费品拥有情况				
家用汽车	辆 / 百户	54.58	60.29	42.40
摩托车	辆 / 百户	27.05	12.75	57.38
助力车	辆 / 百户	31.71	38.66	16.89
洗衣机	台 / 百户	83.68	84.67	81.40
电冰箱(柜)	台 / 百户	88.26	89.32	85.81
微波炉	台 / 百户	25.10	34.08	5.73
彩色电视机	台 / 百户	97.27	97.16	97.33
其中:接入有线电视	台 / 百户	42.80	56.73	12.89
空调	台 / 百户	6.93	9.18	2.12
热水器	台 / 百户	40.72	54.68	10.74
其中:太阳能热水器	台 / 百户	11.54	14.02	6.07
消毒碗柜	台 / 百户	2.36	2.85	1.32
洗碗机	台 / 百户	0.53	0.68	0.22
排油烟机	台 / 百户	32.75	46.05	4.36
固定电话	部 / 百户	14.34	17.54	7.52
移动电话	部 / 百户	209.85	209.64	209.27
其中:接入互联网	部 / 百户	44.82	60.36	11.65
计算机	台 / 百户	38.22	49.25	14.68
其中:接入互联网	台 / 百户	23.14	31.29	5.76
摄像机	台 / 百户	8.00	10.91	1.79
照相机	台 / 百户	23.33	32.00	4.82
中高档乐器	架 / 百户	1.77	2.38	0.48
健身器材	台 / 百户	1.44	1.73	0.83
组合音响	套 / 百户	2.86	3.75	0.95

10－15 居民家庭可支配收入(2013年)

单位:元/人

指 标	全体居民	城镇常住居民	农村常住居民
可支配收入	25880.43	32242.56	12107.37
工资性收入	15618.00	21679.74	2494.16
工资	14057.34	19795.09	1634.95
按月发放的工资	13023.54	18425.48	1328.20
补发工资	522.47	730.06	73.02
不按月发放的奖金、津贴、过节费等	511.33	639.56	233.72
实物福利	61.54	83.05	14.98
从单位或雇主得到的实物产品折价	7.51	10.31	1.44
食品	0.93	1.31	0.10
谷物、薯类及豆类	0.09	0.13	
食用油(植物油)			
蔬菜及制品	0.01		0.04
肉、禽、蛋、奶及制品	0.32	0.47	
水产品及制品	0.16	0.24	
糖、烟、酒、饮料类			
干鲜瓜果类	0.32	0.47	
其他类食品	0.02		0.07
衣着	0.03	0.04	0.01
居住			
家庭设备和日用品	0.28		0.90
交通、通信工具及用品	1.11	1.51	0.27
教育文化娱乐用品			
医疗保健用品			
其他用品	0.05		0.15
从单位或雇主得到的服务折价	49.19	65.70	13.46
免费或低价提供的工作餐	41.60	57.34	7.53
免费或低价提供的住宿			
单位缴纳的水电费、取暖费、物业费等			
免费或低价提供的交通和通信服务			
单位缴纳的教育入学赞助费			
免费或低价提供的旅游服务			
其他服务	7.60	8.36	5.93
单位或雇主实物福利报销所得	4.84	7.04	0.09

10－15 续表 1

单位:元/人

指　　标	全体居民	城镇常住居民	农村常住居民
其他	1499.12	1801.61	844.23
住房公积金	172.64	247.22	11.17
辞退金	7.30	8.44	4.83
自由职业劳动所得	247.47	348.03	29.77
安家费	10.65	15.57	
股票期权	59.01	86.26	
其他劳动所得	1002.05	1096.09	798.46
经营净收入	5405.99	4743.66	6841.22
第一产业经营收入	1752.61	515.99	4431.19
农业	957.83	199.73	2597.92
林业	-8.55	-9.96	-5.51
牧业	739.04	307.48	1675.86
渔业	21.75	-0.42	69.73
农林牧渔服务业	42.55	19.15	93.19
第二产业经营收入	579.48	715.11	285.82
采矿业	22.25	32.33	0.43
制造业	52.06	48.90	58.91
电力、热力、燃气及水生产和供应业	5.08	1.94	11.89
建筑业	500.08	631.95	214.59
第三产业经营收入	3073.90	3512.56	2124.20
批发和零售业	831.62	1057.91	341.70
交通运输、仓储和邮政业	969.08	769.34	1401.53
住宿和餐饮业	319.80	438.16	63.55
房地产业	38.94	41.18	34.09
租赁和商务服务业	174.24	249.77	10.73
居民服务、修理和其他服务业	421.91	557.68	127.98
其他	318.31	398.53	144.62
财产性净收入	3228.06	3910.11	1751.40
利息收入	-151.88	-194.79	-58.96
红利收入	502.76	339.01	857.30
集体分配的红利	422.54	249.78	796.56
其他红利收入	110.33	89.23	155.99
储蓄性保险净收益	19.45	28.44	
转让承包土地经营权租金净收入	91.25	34.31	214.51
出租房屋财产性收入	1431.44	1804.05	624.73
出租机械、专利、版权等资产的收入	343.54	437.29	140.56
其他财产净收入	98.42	120.72	50.14
房屋虚拟租金	916.18	1339.35	

10－15 续表2

单位：元／人

指　　标	全体居民	城镇常住居民	农村常住居民
转移净收入	1628.38	1909.05	1020.59
转移性收入	2353.77	2902.36	1165.90
养老金或离退休金	1745.28	2359.49	415.51
离退休金	1611.21	2271.80	181.02
城镇居民社会养老保险	17.27	22.93	5.00
新型农村养老保险	103.96	47.75	225.64
其他养老金	12.85	17.01	3.84
社会救济和补助	41.42	41.90	40.39
最低生活保障费	14.49	9.51	25.26
五保户救助金	0.08		0.27
扶贫款	1.94	1.18	3.58
救灾款	1.01		3.19
抚恤金	10.21	14.01	1.99
其他社会救济收入	13.69	17.20	6.10
政策性生活补贴	55.24	58.04	49.06
家电补贴			
能源补贴	1.56	1.89	0.84
免费或低价提供的住宿			
其他生活补贴	53.69	56.15	48.22
报销医疗费	128.97	177.03	24.90
家庭外出从业人员寄回带回收入	18.35	6.76	43.43
赡养收入	109.71	120.10	87.21
其他经常转移收入	84.91	83.48	88.01
失业保险金	1.05	1.54	
经常性捐赠收入	3.86	4.88	1.63
经常性赔偿收入	18.49	1.89	54.45
其他转移性收入	61.51	75.17	31.93

10－15 续表3

单位:元/人

指　　标	全体居民	城镇常住居民	农村常住居民
从政府和组织得到的实物产品和服务折价	4.17	4.18	4.16
食品	0.03		0.11
谷物、薯类及豆类	0.03		0.10
食用油(植物油)			
蔬菜及制品			
肉、禽、蛋、奶及制品			
水产品及制品			
糖、烟、酒、饮料类			
干鲜瓜果类			
其他类食品			
衣着			
居住	1.19	1.74	
家庭设备和日用品	1.80	0.98	3.58
交通、通信工具及用品	0.65	0.96	
教育文化娱乐用品	0.01	0.02	
医疗保健用品	0.47	0.47	0.47
其他用品			
从政府组织得到的其他服务折价	0.48		1.52
现金政策性惠农补贴	165.71	51.39	413.23
转移性支出	725.39	993.32	145.31
个人所得税	56.57	79.09	7.83
社会保障支出	559.72	765.06	115.14
个人缴纳的养老保险	404.72	554.68	80.05
个人缴纳的医疗保险	124.74	168.74	29.48
个人缴纳的失业保险	12.76	18.56	0.20
其他社会保障支出	17.50	23.08	5.41
外来从业人员寄给家人的支出	4.01	5.84	0.05
赡养支出	74.80	101.70	16.57
其他转移性支出	30.29	41.63	5.73
经常性捐赠支出	1.24	1.43	0.83
经常性赔偿支出	0.61	0.43	1.01
其他经常转移支出	26.94	37.58	3.88

10－16 居民家庭消费支出(2013 年)

单位:元/人

指 标	全体居民	城镇常住居民	农村常住居民
消费支出	20111.57	24873.99	9772.51
通过互联网购买的商品和服务	172.62	251.68	1.46
食品烟酒	4683.75	5830.39	2176.95
食品	2931.93	3633.83	1390.68
谷物	432.52	480.58	328.46
薯类	66.24	81.92	32.30
豆类	34.88	46.02	10.74
食用油	78.35	97.38	37.15
蔬菜和食用菌	287.26	363.39	122.44
肉类	915.89	1113.95	487.09
禽类	72.44	92.73	28.53
水产品	43.47	56.17	15.99
蛋类	44.20	56.97	16.56
奶类	208.45	272.51	69.76
干鲜瓜果类	272.91	353.26	98.93
糖果糕点类	60.59	81.82	14.64
饮料	60.97	76.67	26.97
其他食品	211.62	262.67	101.10
烟酒	873.96	1003.79	590.24
烟草	485.96	540.49	367.90
酒类	323.25	369.86	222.34
饮食服务	840.15	1137.66	196.03
食堂用餐	217.43	282.20	77.20
其他在外饮食	620.47	853.53	115.88
食品加工服务费	2.25	1.93	2.96
衣着	1971.47	2638.54	525.28
衣类	1487.90	1982.32	417.48
鞋类	389.88	520.18	107.79
居住	3946.19	4664.72	2388.84
租赁房房租	411.38	524.17	167.17
住房维修及管理	758.20	789.01	691.49
水电燃料及其他	800.19	947.28	481.76
自有住房折算租金	1952.60	2370.69	1047.43

10－16 续表

单位:元 / 人

指　标	全体居民	城镇常住居民	农村常住居民
生活用品及服务	1488.91	1955.36	478.65
家具及室内装饰品	462.71	596.65	172.72
家用器具	287.70	377.03	94.32
家用纺织品	139.87	186.56	38.78
家庭日用杂品	282.97	362.99	109.73
个人用品	221.12	308.53	31.86
家庭服务	73.17	94.63	26.70
交通通信	3838.93	4726.76	1916.76
交通	2884.16	3490.00	1572.50
交通工具	1197.33	1472.43	601.72
交通费	272.72	357.77	88.58
交通工具用燃料	810.42	963.43	479.15
交通工具使用及维修	603.69	696.36	403.05
车辆保险支出	129.03	167.78	45.14
通信	953.07	1234.40	344.00
通信工具	286.86	377.91	89.72
通信服务	666.22	856.49	254.28
教育文化娱乐	2006.98	2504.85	929.07
教育	1137.09	1335.65	707.20
学前教育	192.35	225.50	120.59
小学教育	153.54	189.73	75.19
初中教育	149.67	169.71	106.28
高中教育	139.11	158.67	96.79
中专职高教育	20.65	28.23	4.23
大专及以上教育	423.89	490.45	279.77
成人教育	57.73	73.15	24.35
文化娱乐	869.87	1169.18	221.87
文娱耐用消费品	357.15	499.14	49.74
其他文娱用品	198.63	259.45	66.96
文化娱乐服务	314.02	410.49	105.17
医疗保健	1515.11	1675.69	1167.43
医疗器具及药品	467.58	550.84	287.32
医疗服务	1047.53	1124.85	880.12
门诊总费用	338.79	407.40	190.24
住院总费用	708.37	716.91	689.87
其他用品和服务	660.24	877.66	189.52
其他用品	414.26	560.31	98.06
其他服务	235.57	302.14	91.46

10－17 各旗区全体居民收入情况(2013年)

单位:元

地 区	可支配收入					
		工资性收入	经营净收入			
				第一产业净收入		
					农业净收入	牧业净收入
鄂尔多斯市	25880	15618	5406	1753	958	739
东胜区	28601	16504	6090	169	2	146
达拉特旗	20642	9348	6436	4603	3420	856
准格尔旗	25768	15550	5382	1745	953	192
鄂托克前旗	21813	9779	8659	2850	1310	1502
鄂托克旗	23465	13164	6828	1122	84	1022
杭锦旗	20301	10686	6835	4089	3248	863
乌审旗	21726	9016	10847	4482	474	3914
伊金霍洛旗	26164	18246	4226	1406	297	981

10－17 续表

单位:元

地 区			财产净收入	转移净收入
	第二产业净收入	第三产业净收入		
鄂尔多斯市	579	3074	3228	1628
东胜区	1717	4204	4006	2001
达拉特旗	119	1715	2624	2233
准格尔旗	576	3060	3214	1622
鄂托克前旗	549	5260	869	2506
鄂托克旗	14	5692	423	3050
杭锦旗	59	2687	319	2460
乌审旗	355	6011	1396	467
伊金霍洛旗	509	2311	1314	2378

10－18 各旗区全体居民生活消费情况(2013 年)

单位:元

地 区	消费支出	食品	衣着	居住	生活用品及服务	交通和通讯	交通
鄂尔多斯市	20112	4684	1971	3946	1489	3839	2884
东胜区	25198	6712	3097	2005	2309	5816	4544
达拉特旗	16414	3632	1437	3056	1141	2783	2161
准格尔旗	21689	5051	2125	4255	1605	4140	3110
鄂托克前旗	20124	4965	1999	1958	1123	6485	5427
鄂托克旗	17615	4937	2228	1948	1335	3687	2531
杭锦旗	15019	3464	1272	3199	1110	2766	2123
乌审旗	14308	3398	1350	3449	1169	2203	1440
伊金霍洛旗	15847	3648	1970	2102	1107	4803	3852

10－18 续表

单位:元

地 区	通讯	教育文化娱乐服务	教育	文化娱乐	医疗保健	其它商品和服务
鄂尔多斯市	953	2007	1137	870	1515	660
东胜区	1272	2836	1243	1593	1240	1183
达拉特旗	622	2023	1453	570	1727	617
准格尔旗	1030	2164	1215	949	1633	716
鄂托克前旗	1058	1569	1010	559	1714	311
鄂托克旗	1156	1765	1072	693	1168	547
杭锦旗	643	1725	1304	421	859	623
乌审旗	763	1257	806	451	879	603
伊金霍洛旗	952	1298	843	455	576	343

10－19 各旗区城镇常住居民收入情况(2013年)

单位:元

地 区	可支配收入					
		工资性收入	经营净收入			
				第一产业净收入		
					农业净收入	牧业净收入
鄂尔多斯市	32243	21680	4744	516	200	307
东胜区	33707	21012	5192	19		19
达拉特旗	28928	15624	5386	2417	1470	946
准格尔旗	33612	22600	4663	507	313	194
鄂托克前旗	30225	15667	8811	160	42	117
鄂托克旗	31205	18848	8488	104		28829
杭锦旗	28829	19652	4840	-45	-6	-43
乌审旗	30316	14438	10928	658	312	346
伊金霍洛旗	33605	25422	3463			

10－19 续表

单位:元

地 区			财产净收入	转移净收入
	第二产业净收入	第三产业净收入		
鄂尔多斯市	715	3513	3910	1909
东胜区	1755	3418	4513	2990
达拉特旗	238	2731	4433	3485
准格尔旗	702	3454	4076	2273
鄂托克前旗	985	7666	2387	3360
鄂托克旗		8384	499	3370
杭锦旗	47	4838	943	3394
乌审旗	287	9983	1268	3682
伊金霍洛旗	752	2711	1847	2872

10－20 各旗区城镇常住居民生活消费情况(2013年)

单位:元

地　区	消费支出	食品	衣着	居住	生活用品及服务	交通和通讯	
							交通
鄂尔多斯市	24874	5830	2639	4665	1955	4727	3490
东胜区	26597	7339	3196	2205	2330	5854	4552
达拉特旗	21333	4535	2001	4059	1605	3426	2614
准格尔旗	26171	6033	2776	4908	2099	4973	3671
鄂托克前旗	24857	4392	2871	2771	1286	8950	7624
鄂托克旗	19329	5552	2506	792	1546	4016	2670
杭锦旗	18831	4605	1936	4301	1558	2992	2069
乌审旗	18281	4307	2231	2806	1529	2972	1642
伊金霍洛旗	23034	4942	3419	2411	1700	7117	5431

10－20 续表

单位:元

地　区		教育文化娱乐服务			医疗保健	其它商品和服务
	通讯		教育	文化娱乐		
鄂尔多斯市	1234	2505	1336	1169	1676	878
东胜区	1302	2877	1229	1648	1532	1264
达拉特旗	812	2783	1983	800	2158	766
准格尔旗	1302	2635	1458	1177	1763	984
鄂托克前旗	1326	2057	1216	841	2167	362
鄂托克旗	1346	1912	1072	840	1257	1748
杭锦旗	922	1465	849	615	1035	940
乌审旗	1330	1814	853	961	1255	1367
伊金霍洛旗	1686	2004	1131	873	858	583

10－21 各旗区农村牧区常住居民收入情况(2013年)

单位:元

地 区	可支配收入					
		工资性收入	经营净收入			
				第一产业净收入		
					农业净收入	牧业净收入
鄂尔多斯市	12107	2494	6841	4431	2598	1676
东胜区	12195	2096	4643	726	69	586
达拉特旗	12020	1578	9315	8624	6896	863
准格尔旗	12128	2498	6852	1027	615	412
鄂托克前旗	12163	4875	6318	5804	1985	3319
鄂托克旗	12084	1254	5948	5833	669	4854
杭锦旗	11951	759	10041	9643	7598	1668
乌审旗	12122	2054	8196	8004	2447	5362
伊金霍洛旗	12128	5695	4943	2727	576	1901

10－21 续表

单位:元

地 区			财产净收入	转移净收入
	第二产业净收入	第三产业净收入		
鄂尔多斯市	286	2124	1751	1021
东胜区	649	3267	3855	1601
达拉特旗	162	528	372	755
准格尔旗	1447	4378	1754	1024
鄂托克前旗	480	34	340	630
鄂托克旗	82	33	447	4435
杭锦旗	80	318	-416	1567
乌审旗	10	182	1357	515
伊金霍洛旗	252	1964	620	870

主要统计指标解释

可支配收入 指调查户可用于最终消费支出和储蓄的总和,即调查户可以用来自由支配的收入。可支配收入既包括现金,也包括实物收入。按照收入的来源,可支配收入包含五项,分别为:工资性收入、经营净收入、财产净收入、转移净收入和自有住房折算净租金。

现金可支配收入 指调查户可以用来自由支配、以现金形式表现的收入。按照收入的来源,现金可支配收入包含四项,分别为:现金工资性收入、现金经营净收入、现金财产净收入和现金转移净收入。

工资性收入 指就业人员通过各种途径得到的全部劳动报酬和各种福利,包括受雇于单位或个人、从事各种自由职业、兼职和零星劳动得到的全部劳动报酬和福利。

经营净收入 指住户或住户成员从事生产经营活动所获得的净收入,是全部经营收入中扣除经营费用、生产性固定资产折旧和生产税净额(生产税减去生产补贴)之后得到的净收入。计算公式具体为:

经营净收入 = 经营收入 - 经营费用 - 生产性固定资产折旧 - 生产税净额(生产税 - 生产补贴)

财产净收入 指住户或住户成员将其所拥有的金融资产和自然资源交由其他机构单位、住户或个人支配而获得的回报并扣除相关的费用之后得到的净收入。财产净收入包括利息净收入、红利收入、储蓄性保险净收益和转让承包土地经营权租金净收入等。

转移行净收入 计算公式为:

转移净收入 = 转移性收入 - 转移性支出

转移性收入 指国家、单位、社会团体对住户的各种经常性转移支付和住户之间的经常性收入转移。包括政府、非行政事业单位、社会团体对居民转移的养老金或退休金、社会救济和补助、政策性生活补贴、救灾款、经常性捐赠和赔偿以及报销医疗费等;住户之间的赡养收入、经常性捐赠和赔偿以及农村地区(村委会)在外(含国外)工作的本住户非常住成员寄回带回的收入等。

转移性支出 指调查户对国家、单位、住户或个人的经常性或义务性转移支付。包括缴纳的税款、各项社会保障支出、赡养支出、经常性捐赠和赔偿支出以及其他经常转移支出等。

消费支出 指住户用于满足家庭日常生活消费需要的全部支出,包括用于消费品的支出和用于服务性消费的支出。根据用途不同,消费支出可划分为食品烟酒、衣着、居住、生活用品及服务、交通通信、教育文化娱乐、医疗保健、其他用品及服务八大类。根据来源不同,消费支出可划分为现金消费支出、实物消费支出(含自产自用、来自单位、来自政府和其他社会组织)。

十一、城镇概况

伊金霍洛旗城镇一角

11－1　城镇建设用地情况

指　　标	单　　位	2012	2013
建成区面积	平方公里	250.21	256.59
城镇建设用地面积	平方公里	319.83	328.79
居住用地	平方公里	99.02	102.70
公共设施用地	平方公里	33.55	34.38
工业用地	平方公里	15.22	12.34
仓储用地	平方公里	3.99	3.49
对外交通用地	平方公里		
道路广场用地	平方公里		
交通设施用地	平方公里	50.51	52.22
市政公用设施用地	平方公里	16.48	15.91
绿　地	平方公里	74.18	77.89
特殊用地	平方公里		
本年征用土地面积	平方公里	2.27	1.47

11－2　城镇供水情况

指　　标	单 位	2012	2013
自来水综合生产能力	万立方米 / 日	28.90	33.50
供水管道长度	公里	2050.73	2195.05
供水总量	万立方米	5606.78	6107.44
售水量	万立方米	5006.34	5360.24
# 生产运营用水	万立方米	1143.98	1126.97
居民家庭用水	万立方米	2455.61	2840.37
用水户数	万户	35.90	29.47
# 家庭用户	万户	31.14	24.69
用水人口	万人	122.94	117.12

11－3　城镇天然气、液化石油气情况

指　　标	单 位	2012	2013
天然气			
储气能力	万立方米	7.66	58.26
供气管道长度	公里	1453.35	1608.68
供气总量	万立方米	13386.80	15197.47
销售气量	万立方米	12687.72	14775.06
# 家庭用量	万立方米	4208.51	3965.47
用气户数	万户	18.8	19.3
# 家庭用户	万户	17.0	18.9
用气人口	万人	66.17	68.45
液化石油气			
储气能力	吨	5070	3370
供气总量	吨	8583	8384
销售气量	吨	8545	
# 家庭用量	吨	7756	7412
用气户数	万户	8.20	7.76
# 家庭用户	万户	7.03	6.72
用气人口	万人	37.48	29.51

11－4　城镇集中供热情况

指　　标	单 位	2012	2013
热水供热能力	兆瓦	6692	8982
热水供热总量	万吉焦	4119	5804
热水管道长度	公里	1682	2040
供热面积	万平方米	7189	8787
# 住宅	万平方米	4517	5435

11－5 城镇市政工程情况

指　　标	单 位	2012	2013
道路长度	公里	1907.0	2044.0
道路面积	万平方米	5211.7	5289.0
# 人行道	万平方米	1491	1491
桥梁数	座	59	57
路灯盏数	千盏	85	83
排水管道长度	公里	3167	3564
排水管道密度	公里 / 平方公里	12.66	13.89
污水排放量	万立方米	4614	4930
污水处理总量	万立方米	4301	4616
再生水生产能力	万立方米 / 日	11.5	11.5

11－6 城镇园林绿化情况

指　　标	单 位	2012	2013
绿化覆盖面积	公顷	17207	19101
# 建城区	公顷	10135	10772
园林绿地面积	公顷	16271	18102
# 建城区	公顷	9127	9876
公园绿地面积	公顷	3677	3787
公园个数	个	100	119
公园面积	公顷	2877	3632

11－7　城镇公共汽车、出租车情况

指　　标	单 位	2012	2013
公共汽车			
营运车辆数	辆	750	939
运营线路网长度	公里	1085	2432
客运总量	万人次	4947	7935
出租汽车			
出租车数量	辆	6035	6045
载客车次总数	万次	3708	3481
客运总量	万人次	9545	8702
从业人员	人	8423	7858

11－8　城镇公共卫生情况

指　　标	单 位	2012	2013
道路清扫保洁面积	万平方米	4132	6047
生活垃圾清运量	万吨	78.49	63.24
生活垃圾无害化处理厂(场)数	座	16	16
生活垃圾(粪便)处理场处理能力	吨/日	2029	2650
生活垃圾(粪便)处理场处理量	万吨	88.94	89.22
粪便清运量	万吨	30.55	17.09
公共厕所数	座	1270	1236
市容环卫专用车辆设备总数	辆	464	458

11－9 城镇设施水平

指　标	单 位	2012	2013
人均日生活用水量	升	79.08	94.16
用水普及率	%	98.85	98.94
燃气普及率	%	81.88	80.78
每万人拥有公共交通车辆	标台	3.75	
人均道路面积	平方米	41.17	43.61
污水处理率	%	93.22	93.63
人均公共绿地面积	平方米	29.05	31.23
建成区绿地率	%	36.48	38.49
建成区绿化覆盖率	%	40.51	41.98
生活垃圾处理率	%	94.80	94.32

11－10 分旗区城镇建成区面积

单位:平方公里

地　区	2012	2013
东 胜 区	78	78
达拉特旗	29	29
准格尔旗	18	19
鄂托克前旗	8	8
鄂托克旗	10	10
杭 锦 旗	9	9
乌 审 旗	20	20
伊金霍洛旗	43	48

主要统计指标解释

年末自来水生产能力 指年底城建部门管理的自来水厂和自备水源的社会单位取水、净化、送水、出厂输水干管等环节的实际生产能力。

年末供水管道长度 指从送水泵到用户水表之间所有管道的长度。全年供水总量指公用自来水厂和自备水源的社会单位全年的供水总量,包括有效供水量及损失水量。

年末供水总量 指报告期供水企业(单位)供出的全部水量,包括有效供水量及损失水量。

生活用水量 指居民日常生活与公共福利设施的用水量,包括居民、饮食店、旅馆、医院、理发店、浴池、洗衣店、游泳池、商店、学校、机关、部队等单位的用水量。

城市人口用水普及率 指城市用水的非农业人口数(不包括临时人口和流动人口)与城市非农业人口总数之比。计算公式为:

$$用水普及率=\frac{城市用水的非农业人口数}{城市非农业人口数}\times 100\%$$

全年供气总量 指全年售给各类用户的全部煤气量,包括工业用量、家庭用量和其他用量。

城市用气普及率 指使用煤气(包括人工煤气、液化石油气、天然气)的城市非农业人口数(不包括临时人口和流动人口)与城市非农业人口总数之比。计算公式为:

$$城市煤气普及率=\frac{城市用气的非农业人口数}{城市非农业人口总数}\times 100\%$$

城市供热能力 指热电厂、热力公司和达到标准的集中采暖锅炉房和城市输送的供热源的设计能力,即每小时向城市输送蒸汽、热水的能力。

城市供热总量 指热电厂、热力公司和达到标准的集中采暖锅炉房向城市输送的全部蒸汽、热水量。

城市供热管道长度 指热电厂、热力公司和达到标准的集中采暖锅炉房管理的集中供热热源到用户之间的全部供气、供热水的管道长度。

城市桥梁 指城市范围内,修建在河道上的桥梁和道路与道路立交、道路跨越铁路的立交桥及人行天桥。包括永久性桥和半永久性桥,不包括临时性桥、铁路桥、涵洞。

城市下水道总长度 指所有排水总管、干管、支管及暗渠、检查井、连接井进出水口等长度之和。

城市污水日处理能力 指污水处理厂每昼夜处理污水量的设计能力。

年末实有公共汽车 指年底可参加营运的全部车辆数,包括营运车辆数和库存查封未参加营运的车辆。不包括非营运车辆,如架线车、油罐车、工程车、货车及其他专用车辆和借入的客运车辆。

城市园林绿地面积 指城市公共绿地、专用绿地、生产绿地、防护绿地、郊区风景名胜区的全部面积。

公共绿地 指供游览休息的各种公园、动物园、植物园、陵园以及花园、游园和供游览休息用的林荫道绿地、广场绿地,不包括一般栽植的行道树及林荫道的面积。

十二、农牧业

鄂尔多斯博物馆

12－1　农村牧区基层组织和农牧业基本情况（2013 年）

指　标	合　计	农　村	牧　区
一、农村基层组织情况			
乡（苏木）镇政府个数（个）	42	29	13
#镇个数（个）	34	27	7
村委会个数（个）	733	526	207
二、农村基础设施			
自来水受益村数（个）	490	400	90
通汽车的村数（个）	733	526	207
通电话的村数（个）	729	522	207
三、乡村人口与从业人员			
乡村户数（户）	198841	158663	40178
乡村人口数（人）	554211	437771	116450
乡村从业人员数（人）	395217	312589	82628
按性别分：			
男	211603	167648	43955
女	183614	144941	38673
按国民经济行业分：			
农林牧渔业	287580	217192	70388
工　业	20641	18256	2385
建筑业	20145	17956	2189
交通运输仓储业和邮政业	20368	18698	1670
信息传输计算机服务和软件业	2139	1869	270
批发与零售业	19532	17152	2380
住宿和餐饮业	17578	15887	1691
其他行业	7234	5579	1655
四、农牧业生产条件			
农作物总播种面积（千公顷）	383.2		
农牧业机械总动力（万千瓦）	290.9		
化肥施用量（折纯）（吨）	105965		
农村牧区用电量（万千瓦时）	45148		
五、主要农牧业生产情况			
粮食总产量（万吨）	155.1		
年末牲畜总头数（万头只）	758.3		

12－2　分旗区农村牧区基层组织和农牧业基本情况(2013年)

指　标	东胜区	达拉特旗	准格尔旗	鄂托克前旗	鄂托克旗	杭锦旗	乌审旗	伊金霍洛旗
一、农村基层组织情况								
乡(苏木)镇个数(个)	3	7	8	3	5	5	5	6
#镇个数(个)	3	6	5	3	3	4	4	6
村委会个数(个)	34	130	152	68	76	76	59	138
二、农村基础设施								
自来水受益村数(个)	34	95	82	25	39	46	38	131
通汽车的村数(个)	34	130	152	68	76	76	59	138
通电话的村数(个)	34	126	152	68	76	76	59	138
三、乡村人口与从业人员								
乡村户数(户)	14291	51035	35113	12407	11217	26212	18149	30417
乡村人口数(人)	42126	144784	98216	35587	35382	75044	50325	72757
乡村从业人员数(人)	22256	98842	79599	23262	24196	56450	39869	50743
按性别分:								
男	10381	51379	42199	12002	13224	31276	21952	29190
女	11875	47463	37400	11260	10972	25174	17917	21553
按国民经济行业分:								
农林牧渔业	6656	74131	45184	19675	21304	49163	32584	38883
工　业	3567	2903	8221	1354	579	1197	1256	1564
建筑业	4563	2983	5741	409	465	1638	2059	2287
交通运输仓储业和邮政业	1551	6322	8477	561	464	489	889	1615
信息传输计算机服务和软件业	214	318	633	60	105	135	96	578
批发与零售业	2160	5491	5286	440	517	1725	1258	2655
住宿和餐饮业	1640	4326	5641	351	451	1015	1382	2772
其他行业	1905	2368	416	412	311	1088	345	389
四、农牧业生产条件								
农作物总播种面积(千公顷)	2.0	124.5	65.1	26.3	23.2	68.5	42.4	31.2
农牧业机械总动力(万千瓦)	11.1	86.2	28.1	24.6	17.8	44.3	50.3	28.5
化肥施用量(折纯)(吨)	716	39788	9785	19056	4458	21918	6842	3402
农村牧区用电量(万千瓦时)	752	23852	3689	3822	930	4722	1563	5818
五、主要农牧业生产情况								
粮食总产量(万吨)	1.2	61.0	8.8	10.4	11.0	39.9	13.3	9.5
年末牲畜总头数(万头只)	8.0	201.0	54.1	90.1	109.9	147.1	108.0	40.0

12—3 主要年份农、林、牧、渔业增加值

单位:万元

年 份	农林牧渔业增加值	农 业	林 业	牧 业	渔 业
1952	5001	3129	7	1865	
1957	6557	3289	92	3174	2
1965	7552	2965	408	4173	6
1970	10670	5403	249	5015	3
1975	13839	5671	1085	7070	13
1978	15568	6273	1226	8052	17
1980	15369	6773	1223	7361	12
1981	15942	6041	4775	5109	17
1982	18885	8561	3926	6385	13
1983	18603	8906	3698	5981	18
1984	21997	10738	4450	6792	17
1985	28851	13241	6122	9448	40
1986	31292	15323	5063	10827	79
1987	34737	16087	4612	13889	149
1988	54192	26377	8496	19115	204
1989	61235	29612	8896	22371	356
1990	71248	30021	6840	33977	410
1991	70041	27818	6556	35265	402
1992	76513	34769	7420	33899	425
1993	82383	31687	6882	35494	840
1994	140693	55836	6592	65832	1575
1995	169560	76714	9721	71794	2040
1996	196572	96807	7518	84558	2477
1997	218507	102427	11189	94753	2631
1998	240050	130794	12847	81139	5194
1999	221087	78530	13328	115923	5010
2000	245271	103655	18289	108198	3729
2001	243751	97608	20040	116459	3468
2002	281131	127404	24182	117347	3536
2003	331111	162811	40590	123801	3909
2004	370199	162593	37825	158684	4422
2005	406369	211952	18337	165497	3577
2006	430795	227203	20888	170704	4328
2007	477829	249417	32329	182314	4757
2008	576525	284937	34978	239625	5076
2009	606088	300439	37543	250274	5251
2010	708135	354264	41009	292756	6663
2011	831600	408984	46829	350812	9812
2012	901374	460598	45769	367358	11046
2013	974967	493255	45621	404610	13400

注:1.本表按当年价格计算。

2.2004年(包括2004年)以后农林牧渔业增加值包括农林牧渔服务业增加值。

12－4　农、林、牧、渔业总产值

单位：万元

指　　标	2012	2013
农林牧渔业总产值	1519826	1655104
农业产值	707741	756063
#谷物及其他作物	530290	507207
#谷　物	243044	341669
薯　类	27760	29375
油　料	43109	59281
豆　类	9378	6260
蔬菜园艺作物	82785	94325
#蔬　菜(含菜用瓜)	82785	94325
中药材	13956	40117
林业产值	65142	66339
林木的培育和种植	65142	66339
牧业产值	702406	782157
牲畜饲养	502000	558491
猪的饲养	131277	122232
家禽饲养	9413	11140
渔业产值	16590	20111
农林牧渔服务业	27947	30434

12－5 分旗区农、林、牧、渔业总产值及增加值(2013 年)

单位:万元

指　　标	东胜区	达拉特旗	准格尔旗	鄂托克前旗	鄂托克旗	杭锦旗	乌审旗	伊金霍洛旗
按现行价格计算								
农林牧渔业总产值	25703	527425	156273	188657	132829	287783	215411	121023
农　业	4471	277307	70771	86822	36838	154124	86109	39620
林　业	4290	6924	8169	8567	4778	14515	5319	13776
牧　业	15072	230095	70234	89174	85324	113572	118142	60543
渔　业	426	7368	3229	465	2632	2325	1883	1785
农林牧渔服务业	1445	5732	3869	3628	3257	3247	3958	5299
农林牧渔业增加值	14806	313019	92571	111130	75146	172762	124556	70978
农　业	2917	180915	46171	56643	24033	100551	56177	25848
林　业	2951	4762	5618	5892	3286	9982	3658	9474
牧　业	7796	119028	36332	46130	44138	58751	61115	31319
渔　业	284	4909	2151	310	1754	1549	1255	1189
农林牧渔服务业	858	3405	2299	2155	1935	1929	2351	3148

12－6 主要农牧业机械年末拥有量

指　　标	2011	2012	2013
农牧业机械总动力(万千瓦)	266.87	278.82	290.86
大中型拖拉机(台)	22595	24479	27196
大中型拖拉机(千瓦)	510182	587529	650823
小型拖拉机(台)	7057	6993	7045
小型拖拉机(千瓦)	90923	90024	90426
播种机(台)	4164	4292	4335
地膜覆盖机(台)	695	695	800
农用水泵(台)	48710	51209	52104
农用排灌用电动机(台)	29742	29795	31081
农用排灌用电动机(千瓦)	226284	226669	241954
农用柴油机(台)	20214	20514	20866
农用排灌用柴油机(千瓦)	213361	215963	218725
农产品初加工动力机械(台)	11408	11477	12102
农产品初加工动力机械(千瓦)	103948	104139	110454
饲料粉碎机(台)	2245	2449	2528
机动脱粒机(台)	9440	9470	9536

12－7 分旗区主要农牧业机械年末拥有量(2013 年)

指　　标	东胜区	达拉特旗	准格尔旗	鄂托克前旗	鄂托克旗	杭锦旗	乌审旗	伊金霍洛旗
农牧业机械总动力(万千瓦)	11.12	86.22	28.11	24.60	17.77	44.26	50.31	28.47
大中型拖拉机(台)	396	8778	1405	2452	1968	6288	3463	2446
大中型拖拉机(千瓦)	10825	186603	36830	69326	66236	153113	77833	50057
小型拖拉机(台)	110	1819	511	130	362	2732	450	931
小型拖拉机(千瓦)	1437	23532	6633	1911	4265	35516	5850	11282
播种机(台)	152	883	172	327	354	2014	237	196
地膜覆盖机(台)	29	335	31		24	164		217
农用水泵(台)	1078	10489	7240	7166	2502	1341	16237	6051
农用排灌用电动机(台)	720	11374	462	3998	777	942	8773	4035
农用排灌用电动机(千瓦)	6176	66804	4646	26486	15104	14130	96503	12105
农用排灌用柴油机(台)	146	2489	391	3550	1493	1217	8853	2727
农用排灌用柴油机(千瓦)	1688	20329	4157	42118	14782	21906	97383	16362
农副产品初加工动力机械(台)	232	8544	396	32	843	140	1720	195
农副产品初加工动力机械(千瓦)	1140	79343	3552	243	7048	980	16392	1756
饲料粉碎机(台)	503	434	265	428	396		321	181
机动脱粒机(台)	74	681	546	718	399	1319	5087	712

12－8 农用化肥施用量、农村牧区用电情况

指　　标	2011	2012	2013
农用化肥施用量(按折纯量计算,吨)	102597	111407	105965
#氮　肥	59730	61839	59531
磷　肥	19783	22688	20299
复合肥	17854	22491	21825
农村牧区用电量(万千瓦时)	45950	46287	45148

12－9 农业机械化情况

指　　标	2011	2012	2013
农业机械化程度(%)	72.5	73.5	76.0
机耕地面积(千公顷)	371.7	373.6	373.8
机械播种面积(千公顷)	332.0	334.5	335.2
占农作物总播种面积的比重(%)	86.0	86.5	86.7
机械收割面积(千公顷)	109.0	122.6	154.7
占农作物总播种面积的比重(%)	28.2	31.7	40.0

12－10 主要年份各类土地利用情况

单位：千公顷

年　份	耕地面积	有效灌溉面积	农作物总播种面积	实有林地面积
1957	552.3	36.4	476.9	143.7
1965	497.1	45.3	474.1	157.0
1970	459.5	54.8	441.3	96.0
1975	323.5	73.7	311.7	238.8
1978	266.3	65.6	262.0	425.6
1980	244.0	57.2	237.4	533.6
1981	225.1	51.8	215.9	572.3
1982	220.1	92.6	213.7	618.8
1983	216.6	61.7	208.5	657.5
1984	219.7	59.2	226.2	797.2
1985	216.8	61.0	216.8	712.2
1986	213.5	61.0	219.3	764.2
1987	208.7	65.9	207.5	803.7
1988	216.1	73.6	220.8	887.2
1989	217.0	77.2	225.3	961.5
1990	226.4	90.1	229.0	1008.9
1991	232.4	97.1	240.9	1077.8
1992	238.4	108.7	245.4	1108.2
1993	243.6	110.0	230.0	1032.0
1994	248.3	127.4	230.2	1063.0
1995	256.0	134.1	240.8	1078.2
1996	256.1	140.1	255.7	1105.6
1997	471.4	183.6	268.3	1045.0
1998	471.0	190.2	275.8	1051.4
1999	475.3	195.6	291.5	1052.0
2000	460.7	199.6	265.5	1058.6
2001	435.8	195.8	214.2	1187.1
2002	415.4	195.3	258.7	1199.3
2003	394.3	199.4	272.3	1211.9
2004	401.4	236.9	323.1	1321.6
2005	407.4	229.6	342.9	1413.4
2006	420.8	250.5	368.0	1572.7
2007	423.5	250.9	375.1	1746.9
2008			372.1	
2009			378.8	
2010			379.0	
2011			376.6	
2012			381.5	
2013			383.2	

12－11 主要年份主要粮食作物播种面积

单位:千公顷

年 份	农作物总播种面积	粮食作物播种面积	#小 麦	#薯 类	#玉 米	#高 粱	#大 豆
1957	476.9	376.7	7.9	19.0	6.8	9.4	18.2
1965	474.1	375.2	24.7	26.4	8.0	10.9	19.6
1970	441.3	363.6	24.3	25.2	10.7	11.3	14.9
1975	311.7	247.4	19.7	27.0	8.6	10.2	8.2
1978	262.0	204.3	22.9	24.5	12.4	7.3	6.7
1980	237.4	180.6	14.0	21.4	13.6	3.7	5.5
1981	215.9	169.3	12.1	18.3	10.1	2.3	2.9
1982	213.7	168.1	15.2	18.4	10.9	2.3	5.5
1983	208.5	166.1	17.0	18.6	11.3	2.4	4.6
1984	226.2	163.9	17.9	21.3	12.3	2.6	4.5
1985	216.8	160.4	17.8	20.1	13.5	2.2	4.1
1986	219.3	162.3	19.4	20.1	16.7	2.0	4.0
1987	207.5	158.7	21.6	19.3	23.1	1.8	2.9
1988	221.0	169.5	24.0	20.2	23.8	1.9	3.1
1989	225.3	172.4	26.4	19.7	29.4	2.0	3.3
1990	229.0	178.2	28.9	20.1	38.3	3.0	2.9
1991	240.9	183.6	34.2	20.5	40.1	2.6	2.6
1992	245.4	184.5	40.7	20.5	39.2	2.3	2.5
1993	230.0	168.1	27.7	19.8	47.7	2.2	4.1
1994	230.2	176.0	24.6	20.3	55.6	1.9	3.3
1995	240.8	182.2	26.5	20.8	65.2	1.3	2.6
1996	255.7	194.8	26.7	25.5	72.4	2.1	3.1
1997	268.3	205.6	29.1	26.5	75.0	2.1	3.9
1998	275.8	211.4	27.8	27.1	81.6	2.2	3.9
1999	291.5	199.7	19.9	26.9	90.7	2.9	3.6
2000	265.5	166.5	15.6	25.5	72.1	1.7	2.6
2001	214.2	124.7	13.0	14.4	70.8	1.2	1.5
2002	258.7	147.0	7.7	21.4	78.4	1.0	2.1
2003	272.3	127.5	4.1	20.2	77.8	0.6	1.9
2004	323.1	155.1	5.6	19.7	105.0	0.6	1.5
2005	342.9	182.1	7.7	20.7	127.9	0.4	2.8
2006	368.0	206.2	7.1	20.2	157.1	0.4	2.5
2007	375.1	219.8	7.1	19.8	161.5	1.9	2.4
2008	372.1	224.3	5.7	23.2	170.2	1.1	2.1
2009	378.8	233.6	7.7	25.9	174.6	0.5	2.1
2010	379.0	233.8	6.0	21.2	185.0	0.2	3.4
2011	376.6	239.6	6.5	21.7	190.6	0.2	4.4
2012	381.5	240.8	6.8	24.1	187.9	0.2	4.7
2013	383.2	241.9	5.9	22.6	196.1	0.1	4.4

12－12 主要年份主要经济作物播种面积

单位：千公顷

年　份	油料合计	# 胡麻籽	# 油菜籽	# 葵花籽	麻类合计	甜　菜	蔬菜及食用菌
1957	78.0	24.3				0.3	
1965	63.8	18.7				0.5	
1970	57.7	18.2				1.2	
1975	43.0	9.2	6.7	0.4	0.4	1.9	4.2
1978	36.0	9.8	6.1	2.3	0.4	2.0	2.4
1980	38.8	10.5	4.1	12.7	0.2	2.0	1.5
1981	27.7	6.8	4.3	7.0	0.1	2.1	2.0
1982	29.8	7.3	3.8	8.6	0.1	1.8	2.0
1983	29.3	7.0	6.6	10.2	0.2	2.2	1.8
1984	38.0	6.0	7.3	18.9	0.1	2.6	2.3
1985	35.9	6.2	5.3	19.7	0.4	5.2	2.0
1986	33.7	5.9	3.6	17.3	0.1	3.7	1.9
1987	26.4	5.5	1.6	14.7	0.1	3.6	1.6
1988	29.3	6.6	2.3	14.8	0.1	5.5	2.1
1989	32.4	6.2	3.1	17.5	0.1	4.5	2.2
1990	32.4	6.2	3.5	17.7	0.1	4.0	2.1
1991	40.0	6.1	2.6	26.1	0.1	5.0	2.1
1992	44.0	6.3	3.1	30.3	0.1	5.1	2.2
1993	42.2	4.7	2.1	31.8	0.1	5.2	2.1
1994	36.9	5.3	3.1	27.3	0.6	5.0	1.8
1995	40.7	5.8	1.9	32.4	0.2	7.0	2.0
1996	41.9	6.1	2.0	31.3	0.2	7.3	2.0
1997	42.7	5.6	1.8	33.6	0.1	6.5	2.0
1998	45.6	4.5	1.9	37.2	0.2	5.5	2.0
1999	70.2	4.1	1.7	63.1	0.1	3.0	2.4
2000	61.2	2.6	1.1	56.5		2.5	3.7
2001	44.9	1.9	0.7	41.5		2.5	3.4
2002	49.5	2.8	1.4	44.8	0.2	3.3	3.9
2003	41.1	2.0	1.4	37.0	0.8	2.7	6.2
2004	30.1	1.5	1.2	23.0		3.0	6.7
2005	35.9	2.1	1.4	30.3		3.2	6.3
2006	27.1	1.9	1.4	23.2		2.8	6.1
2007	22.4	0.7	0.4	20.8	0.2	1.9	4.0
2008	34.5	1.0	0.8	32.4	0.1	2.2	5.3
2009	29.2	1.0	1.0	26.6	0.1	2.1	5.0
2010	30.0	0.9	1.0	27.7	0.03	1.8	5.5
2011	32.5	0.7	1.2	30	0.03	2.6	5.8
2012	31.9	0.8	1.2	29.7	0.003	2.7	7.8
2013	33.5	0.8	1.2	31.3		2.4	7.9

12－13 分旗区主要农作物播种面积(2013年)

单位:公顷

指　标	东胜区	达拉特旗	准格尔旗	鄂托克前旗	鄂托克旗	杭锦旗	乌审旗	伊金霍洛旗
农作物总播种面积	2049	124507	65123	26327	23159	68501	42364	31187
粮食作物	2022	81620	37510	17321	17913	41980	21750	21818
#稻　谷		723			36		35	
小　麦		4851				990	67	
薯　类	700	4770	6252	2896	1753	790	1542	3902
#马铃薯	700	4770	6252	2896	1753	790	1542	3902
玉　米	1102	67727	19680	14387	16122	39980	19778	17329
糜　子	50	750	3224	11				254
荞　麦	119	383	720					50
高　粱		44	47				19	
大　豆	3	197	3900	21			259	45
经济作物	27	42887	27613	9006	5246	26521	20614	9369
#油料合计	8	8489	3484	1013	2081	17928	488	27
#胡麻籽	8	344	431	46				
油菜籽		28	1166					
葵花籽		8117	1689	967	2081	17928	488	27
麻类合计								
甜　菜		2412	32					
蔬菜及食用菌	16	4856	727	810	77	629	644	118
瓜果类	3	2750	2336	1451	353	206	1595	31

12－14 主要年份主要粮食作物平均每公顷产量

单位：公斤

年 份	粮 食	#小 麦	#薯 类	#玉 米	#高 粱	#大 豆
1957	299	662	1155	354	558	327
1965	296	844	472	745	579	373
1970	596	650	908	1277	792	596
1975	801	1205	1184	2116	1608	526
1978	983	1419	1231	3732	1582	655
1980	959	2081	1058	2430	1609	458
1981	1155	3143	1290	2895	1920	833
1982	1373	3503	1515	2828	2400	848
1983	1433	3480	1650	3090	2340	720
1984	1725	3623	2213	4035	2340	608
1985	1530	3450	1920	4020	1935	540
1986	1335	3158	1500	3500	1867	495
1987	1335	2130	1410	3735	1425	495
1988	1955	2415	2460	4740	1980	780
1989	1935	2925	1890	4995	2265	525
1990	2610	3615	2400	5865	3045	570
1991	2355	3675	1320	5550	2655	360
1992	3165	3900	2985	6270	3135	780
1993	2758	4070	2629	4765	3501	1069
1994	3402	3550	2305	6617	4002	933
1995	3747	4270	3003	6731	2779	966
1996	4477	4498	3983	7544	4178	1190
1997	4347	4537	3984	7325	4826	887
1998	4656	4325	4452	7724	5474	1181
1999	3452	4058	2099	5501	4130	447
2000	4009	4589	3299	6393	5814	496
2001	4718	4487	3358	6420	5012	1020
2002	5162	4297	5128	7389	3935	886
2003	5959	3976	4995	7747	3710	1168
2004	6441	4691	5948	7750	4199	1519
2005	6453	4627	5139	7743	3583	1432
2006	5927	4351	5264	6689	6280	1089
2007	5657	4043	6631	6250	5641	1639
2008	5844	4866	7096	6285	6855	1466
2009	5843	5305	5516	6505	6106	1504
2010	6031	4900	5006	6703	4611	1240
2011	5950	4889	6316	6448	4816	1424
2012	6025	4590	7671	6076	7336	1413
2013	6409	5339	6429	6836	11091	1837

12－15 主要年份主要经济作物平均每公顷产量

单位:公斤

年　　份	油　料	#胡麻籽	#油菜籽	#葵花籽	麻　类	甜　菜	蔬菜及食用菌
1957	131	157				1326	
1965	89	114				4996	
1970	153	151				10614	
1975	148	178	116	358	142	6510	17025
1978	133	127	68	358	230	5386	14198
1980	503	165	99	1245	225	11092	20574
1981	428	195	308	1219	140	12275	26700
1982	780	293	201	2143	190	17078	22510
1983	795	300	171	1868	220	29318	23368
1984	833	428	170	1398	240	21675	18129
1985	765	495	129	1139	433	27135	33363
1986	870	495	121	1398	110	23475	35120
1987	825	435	143	1224	114	26205	24884
1988	855	390	248	1374	233	28035	27951
1989	1020	645	240	1500	270	31350	30555
1990	1170	870	345	1590	675	35295	34695
1991	900	495	210	1200	1110	38835	29175
1992	1155	600	360	1455	615	34320	25890
1993	1251	717	319	1488	745	38727	29400
1994	1124	659	454	1321	2414	21650	31303
1995	1378	598	193	1599	668	28290	26768
1996	1418	676	275	1680	318	30385	35093
1997	1337	577	339	1546	567	26196	27616
1998	2073	918	431	2035	713	25548	35014
1999	1406	396	435	1517	643	21232	33652
2000	1913	722	249	2008	421	34092	19294
2001	2045	739	63	2142	429	32162	41668
2002	1860	504	373	1999	1803	25463	39366
2003	1570	963	1095	1560	1938	35882	36590
2004	1713	949	1058	1809	2250	35741	36528
2005	2198	1056	556	2413		43752	37245
2006	2303	1049	761	2531	2083	42321	39120
2007	2247	1171	1092	2186	974	42904	45883
2008	2390	1476	1469	2404	1333	39321	36949
2009	2351	1132	482	2443	1221	39973	37815
2010	2321	1178	61	2448	400	48877	42168
2011	2322	1371	61	2446	2036	39977	42795
2012	2456	1304	70	2590	1000	40010	44268
2013	2610	1390	74	2747		38701	48265

12－16 分旗区主要农作物平均每公顷产量(2013 年)

单位:公斤

指　　标	东胜区	达拉特旗	准格尔旗	鄂托克前旗	鄂托克旗	杭锦旗	乌审旗	伊金霍洛旗
粮食作物	5780	7468	2337	6031	6167	9500	6131	4335
#稻　谷		8371			6000		9114	
小　麦		5496				4646	4134	
薯　类	9350	4151	2302	15032	6960	7595	12054	6217
玉　米	4365	8143	2804	4230	6081	9703	5715	3994
糜　子	1640	3104	1351	727				1398
荞　麦	1361	742	2083					2200
高　粱		6136	16809				8421	
大　豆	4667	1604	1762	2190				2289
经济作物								
#油料合计	3750	2207	865	2936	3000	3066	3076	1296
#胡麻籽	3750	1352	1381	1348				
油菜籽		214	70					
葵花籽		2250	1221	3011	3000	3066	3076	1296
麻类合计								
甜　菜		39000	16156					
蔬菜及食用菌	40000	56224	15891	45058	57987	43808	37849	17585
瓜果类	23667	22605	18885	75052	65348	73107	40716	29032

12－17 主要年份主要粮食作物产量

单位：吨

年 份	粮 食	#小 麦	#薯 类	#玉 米	#高 粱	#大 豆
1957	112354	5207	21977	2421	5225	5963
1965	142462	20801	12456	5935	6310	7284
1970	216832	15779	22876	13630	8977	8843
1975	198175	23734	31934	18170	16465	4311
1978	200801	32521	30169	33808	11506	4354
1980	173293	29113	22145	32965	5963	2512
1981	195723	37951	23610	29144	4359	2446
1982	231472	53315	27815	30779	5438	4635
1983	237940	59223	30636	34884	5609	3269
1984	282348	64716	47079	48678	5976	2757
1985	245736	61343	38484	54185	4277	2193
1986	216431	61234	30216	58559	3735	1966
1987	212168	46025	27389	86036	2584	1440
1988	331429	58114	49857	112877	3809	2398
1989	332467	77062	37234	146923	4612	1727
1990	464343	104688	48255	224313	9177	1638
1991	431936	125997	26985	222416	6929	949
1992	582949	158946	61074	246072	7327	1984
1993	463639	112788	52127	227331	7738	4342
1994	598731	87483	46823	368222	7564	3068
1995	682630	113283	62502	438892	3724	2501
1996	872352	120234	101359	546053	8819	3740
1997	893887	131944	105701	549667	10135	3493
1998	984400	120153	120725	630237	12261	4571
1999	689230	80677	56500	498912	12059	1592
2000	667336	71729	84217	461211	10005	1307
2001	588193	58403	48431	454654	6140	1545
2002	759004	33238	109739	579112	3785	1832
2003	759929	16266	100725	602975	2285	2177
2004	998681	26384	117441	813586	2448	2329
2005	1175014	35822	106248	990504	1476	3991
2006	1222140	30956	106193	1050538	2179	2745
2007	1243483	28501	131300	1009699	10644	3858
2008	1310942	27573	164441	1069816	7410	3044
2009	1365088	41027	143027	1135860	3047	3228
2010	1410000	29039	105920	1240171	936	4171
2011	1425357	31730	137325	1228804	761	6294
2012	1450400	31178	185061	1141732	1414	6685
2013	1550500	31540	145320	1340590	1220	8130

12—18 主要年份主要经济作物产量

单位:吨

年份	油料	#胡麻籽	#油菜籽	#葵花籽	麻类	甜菜	蔬菜及食用菌
1957	10212	3807				398	
1965	5649	2131				2464	
1970	8828	2744				12674	
1975	6359	1631	774	143	57	12282	71503
1978	4790	1243	415	824	92	10701	34075
1980	19477	1746	407	15810	45	24284	30861
1981	11759	1326	1326	8535	14	26137	53400
1982	23114	2131	762	18432	19	30546	45020
1983	23303	2070	1130	19055	44	65776	42062
1984	31818	2595	1238	26426	24	55786	41697
1985	27570	3019	685	22448	173	142636	66726
1986	29072	2871	435	24184	11	87652	67868
1987	21611	2366	229	18011	8	93445	39814
1988	25241	2584	578	20264	14	153994	58139
1989	33249	3965	743	26169	21	141496	65590
1990	37821	5307	1195	28174	89	140456	72388
1991	36259	3083	555	31088	125	194461	61279
1992	51017	3736	1130	43842	86	175260	57132
1993	52842	3399	669	47329	82	200604	62622
1994	41467	3507	1398	36016	1400	108684	56658
1995	56027	3446	372	51853	127	196899	52198
1996	59426	4105	539	52524	54	220912	70839
1997	57074	3253	627	51854	68	170009	54403
1998	94596	4114	797	75646	114	141281	68978
1999	98659	1626	752	95676	45	64544	82111
2000	117118	1907	265	113373	23	86627	72045
2001	91906	1407	45	88875	6	80406	141587
2002	91995	1389	509	89504	384	84028	153607
2003	64547	1891	1531	57679	1601	98315	225831
2004	51627	1464	1310	41592	27	105615	246125
2005	78886	2249	784	73089		140137	233264
2006	62312	1960	1093	58642	25	118498	239963
2007	50251	772	440	45559	151	80188	181835
2008	77100	1455	1199	77808	84	88198	197270
2009	68599	1171	549	64928	138	83863	190286
2010	69644	1020	62	67883	10	86219	233948
2011	75492	1020	71	73963	57	104859	249150
2012	78297	1054	86	77032	3	107707	343698
2013	87489	1152	88	85977		94585	380182

12—19 分旗区主要农作物产量(2013年)

单位:吨

指　　标	东胜区	达拉特旗	准格尔旗	鄂托克前旗	鄂托克旗	杭锦旗	乌审旗	伊金霍洛旗
粮食作物	11687	609500	87669	104464	110465	398800	133341	94574
#稻　谷		6052			216		319	
小　麦		26663				4600	277	
薯　类	6545	19800	14393	43534	12201	6000	18587	24260
玉　米	4810	551511	55190	60852	98042	387929	113039	69217
糜　子	82	2328	4356	8				355
荞　麦	162	284	1500					110
高　粱		270	790				160	
大　豆	14	316	6871	46			780	103
经济作物								
#油料合计	30	18734	3012	2974	6243	54960	1501	35
#胡麻籽	30	465	595	62				
油菜籽		6	82					
葵花籽		18263	2063	2912	6243	54960	1501	35
麻类合计								
甜　菜		94068	517					
蔬菜及食用菌	640	273022	11553	36497	4465	27555	24375	2075
瓜果类	71	62163	44115	108900	23068	15060	64942	900

12－20 林业生产情况(2013 年)

项　目	单位	全市	东胜区	达拉特旗	准格尔旗
荒山荒(沙)地造林面积	千公顷	61.1	4.5	2.0	9.1
人工造林	千公顷	44.8	4.5	2.0	7.4
飞机播种	千公顷	7.3			
无林地和疏林地新封	千公顷	9.0			1.7
按经济成分分组	千公顷				
公有经济造林	千公顷	27.8			9.0
国有经济造林	千公顷	27.8			9.0
集体经济造林	千公顷				
非公有经济造林	千公顷	26.0	4.5	2.0	
按用途分组	千公顷				
# 经济林	千公顷	2.4			
防护林	千公顷	51.5	4.5	2.0	9.0
年末实有封山封(沙)育林面积	千公顷	286.2	6.9	16.8	36.0
零星(四旁)植树	万株	109.5	14.5	45.0	

12－20 续表

项　目	单位	鄂托克前旗	鄂托克旗	杭锦旗	乌审旗	伊金霍洛旗
荒山荒(沙)地造林面积	千公顷	6.1	7.0	25.7	3.7	2.8
人工造林	千公顷	6.1	7.0	11.1	3.7	2.8
飞机播种	千公顷			7.3		
无林地和疏林地新封	千公顷			7.3		
按经济成分分组	千公顷					
公有经济造林	千公顷			18.4		0.3
国有经济造林	千公顷			18.4		0.3
集体经济造林	千公顷					
非公有经济造林	千公顷	6.1	7.0		3.7	2.8
按用途分组	千公顷					
# 经济林	千公顷			2.3	0.1	
防护林	千公顷	6.1	7.0	16.1	3.6	2.8
年末实有封山封(沙)育林面积	千公顷	23.2	40.7	97.0	33.0	17.3
零星(四旁)植树	万株	25.0		25.0		

12－21 分旗区草原、林业、水果及水产品情况(2013年)

指标	全市	东胜区	达拉特旗	准格尔旗	鄂托克前旗	鄂托克旗	杭锦旗	乌审旗	伊金霍洛旗
草原总面积(千公顷)	6959	163	488	475	1108	2045	1333	881	466
#可利用面积	6745	156	442	462	1108	2045	1333	765	434
人工种草保有面积(万亩)	1936	6	188	260	378	234	347	486	37
#当年种草面积(万亩)	354	3	50	37	37	60	85	68	14
退牧还草面积(万亩)	370			30	80	120	100	10	30
草原生态补助奖励机制补贴面积(万亩)	10069	234	598	712	1662	3068	2000	1145	650
园林水果产量合计(吨)	8143		1556	1555	1885	42		3105	
#苹果	5119		1211	232	1496	19		2161	
年末果园面积合计(公顷)	5114		558	1425	1246	18		1867	
#苹果园	2307		368	490	1155	12		282	
水产品产量(鱼,吨)	15573	330	5705	2500	360	2038	1800	1458	1382

12－22 林业重点工程

指　标	单位	2001	2002	2003	2004	2005	2006
退牧还草工程任务面积	千公顷			340	198.7	443.3	406.7
天然林资源保护工程	千公顷	114.7	90.7	77.3	71.3	67.3	39.3
人工造林	千公顷						
飞播造林	千公顷	112.0	89.3	72.0	56.0	45.3	29.3
封山育林	千公顷	2.7	1.3	5.3	15.3	22.0	10.0
退耕还林工程	千公顷	24.3	74.6	92.0	60.9	34.0	7.0
荒山荒地造林	千公顷	15.6	49.3	58.7	58.7	20.0	5.3
退耕地造林	千公顷	8.7	25.3	33.3	2.2	10.7	1.7
封山育林	千公顷					3.3	
退耕还林后续产业	千公顷						
“三北”防护林工程	千公顷				1.3	7.5	4.5
人工造林	千公顷				1.3	7.5	4.5
林业重点工程造林面积	千公顷	139.0	165.3	169.3	133.6	108.9	50.9
本年新封山育林面积	千公顷	2.7	1.3	5.3	15.3	25.3	10.0
年末实有自然保护区	个	6	6	9	9	9	9
# 国家级	个	2	2	2	2	2	2
年末实有自然保护区面积	千公顷	557.8	557.8	859.8	859.8	859.8	859.8

2007	2008	2009	2010	2011	2012	2013
620	340	333.3	326.7	346.6	226.7	
44.0	60.7	24.0	26.7	27.0	25.0	19.3
				3.3	3.7	1.3
20.0	20.0	4.0	8.0	16.7	13.3	13.3
24.0	40.7	20.0	18.7	7.0	8.0	4.7
10.7	12.0	8.7	6.7	6.7	3.3	10.5
10.7	3.3	4.7	2.7	4.0	3.3	1.3
	8.7	4.0	4.0	2.7		0.7
	4.4	3.6	4.5	8.9	6.8	8.5
7.9	26.6	9.3	20.0	15.3	12.3	
7.9	26.6	9.3	20.0	15.3	12.3	
62.6	103.6	45.6	57.9	57.9	47.4	
24.0	49.3	24.0	22.7	9.7	8.0	5.3
9	10	10	10	10	10	10
2	2	2	2	2	2	2
897.8	897.8	897.8	897.8	897.8	897.8	897.9

12－23 牲畜总头数和总增头数

单位：头（只）

指　标	2012			2013		
	总头数		总增头数	总头数		总增头数
	年中数	年末数		年中数	年末数	
大牲畜和羊合计	11305890	7086608	3880563	11202684	7154705	6004056
大牲畜	333078	254204	91545	348371	253807	110867
牛	282376	211100	86200	296886	209508	104636
#良种及改良种乳牛	58455	41862	9748	56877	42542	24260
#黑白花乳用牛	36914	32287	8397	35082	32267	12529
马	12058	8420	969	12332	9353	1574
驴	18848	17653	2958	19324	17336	3002
骡	16072	15445	844	15316	14895	1011
骆　驼	3724	1586	574	4513	2715	644
羊	10972812	6832404	3789018	10854313	6900898	5896189
绵　羊	5131743	2571246	1313087	4977994	2793439	2889291
#细毛羊及改良羊	1290119	960446		1247758	1078741	
半细毛羊及改良羊	115769	41723		111070	43515	
山　羊	5841069	4261158	2475931	5876319	4107459	3006898
生　猪	778222	431357	596056	1032558	427900	897209

12－24 主要年份牲畜总头数

单位:万头(万只)

年份	年末数	大牲畜	羊	生猪	年中数	大牲畜	羊	生猪
1957	336.1	40.2	286.6	9.3	381.5	45.1	325.5	10.9
1965	509.1	44.9	448.9	15.3	639.5	54.6	565.2	19.7
1970	511.3	47.7	448.7	14.9	596.7	49.7	527.4	19.6
1975	489.2	36.4	429.0	23.7	605.2	38.6	538.4	28.2
1978	495.7	35.0	430.0	30.7	594.8	36.7	518.6	39.5
1980	500.9	34.3	436.5	30.1	649.1	39.1	569.0	41.0
1981	527.7	33.2	468.3	26.3	623.6	35.8	554.1	33.7
1982	523.8	31.3	467.8	24.7	679.7	35.3	613.4	31.0
1983	441.9	28.8	387.9	25.1	540.8	30.4	479.8	30.6
1984	476.9	29.9	421.5	25.5	581.3	30.8	519.2	31.3
1985	497.5	31.6	438.2	27.7	605.8	32.4	539.5	33.9
1986	477.9	31.6	417.9	28.4	614.9	33.5	545.6	35.8
1987	447.1	28.4	392.1	26.6	599.0	32.7	530.6	35.7
1988	486.1	27.7	430.6	27.8	580.4	29.3	520.0	31.1
1989	502.3	27.0	446.2	29.1	637.1	28.8	573.3	35.0
1990	497.3	26.4	440.0	30.9	659.7	28.0	594.0	37.7
1991	449.7	24.0	393.2	32.5	671.6	26.5	603.4	41.7
1992	438.4	23.1	376.2	39.1	622.9	24.7	547.8	50.4
1993	433.3	22.7	367.0	43.6	612.3	23.6	532.2	56.5
1994	463.5	22.9	393.0	47.6	617.6	23.8	531.5	62.3
1995	504.6	23.8	430.5	50.3	685.8	24.3	594.8	66.7
1996	524.8	25.0	452.7	47.2	735.3	26.9	633.8	74.6
1997	520.5	24.3	447.3	48.9	756.4	27.0	657.0	72.4
1998	524.5	24.2	448.9	51.4	764.8	28.4	653.2	83.2
1999	464.7	23.1	392.8	48.8	724.7	28.6	620.2	75.9
2000	418.3	22.1	351.6	44.6	614.9	26.6	523.5	64.8
2001	454.4	19.0	391.4	44.0	625.8	21.9	543.7	60.2
2002	521.7	19.2	459.8	42.7	637.2	18.6	558.6	60.0
2003	651.1	22.6	580.6	47.9	820.2	22.9	725.9	71.4
2004	809.0	28.1	726.3	54.6	1094.0	33.3	978.7	82.0
2005	794.7	32.1	711.7	50.9	1383.2	38.3	1261.3	83.6
2006	901.2	39.5	811.1	50.6	1498.8	38.4	1367.7	92.7
2007	831.4	30.4	758.3	42.7	1351.3	33.0	1253.7	64.6
2008	832.9	28.0	763.5	41.4	1316.3	28.0	1227.6	60.7
2009	808.6	24.5	742.0	42.1	1294.8	30.0	1193.1	71.6
2010	826.3	24.6	759.3	42.4	1266.1	31.0	1163.5	71.6
2011	760.9	25.4	693.1	42.5	1213.2	31.3	1113.7	68.2
2012	751.8	25.4	683.2	43.1	1208.4	33.3	1097.3	77.8
2013	758.3	25.4	690.1	42.8	1223.5	34.8	1085.4	103.3

12－25 主要年份大牲畜和羊(年末数)

单位:万头(万只)

年 份	合 计	牛	马	驴	骡	骆 驼	绵 羊	山 羊
1957	326.7	23.5	9.3	5.3	0.9	1.1	99.0	187.6
1965	493.8	24.8	9.7	7.2	1.7	1.5	152.5	296.4
1970	496.4	22.3	11.6	8.9	3.4	1.5	167.6	281.1
1975	465.5	13.2	9.4	7.6	4.6	1.7	181.6	247.4
1978	465.0	12.5	9.0	7.0	4.6	1.9	197.1	232.9
1980	470.8	11.5	8.6	7.5	4.8	1.9	228.9	207.6
1981	501.4	9.6	8.9	7.8	5.1	1.8	251.6	216.6
1982	499.1	7.7	8.6	7.9	5.4	1.7	262.9	204.9
1983	416.7	5.6	8.0	8.1	5.7	1.3	222.6	165.4
1984	451.5	5.4	8.3	8.8	6.2	1.3	239.3	182.2
1985	469.8	6.0	8.5	9.3	6.5	1.3	244.8	193.4
1986	449.4	6.0	8.1	9.4	6.9	1.2	231.5	186.3
1987	420.5	5.3	6.7	8.7	6.8	0.9	214.1	178.0
1988	458.3	5.0	6.0	8.8	7.1	0.8	229.4	201.2
1989	473.2	5.0	5.4	8.7	7.2	0.7	229.2	217.0
1990	466.4	4.6	4.9	8.8	7.5	0.6	223.0	217.0
1991	417.2	3.7	4.1	8.2	7.6	0.4	203.7	189.5
1992	399.4	3.4	3.7	8.1	7.6	0.3	203.6	172.7
1993	389.6	3.3	3.4	8.0	7.7	0.2	198.9	168.1
1994	415.9	3.6	3.2	7.9	8.0	0.2	210.3	182.7
1995	454.3	4.2	3.2	7.9	8.4	0.2	223.7	206.7
1996	477.7	4.6	2.7	8.5	9.0	0.2	238.5	214.2
1997	471.7	5.5	2.7	7.9	8.1	0.2	241.8	205.5
1998	473.1	5.8	2.6	7.6	8.1	0.1	234.6	214.3
1999	415.9	5.9	2.4	7.1	7.6	0.1	210.2	182.6
2000	373.7	6.4	2.0	6.6	7.0	0.1	180.2	171.4
2001	410.4	6.0	1.5	5.3	6.1	0.1	166.4	225.0
2002	479.0	7.7	1.3	4.8	5.3	0.1	180.6	279.2
2003	603.2	12.4	1.2	4.3	4.6	0.1	239.5	341.1
2004	754.4	19.5	0.9	3.8	3.8	0.1	325.7	400.6
2005	743.8	24.6	0.8	3.3	3.3	0.1	321.5	390.2
2006	850.5	33.1	0.6	2.9	2.8	0.1	380.5	430.6
2007	788.7	24.3	0.6	2.7	2.7	0.1	269.1	489.2
2008	791.5	22.1	0.7	2.5	2.6	0.1	272.0	491.5
2009	766.6	19.8	0.6	2.1	1.9	0.1	263.8	478.2
2010	783.9	20.2	0.7	1.9	1.7	0.1	279.5	479.8
2011	718.5	21.1	0.8	1.8	1.6	0.1	261.6	431.4
2012	708.7	21.1	0.8	1.8	1.5	0.2	257.1	426.1
2013	715.5	21.0	0.9	1.7	1.5	0.3	279.3	410.7

12－26 主要年份大牲畜和羊(年中数)

单位:万头(万只)

年 份	合 计	牛	马	驴	骡	骆 驼	绵 羊	山 羊
1957	370.6	26.3	10.7	5.8	1.0	1.2	113.6	212.0
1965	619.8	31.9	11.4	8.0	1.7	1.6	199.1	366.1
1970	577.1	23.5	12.1	9.1	3.4	1.6	198.7	328.7
1975	577.0	14.4	9.9	7.8	4.7	1.8	227.5	310.9
1978	555.2	13.3	9.5	7.2	4.7	2.0	233.2	285.3
1980	608.1	15.1	9.5	7.6	4.8	2.0	277.5	291.6
1981	589.9	11.5	9.4	7.8	5.1	2.0	286.8	267.3
1982	648.6	10.1	9.6	8.1	5.4	2.0	326.0	287.4
1983	510.2	6.7	8.3	8.1	5.7	1.6	265.0	214.8
1984	550.0	5.9	8.6	8.7	6.2	1.4	287.7	231.5
1985	571.9	6.1	8.7	9.5	6.6	1.4	298.6	241.0
1986	579.1	6.7	8.6	9.9	7.0	1.4	300.7	244.8
1987	563.3	6.6	7.8	9.8	7.3	1.2	292.5	238.1
1988	549.3	5.6	6.3	9.1	7.4	0.9	277.1	242.9
1989	602.1	5.5	5.8	9.1	7.5	0.8	293.3	280.1
1990	622.1	5.2	5.1	9.2	7.9	0.7	293.9	300.1
1991	629.9	4.4	4.4	9.1	8.0	0.6	300.3	303.1
1992	572.4	3.7	3.7	8.7	8.2	0.3	279.9	267.9
1993	555.8	3.6	3.2	8.4	8.1	0.2	270.9	261.4
1994	555.3	3.7	3.0	8.4	8.5	0.2	281.7	249.8
1995	619.1	4.1	3.0	8.3	8.7	0.2	303.6	291.2
1996	660.7	5.2	3.1	9.0	9.4	0.2	329.1	304.7
1997	684.0	6.2	3.0	8.7	8.9	0.2	341.1	315.9
1998	681.6	7.9	3.1	8.5	8.8	0.2	337.5	315.6
1999	648.8	8.4	3.1	8.4	8.4	0.2	321.0	299.3
2000	550.1	8.2	2.7	7.8	7.7	0.2	272.7	250.8
2001	565.6	7.8	1.7	5.9	6.4	0.1	242.6	301.1
2002	577.2	7.0	1.4	4.9	5.2	0.1	218.4	340.2
2003	748.8	12.7	1.2	4.3	4.6	0.1	296.1	429.8
2004	1012.0	23.8	1.1	4.0	4.3	0.1	432.4	546.4
2005	1299.5	29.7	0.9	3.7	3.8	0.1	582.7	678.5
2006	1406.1	30.1	1.0	3.6	3.6	0.1	622.1	745.6
2007	1286.6	25.6	0.9	3.1	3.1	0.1	511.1	742.6
2008	1255.6	21.5	0.8	2.9	2.6	0.3	495.0	732.6
2009	1223.2	24.2	0.8	2.5	2.3	0.3	487.2	705.9
2010	1194.5	25.4	0.9	2.3	2.1	0.3	512.2	651.2
2011	1145.0	26.3	0.9	2.0	1.8	0.3	500.7	613.0
2012	1130.6	28.2	1.2	1.9	1.6	0.4	513.2	584.1
2013	1120.3	29.7	1.2	1.9	1.5	0.5	497.8	587.6

12－27 分旗区牲畜总头数(2013年,年末数)

单位:头(只)

指　　标	东胜区	达拉特旗	准格尔旗	鄂托克前旗	鄂托克旗	杭锦旗	乌审旗	伊金霍洛旗
牲畜总头数	80005	2009793	541462	900573	1099239	1471388	1080143	400002
大牲畜和羊合计	70832	1948273	489295	841837	1058655	1436980	937406	371427
大牲畜	4017	57745	12953	35001	28017	20853	86054	9167
牛	3427	44212	4846	30866	24129	13900	80937	7191
马	30	1329	114	1026	2398	2058	1902	496
驴	458	5098	4770	1890	939	1954	1088	1139
骡	102	7001	3223	1059	183	866	2124	337
骆　驼		105		160	368	2075	3	4
羊	66815	1890528	476342	806836	1030638	1416127	851352	362260
绵　羊	7010	816213	117198	453466	172544	287612	837338	102058
山　羊	59805	1074315	359144	353370	858094	1128515	14014	260202
生　猪	9173	61520	52167	58736	40584	34408	142737	28575

12－28 分旗区牲畜总头数(2013年,年中数)

单位:头(只)

指　　标	东胜区	达拉特旗	准格尔旗	鄂托克前旗	鄂托克旗	杭锦旗	乌审旗	伊金霍洛旗
牲畜总头数	73587	3074044	783040	2261066	1579814	2043866	1984498	435327
大牲畜和羊合计	60111	2931561	709136	2199264	1537286	1982261	1381133	401932
大牲畜	3008	66893	9939	96574	28665	38085	94289	10918
牛	2574	50395	2677	89777	24426	29760	87990	9287
马	39	2399	28	3022	2608	1377	2331	528
驴	284	5889	4131	3075	908	2694	1426	917
骡	111	7770	3059	412	235	1006	2539	184
骆　驼		440	44	288	488	3248	3	2
羊	57103	2864668	699197	2102690	1508621	1944176	1286844	391014
绵　羊	13611	1244092	277752	1402304	223467	607740	1125567	83461
山　羊	43492	1620576	421445	700386	1285154	1336436	161277	307553
生　猪	13476	142483	73904	61802	42528	61605	603365	33395

12－29 牲畜增减变化情况(2013 年,年末数)

单位:头(只)

指　标	繁殖仔畜		成活仔畜		成幼畜死亡	
	头　数	繁殖率(%)	头　数	成活率(%)	头　数	死亡率(%)
牲畜总头数	**4534075**	**107.4**	**4481308**	**98.8**	**54343**	**0.7**
大牲畜和羊合计	3891224	93.8	3844132	98.8	47768	0.7
大牲畜	98534	76.8	97315	98.8	1030	0.4
牛	92315	78.1	91360	99.0	895	0.4
马	1358	37.9	1315	96.8	16	0.2
驴	3017	56.0	2852	94.5	33	0.2
骡	942		921	97.8	11	0.1
骆　驼	902	76.6	867	96.1	75	4.7
羊	3792690	94.4	3746817	98.8	46738	0.7
绵　羊	1440966	97.9	1428466	99.1	20748	0.8
山　羊	2351724	92.3	2318351	98.6	25990	0.6
生　猪	642851	865.0	637176	99.1	6575	1.5

12－29 续表

单位:头(只)

指　标	自宰自食头数		出卖牲畜头数		
	合　计	自食率(%)	合　计	出卖肉畜	出卖率(%)
牲畜总头数	**1087343**	**14.5**	**5145722**	**4252211**	**68.4**
大牲畜和羊合计	920593	13.0	4257327	3479165	60.1
大牲畜	22645	8.9	131042	81213	51.5
牛	21725	10.3	121874	74275	57.7
马	54	0.6	1542	997	18.3
驴	470	2.7	4192	3398	23.7
骡	319	2.1	2688	2033	17.4
骆　驼	77	4.9	746	510	47.0
羊	897948	13.1	4126285	3397952	60.4
绵　羊	325245	12.6	1338085	1097704	52.0
山　羊	572703	13.4	2788200	2300248	65.4
生　猪	166750	38.7	888395	773046	206.0

12－30　牲畜增减变化情况(2013年,年中数)

单位:头(只)

指　　标	繁殖仔畜		成活仔畜		成幼畜死亡	
	头　数	繁殖率(%)	头　数	成活率(%)	头　数	死亡率(%)
牲畜总头数	**7131448**	**106.9**	**6988102**	**98.0**	**83839**	**0.7**
大牲畜和羊合计	6176419	95.0	6083091	98.5	76035	0.7
大牲畜	113212	79.1	111688	98.7	821	0.2
牛	106797	80.7	105374	98.7	738	0.3
马	1610	51.1	1591	98.8	17	0.1
驴	3087	51.3	3046	98.7	44	0.2
骡	1025		1019	99.4	8	
骆　驼	693	42.3	658	94.9	14	0.4
羊	6063207	95.4	5971403	98.5	75214	0.7
绵　羊	2986541	103.0	2933706	98.2	44415	0.9
山　羊	3076666	89.0	3037697	98.7	30799	0.5
生　猪	955028	561.8	905011	94.8	7802	1.0

12－30　续表

单位:头(只)

指　　标	自宰自食头数		出卖牲畜头数		
	小　计	自食率(%)	小　计	出卖肉畜头数	出卖率(%)
牲畜总头数	**1621386**	**13.4**	**6482884**	**5077634**	**42.0**
大牲畜和羊合计	1416169	12.5	5696991	4435438	39.2
大牲畜	19538	5.9	123585	80865	24.3
牛	18514	6.6	112596	74680	26.4
马	124	1.0	2756	1598	13.3
驴	658	3.5	5157	2779	14.7
骡	206	1.3	2503	1594	9.9
骆　驼	36	1.0	573	214	5.7
羊	1396631	12.7	5573406	4354573	39.7
绵　羊	561619	10.9	2773088	2049219	39.9
山　羊	835012	14.3	2800318	2305354	39.5
生　猪	205217	26.4	785893	642196	82.5

12－31 能繁殖母畜、耕役畜及改良畜(2013年,年末数)

单位:头(只)

指　　标	能繁殖母畜	耕役畜	良种牲畜	改良种牲畜
牲畜总头数	4221959	17183	3898258	3457257
大牲畜和羊合计	4147643	17183	3602352	3340864
大牲畜	128326	17183	181771	38559
牛	118173	4742	167428	31574
马	3586	1905	2508	2657
驴	5390	6361	11026	3845
骡		4140		
骆　驼	1177	35	809	483
羊	4019317		3420581	3302305
绵　羊	1471963		1749707	1007562
山　羊	2547354		1670874	2294743
生　猪	74316		295906	116393

12－32 能繁殖母畜、耕役畜及改良畜(2013年,年中数)

单位:头(只)

指　　标	能繁殖母畜	耕役畜	良种牲畜	改良种牲畜
牲畜总头数	6668094	22289	6968873	4653772
大牲畜和羊合计	6498113	22289	6140736	4469952
大牲畜	143090	22289	196596	62263
牛	132280	4937	177883	52131
马	3151	2576	5699	2916
驴	6021	7838	11197	5133
骡		6867		
骆　驼	1638	71	1817	2083
羊	6355023		5944140	4407689
绵　羊	2899633		3250871	1421060
山　羊	3455390		2693269	2986629
生　猪	169981		828137	183820

12－33 主要年份主要畜产品产量

年 份	猪牛羊肉（吨）	山羊毛（吨）	绵羊毛（吨）	山羊绒（吨）	山羊皮（万张）	绵羊皮（万张）	牛 奶（吨）
1957	12770	470	1158	340	50.4	36.9	1059
1965	15410	728	2225	592	26.3	39.0	930
1970	13965	632	2350	476	45.9	30.9	1390
1975	17735	610	3260	507	49.7	41.3	897
1978	19405	574	3864	407	36.9	32.9	1047
1980	19682	654	6298	492	42.2	36.7	433
1981	17729	571	5968	492	29.7	29.1	687
1982	28257	649	8529	519	41.6	41.7	613
1983	28881	410	7444	457	47.0	55.9	913
1984	26533	437	5399	437	27.5	29.7	886
1985	28515	587	7275	486	30.5	40.3	951
1986	30763	411	6192	394	36.6	44.7	1247
1987	34003	379	6697	408	30.2	44.7	1738
1988	35264	419	7036	396	23.7	37.2	1395
1989	43960	388	7677	416	30.4	39.7	1691
1990	44339	397	7731	441	50.3	51.4	2173
1991	51440	414	6350	444	71.8	73.4	1639
1992	45790	423	6285	480	78.2	81.3	1656
1993	49396	422	6317	555	81.7	90.5	1197
1994	52387	471	6894	591	58.7	79.1	882
1995	61501	561	7802	649	72.7	78.5	2080
1996	81236	712	9191	696	103.5	110.5	3975
1997	94230	725	9831	739	156.8	139.4	5230
1998	82419	724	10067	751	89.1	97.4	5106
1999	94812	689	9013	672	114.9	117.1	7710
2000	85506	587	7674	559	96.3	114.3	9721
2001	80632	734	6780	733	88.5	102.2	7795
2002	77523	715	6052	821	93.8	94.3	25855
2003	119021	1137	7285	1053	138.4	115.4	136461
2004	139823	1257	8081	1336	173.9	151.4	248115
2005	158249	1562	9119	1723	256.1	278.7	260139
2006	173149	1714	9553	1734	240.9	245.6	291018
2007	143303	1971	7136	1642	273.7	214.6	295155
2008	136301	2228	7667	2155	269.0	159.3	285773
2009	135805	6642	8194	1808	271.4	165.0	285000
2010	143893	2020	10005	2620	302.4	162.3	285494
2011	145473	2029	12498	2654	243.0	187.5	267007
2012	146925	1872	11864	2549	259.0	155.8	137726
2013	155519	4186	11937	2710	255.0	147.6	130840

12－34 主要畜禽产品产量

指　　标	2012	2013	2013 年比 2012 年增长(%)
当年出栏肉猪头数(头)	712400	724796	1.7
当年出售和自宰肉用牛(头)	98002	96000	-2.0
当年出售和自宰肉用羊(只)	4235200	4295900	1.4
当年肉类总产量(吨)	150102	155608	3.7
#猪　肉	55560	53713	-3.3
牛　肉	15346	15572	1.5
羊　肉	76019	81804	7.6
奶类产量(吨)	165249	155357	-6.0
#牛　奶	137726	130840	-5.0
山羊毛产量(吨)	1872	4186	123.6
绵羊毛产量(吨)	11864	11937	0.6
山羊绒产量(吨)	2549	2710	6.3
蜂蜜产量(吨)	34	26	-23.5
禽蛋产量(吨)	7095	7240	2.0
年末实有家禽(万只)	98	97	-1.0
年内牛皮产量(张)	94453	102240	8.2
绵羊皮产量(万张)	155.84	147.55	-5.3
山羊皮产量(万张)	258.96	255.00	-1.5
驼绒产量(吨)	7.00	11.63	66.1
出售肉类总量(吨)	106230	134007	26.1
#猪　肉	47415	79278	67.2
牛　肉	10651	11205	5.2
羊　肉	46345	43268	-6.6
出售羊毛数量(吨)	4858	6432	32.4

主要统计指标解释

农林牧渔业总产值 指以货币表现的农、林、牧、渔业全部产品的总量，它反映一定时期内农业生产总规模和总成果。农业总产值的计算方法通常是按农林牧渔业产品及其副产品的产量分别乘以各自单位产品价格求得；少数生产周期较长，当年没有产品或产品产量不易统计的，则采用间接方法匡算其产值；然后将四业产品产值相加即为农业总产值。

粮食产量 指全社会的产量。包括国有经济经营的、集体统一经营的和农民家庭经营的粮食产量，还包括工矿企业办的农场和其他生产单位的产量。粮食除包括稻谷、小麦、玉米、高粱、谷子及其他杂粮外，还包括薯类和豆类。其产量计算方法，豆类按去豆荚后的干豆计算；薯类(包括甘薯和马铃薯，不包括芋头和木薯)1963 年以前按每 4 公斤鲜薯折 1 公斤粮食计算，从 1964 年开始改为按 5 公斤鲜薯折 1 公斤粮食计算。城市郊区作为蔬菜的薯类(如马铃薯等)按鲜品计算，并且不作粮食统计。其他粮食一律按脱粒后的原粮计算。

油料产量 指全部油料作物的生产量。包括花生、油菜籽、芝麻、向日葵籽、胡麻籽(亚麻籽)和其他油料。不包括大豆，木本油料和野生油料。花生以带壳干花生计算。

水产品产量 指人工养殖的水产品和天然生长的水产品的捕捞量。包括海水的鱼类、虾蟹类、贝类和藻类以及内陆水域的鱼类、虾蟹类和贝类，不包括淡水生植物。

猪、牛、羊肉产量 指当年出栏并已屠宰、除去头蹄下水后带骨肉(即胴体重)的重量。

牲畜总增头数 是反映牲畜的总体增长情况、牲畜头数增殖情况和死亡损失情况的一项数量指标，以大畜、小畜和猪分畜种计算。

总增头数＝

期内繁殖成活仔畜头数—期内成幼畜死亡头数

期末牲畜存栏头数 指调查期末农村各种合作经济组织和国营农场，农民个人，机关、团体、学校、工矿企业，部队等单位以及城镇居民饲养的大牲畜、猪、羊的存栏头数。

耕地面积 指可以用来种植农作物、经常进行耕锄的田地，包括熟地、当年新开荒地、连续撂荒未满三年的耕地和当年的休闲地(轮歇地)，还包括以种植农作物为主并附带种植桑树、茶树、果树和其他林木的土地，以及沿海、沿湖地区已围垦利用的“海涂”、“湖田”等面积。不包括属于专业性的桑园、茶园、果园、果木苗圃、林地、芦苇地、天然或人工草地面积。

农作物播种面积 指实际播种或移植有农作物的面积。凡是实际种植有农作物的面积，不论种植在耕地上还是种植在非耕地上，均包括在农作物播种面积中。在播种季节基本结束后，因遭灾而重新改种和补种的农作物面积，也包括在内。

有效灌溉面积 指具有一定的水源，地块比较平整，灌溉工程或设备已经配套，在一般年景下当年能够进行正常灌溉的耕地面积。

农用化肥施用量 指本年内实际用于农业生产的化肥数量，包括氮肥、磷肥、钾肥和复合肥。化肥施用量要求按折纯量计算数量。折纯量是把氮肥、磷肥、钾肥分别按含氮、含五氧化二磷、含氧化钾的百分之一百成份进行折算后的数量。复合肥按其所含主要成分折算。

农业机械总动力 指主要用于农、林、牧、渔业的各种动力机械的动力总和。包括耕作机械、排灌机械、收获机械、农用运输机械、植物保护机械、牧业机械、林业机械、渔业机械和其他农业机械[内燃机按引擎马力折成瓦(特)计算、电动机按功率折成瓦(特)计算]。不包括专门用于乡、镇、村、组办工业、基本建设、非农业运输、科学试验和教学等非农业生产方面用的动力机械与作业机械。

十三、工业

鄂尔多斯机场

13－1 年销售收入2000万元以上全部独立法人工业企业单位数和工业总产值

指　标	2006	2007	2008	2009	2010	2011	2012	2013
单位企业个数(个)	**443**	**420**	**469**	**488**	**451**	**385**	**371**	**390**
在总计中:								
国有控股	39	29	34	33	35	51	29	64
在总计中:								
轻工业	93	84	78	97	84	54	43	37
重工业	350	336	391	391	367	331	328	353
在总计中:								
国有企业	21	15	17	19	19	24	29	19
集体企业	12	13	14	12	12	11	7	6
联营企业						1		
股份合作企业	6	5	3	4	4	3	5	1
有限责任公司	145	132	175	185	179	159	191	236
股份有限公司	25	22	26	25	26	28	27	29
私营企业	207	207	210	218	191	136	74	73
其他经济类型企业	2	1				4	21	8
港澳台及外商投资企业	25	25	24	25	20	19	17	18
工业总产值(现价、亿元)	634.98	959.56	1613.58	1897.97	2681.07	3745.03	3983.66	4267.94
在总计中:								
国有控股	194.50	300.83	463.40	572.06	771.09	1068.73	1126.42	1242.82
在总计中:								
轻工业	93.25	114.11	109.91	129.80	200.41	212.41	197.53	235.03
重工业	541.73	845.45	1503.67	1768.17	2480.66	3532.63	3786.13	4032.91
在总计中:								
国有企业	36.08	70.21	112.53	100.65	200.32	292.96	367.02	424.12
集体企业	2.35	3.00	10.87	9.58	14.72	21.18	2.98	4.03
联营企业						1.20		
股份合作企业	16.88	36.86	54.10	59.47	111.20	197.50	220.50	0.96
有限责任公司	298.85	441.30	715.20	913.20	1109.45	1486.10	1821.40	2048.50
股份有限公司	91.73	98.60	201.90	301.64	437.36	780.60	884.29	1073.92
私营企业	127.50	164.00	299.10	371.47	566.63	737.80	342.10	336.06
其他经济类型企业	0.38	0.79				18.80	149.87	41.53
港澳台及外商投资企业	61.10	144.90	219.80	141.95	241.09	208.82	195.45	338.80

13－2 年销售收入2000万元以上全部独立法人工业企业年平均人数

单位:人

指　　标	2012	2013
总　计	184228	189870
按登记注册类型分		
国有企业	22166	31437
集体企业	711	553
股份合作企业	8338	32
有限责任公司	93586	93362
股份制有限公司	27156	26947
私营企业	16855	14764
外商投资企业	8311	18478
港、澳、台投资企业	2449	3312
按工业行业划分		
煤炭开采和洗选业	103750	105613
石油和天然气开采业	518	712
非金属矿采选业	723	658
农副食品加工业	474	323
食品制造业	915	1360
饮料制造业	852	1112
纺织业	10426	10097
纺织服装、鞋、帽制造业	107	85
木材加工及木、竹、藤、棕、草制品业	140	140
造纸及纸制品业	98	
印刷业和记录媒介的复制	223	231
石油加工、炼焦及核燃料加工业	11866	12030
化学原料及化学制品制造业	17657	18177
医药制造业	619	613
塑料制品业	326	566
非金属矿物制品业	4586	4514
黑色金属冶炼及压延加工业	14249	12711
有色金属冶炼及压延加工业	363	489
金属制品制造业	433	507
通用设备制造业	334	375
专用设备制造业	928	899
交通运输设备制造业	971	2422
电气机械及器材制造业	199	201
废弃资源和废旧材料回收加工业	80	
电力、热力的生产和供应业	11929	14442
燃气生产和供应业	565	694
水的生产和供应业	855	899

13－3 分旗区年销售收入2000万元以上全部独立法人工业企业单位数和工业总产值(2013年)

单位:万元

地 区	规模以上工业企业		#国有企业		#集体企业	
	企业单位数(个)	总产值(当年价)	企业单位数(个)	总产值(当年价)	企业单位数(个)	总产值(当年价)
东胜区	62	4711280.60	2	495833.60		
达拉特旗	56	6092083.50	1	29173.20		
准格尔旗	114	11336948.00	5	2488316.00	3	9918.00
鄂托克前旗	15	1454479.50				
鄂托克旗	51	5410084.00	2	138380.70	1	1795.10
杭锦旗	20	157682.70	1	17687.20		
乌审旗	15	5659707.90	1	27362.60		
伊金霍洛旗	57	7857086.10	7	1044428.20	2	28635.80

13－3 续表1

单位：万元

地　区	#股份合作企业		#有限责任公司		#外商及港澳台商投资企业	
	企业单位数(个)	总产值(当年价)	企业单位数(个)	总产值(当年价)	企业单位数(个)	总产值(当年价)
东 胜 区			46	2610166.70	3	927986.50
达拉特旗			37	3975044.30	3	225634.00
准格尔旗			73	4841479.70	6	133178.60
鄂托克前旗			11	848218.30		
鄂托克旗			25	2143523.70	4	1865827.90
杭 锦 旗			12	42209.00		
乌 审 旗			7	238382.70	1	128835.30
伊金霍洛旗	1	9619.40	25	5786019.70	1	106539.30

13－3 续表2

单位：个、万元

地　区	轻工业		重工业		大型企业		中型企业		小型企业		微型企业	
	企业单位数	总产值(当年价)	企业单位数	总产值(当年价)	企业单位数	总产值(当年价)	企业单位数	总产值(当年价)	企业单位数	总产值(当年价)	企业单位数	总产值(当年价)
东 胜 区	15	259002.60	47	4452278.00	4	2139343.60	15	888053.00	43	1683884.00		
达拉特旗	10	1984546.70	46	4107536.80	3	1769992.30	9	410918.30	44	3911172.90		
准格尔旗	3	22720.30	111	11314227.70	9	7771063.10	19	1446258.70	86	2119626.20		
鄂托克前旗	3	58492.30	12	1395987.20	4	592650.10	1	35993.40	10	825836.00		
鄂托克旗	2	17478.80	49	5392605.20	8	4675509.10	5	414438.40	38	320136.50		
杭 锦 旗	3	8010.00	17	149672.70			2	43249.30	18	114433.40		
乌 审 旗	1		14	5659707.90			3	5242647.50	12	417060.40		
伊金霍洛旗			57	7857086.10	6	5702528.90	15	1069253.00	36	1085304.20		

13—4　年销售收入2000万元以上全部独立法人工业企业主要经济指标(2013年)

单位:万元

指　　标	企业单位数(个)	亏损企业	工业总产值(当年价格)	工业销售产值(当年价格)
总　计	390	90	42679352.30	45295054.20
在总计中:国有控股企业	64	11	12428218.40	11708960.70
按轻重工业分				
轻工业	37	10	2350250.70	2417096.80
重工业	353	80	40329101.60	42877957.40
按企业规模分				
大型企业	34	2	22651087.10	25424230.50
中型企业	69	14	9550811.60	9549164.30
小型企业	287	74	10477453.60	10321659.40
微型企业				
按登记注册类型分				
内资企业	372	84	39291350.70	41974300.90
国有企业	19	1	4241181.50	3914476.20
集体企业	6	2	40348.90	40348.90
股份合作企业	1	1	9619.40	9619.40
有限责任公司	236	55	20485044.10	23573889.90
国有独资公司	8	1	4444588.10	4441982.40
其他有限责任公司	228	54	16040456.00	19131907.50
股份有限公司	29	7	10739243.60	10760764.30
私营企业	73	17	3360609.90	3286413.30
其他企业	8	1	415303.30	388788.90
港、澳、台商投资企业	8	3	214410.90	214265.60
外商投资企业	10	3	3173590.70	3106487.70

13－4 续表1

单位:万元

指　　标	资产总计	流动资产合计	固定资产合计	固定资产原价
总　计	**66992473.50**	**23242247.20**	**26974662.40**	**34640054.40**
在总计中:国有控股企业	22850925.60	6747691.70	11198944.80	16989871.10
按轻重工业分				
轻工业	3612180.40	1294056.90	699517.30	840480.40
重工业	63380293.10	21948190.30	26275145.10	33799574.00
按企业规模分				
大型企业	42118647.70	14681885.70	18073867.90	23569694.40
中型企业	14178230.50	3957832.00	5224948.40	6558673.00
小型企业	10695595.30	4602529.50	3675846.10	4511687.00
微型企业				
按登记注册类型分				
内资企业	57187801.10	20538658.70	21130407.40	29127905.30
国有企业	10942981.70	2599822.00	5590926.70	7978950.30
集体企业	30816.20	17513.50	2679.20	4317.30
股份合作企业	7755.70	3030.00		
有限责任公司	29967045.80	12173310.50	10496213.60	14936021.10
国有独资公司	6133656.50	2873615.00	2105403.40	4064557.00
其他有限责任公司	23833389.30	9299695.50	8390810.20	10871464.10
股份有限公司	11065429.80	4084798.10	3590101.40	4544574.60
私营企业	4832738.30	1551440.20	1408174.00	1620604.00
其他企业	341033.60	108744.40	42312.50	43438.00
港、澳、台商投资企业	809552.50	219699.70	368000.60	394079.10
外商投资企业	8995119.90	2483888.80	5476254.40	5118070.00

13—4 续表2

单位:万元

指　　标	负债合计	流动负债合计	所有者权益合计	实收资本
总　计	35883246.80	18049605.70	30770654.30	10264068.30
在总计中:国有控股企业	9787793.20	5079393.70	12758297.30	4581331.20
按轻重工业分				
轻工业	2197021.10	1243268.00	1412878.20	413025.70
重工业	33686225.70	16806337.70	29357776.10	9851042.60
按企业规模分				
大型企业	20759381.90	9896878.70	21056283.50	6173330.80
中型企业	8352424.80	4056472.70	5719726.70	2248539.10
小型企业	6771440.10	4096254.30	3994644.10	1842198.40
微型企业				
按登记注册类型分				
内资企业	30746375.40	15462689.20	26104870.70	8577492.40
国有企业	3916069.00	2135727.20	6731273.10	2997464.00
集体企业	16637.10	6918.10	14179.10	2118.70
股份合作企业	4785.20		2970.50	832.10
有限责任公司	16490619.30	8345564.70	13458138.20	3852505.20
国有独资公司	2111063.20	1177644.60	4022482.70	391784.50
其他有限责任公司	14379556.10	7167920.10	9435655.50	3460720.70
股份有限公司	6944809.90	3030635.80	4053732.80	1159523.00
私营企业	3248847.20	1909745.80	1546174.20	536186.60
其他企业	124607.70	34097.60	298402.80	28862.80
港、澳、台商投资企业	664550.50	517652.60	145001.90	176489.30
外商投资企业	4472320.90	2069263.90	4520781.70	1510086.60

13—4 续表3

单位:万元

指　　标	主营业务收入	主营业务成本	主营业务税金及附加	营业利润	利润总额
总　计	44073288.10	29419210.60	782697.20	8982265.20	9024681.70
在总计中:国有控股企业	12108792.10	7300640.10	269311.20	3519727.20	3498639.80
按轻重工业分					
轻工业	2469105.50	1435192.70	13786.40	616149.30	618284.10
重工业	41604182.60	27984017.90	768910.80	8366115.90	8406397.60
按企业规模分					
大型企业	23660214.90	15488792.60	481136.60	5032695.90	5055220.80
中型企业	9873131.40	7185250.00	119652.30	1839763.20	1832442.10
小型企业	10539441.80	6745168.00	181908.30	2109806.10	2137018.80
微型企业					
按登记注册类型分					
内资企业	39220462.60	25969597.70	666833.10	8317412.80	8336417.30
国有企业	4385362.80	2855375.00	175001.00	953407.80	941675.60
集体企业	38482.00	22832.80	395.50	7623.60	7623.60
股份合作企业	9619.40	9612.00	401.00	-1810.00	-1810.00
有限责任公司	20154243.50	12862167.20	351483.50	4432939.80	4461142.10
国有独资公司	4141538.40	2009997.10	63998.80	1850360.40	1846790.90
其他有限责任公司	16012705.10	10852170.10	287484.70	2582579.40	2614351.20
股份有限公司	10981379.90	7894665.50	92708.80	2179734.70	2164398.10
私营企业	3232352.20	2064520.60	39102.20	658193.70	660324.60
其他企业	419022.80	260424.60	7741.10	87323.20	103063.30
港、澳、台商投资企业	207283.90	132347.00	19210.80	41538.40	42170.00
外商投资企业	4645541.60	3317265.90	96653.30	623314.00	646094.40

13—4 续表4

单位:万元

指标	应交所得税	亏损企业亏损总额	本年应付工资总额	本年应交增值税
总计	1160143.80	218737.20	1596041.50	3164984.70
在总计中:国有控股企业	443067.80	51025.20	837167.70	959697.70
按轻重工业分				
轻工业	105957.80	10161.40	75911.00	115658.80
重工业	1054186.00	208575.80	1520130.50	3049325.90
按企业规模分				
大型企业	663990.20	20732.90	1129729.70	1558842.60
中型企业	138226.70	60774.70	290206.00	1069317.00
小型企业	357926.90	137229.60	176105.80	536825.10
微型企业				
按登记注册类型分				
内资企业	1052215.60	194162.30	1436730.60	2859572.70
国有企业	145911.40	1897.10	326803.40	364038.40
集体企业	112.60	516.30	1597.00	3158.10
股份合作企业		1810.00	110.20	278.90
有限责任公司	638378.40	128980.40	809578.80	1430919.60
国有独资公司	211774.80	11209.00	314935.10	381948.30
其他有限责任公司	426603.60	117771.40	494643.70	1048971.30
股份有限公司	162352.70	27319.50	227430.40	945443.30
私营企业	97562.60	33553.40	66314.40	102250.00
其他企业	7897.90	85.60	4896.40	13484.40
港、澳、台商投资企业	6927.40	8938.70	25632.70	17221.50
外商投资企业	101000.80	15636.20	133678.20	288190.50

13－5 大中型工业企业主要经济指标(2013 年)

单位:万元

指标	企业单位数(个)	亏损企业	工业总产值(当年价)	工业销售产值(当年价)
总 计	103	16	32201898.70	34973394.80
在总计中:国有控股企业	36	5	10839775.70	10143660.80
按轻重工业分				
轻工业	9	3	1302481.10	1379771.50
重工业	94	13	30899417.60	33593623.30
按企业规模分				
大型企业	34	2	22651087.10	25424230.50
中型企业	69	14	9550811.60	9549164.30
按登记注册类型分				
内资企业	92	15	29027273.20	31863886.30
国有企业	17	1	4189314.80	3862609.50
集体企业				
股份合作企业				
有限责任公司	51	7	14407360.60	17602163.80
国有独资公司	6		4412640.20	4411032.20
其他有限责任公司	45	7	9994720.40	13191131.60
股份有限公司	14	2	9693668.70	9727692.50
私营企业	10	5	736929.10	671420.50
其他企业				
港、澳、台商投资企业	4	1	154009.80	153864.50
外商投资企业	7		3020615.70	2955644.00

13—5 续表 1

单位:万元

指 标	资产总计	流动资产合计	固定资产合计	固定资产原价
总 计	**56296878.20**	**18639717.70**	**23298816.30**	**30128367.40**
在总计中:国有控股企业	20797972.80	6012343.20	10137341.80	15626932.40
按轻重工业分				
轻工业	3058575.60	1061209.20	508568.30	582226.20
重工业	53238302.60	17578508.50	22790248.00	29546141.20
按企业规模分				
大型企业	42118647.70	14681885.70	18073867.90	23569694.40
中型企业	14178230.50	3957832.00	5224948.40	6558673.00
按登记注册类型分				
内资企业	46858373.10	16103870.40	17625324.70	24867699.70
国有企业	10794954.90	2577898.30	5471184.50	7814277.90
集体企业				
股份合作企业				
有限责任公司	22723046.40	8692250.90	8186838.40	12250750.80
国有独资公司	6052725.30	2862413.80	2103346.60	4062225.80
其他有限责任公司	16670321.10	5829837.10	6083491.80	8188525.00
股份有限公司	10473476.70	3895578.80	3243049.70	4014334.40
私营企业	2866895.10	938142.40	724252.10	788336.60
其他企业				
港、澳、台商投资企业	701028.30	127439.40	360704.30	376177.20
外商投资企业	8737476.80	2408407.90	5312787.30	4884490.50

13－5 续表2

单位:万元

指　　标	负债合计	流动负债合计	所有者权益合计	实收资本
总　计	**29111806.70**	**13953351.40**	**26776010.20**	**8421869.90**
在总计中:国有控股企业	8385391.40	4150741.80	12110946.50	4116180.50
按轻重工业分				
轻工业	1851281.50	989679.20	1207293.10	263874.40
重工业	27260525.20	12963672.20	25568717.10	8157995.50
按企业规模分				
大型企业	20759381.90	9896878.70	21056283.50	6173330.80
中型企业	8352424.80	4056472.70	5719726.70	2248539.10
按登记注册类型分				
内资企业	24232978.00	11585139.60	22216334.00	6823169.00
国有企业	3877380.90	2097466.40	6625134.40	2902007.10
集体企业				
股份合作企业				
有限责任公司	11381154.70	5212344.70	11292155.60	2681643.10
国有独资公司	1966523.80	1033105.20	4086090.90	335784.50
其他有限责任公司	9414630.90	4179239.50	7206064.70	2345858.60
股份有限公司	6746373.60	2905350.30	3660217.90	987984.40
私营企业	2228068.80	1369978.20	638826.10	251534.40
其他企业				
港、澳、台商投资企业	578242.20	437742.20	122786.00	160189.30
外商投资企业	4300586.50	1930469.60	4436890.20	1438511.60

13—5 续表3

单位:万元

指　标	主营业务收入	主营业务成本	主营业务税金及附加	营业利润	利润总额
总　计	**33533346.30**	**22674042.60**	**600788.90**	**6872459.10**	**6887662.90**
在总计中:国有控股企业	10435480.80	6169206.30	255528.10	3231588.10	3199867.40
按轻重工业分					
轻工业	1394854.70	831632.10	7574.90	344156.40	344202.50
重工业	32138491.60	21842410.50	593214.00	6528302.70	6543460.40
按企业规模分					
大型企业	23660214.90	15488792.60	481136.60	5032695.90	5055220.80
中型企业	9873131.40	7185250.00	119652.30	1839763.20	1832442.10
按登记注册类型分					
内资企业	28894823.70	19423307.10	486311.90	6192356.70	6184344.10
国有企业	4310108.40	2823228.30	173709.50	924190.80	912539.40
集体企业					
股份合作企业					
有限责任公司	14000488.60	8861537.60	212690.10	3261979.90	3281078.80
国有独资公司	4105275.10	1973301.60	63959.30	1860391.50	1856814.90
其他有限责任公司	9895213.50	6888236.00	148730.80	1401588.40	1424263.90
股份有限公司	9888866.10	7226898.10	87475.40	1929180.80	1912089.80
私营企业	695360.60	511643.10	12436.90	77005.20	78636.10
其他企业					
港、澳、台商投资企业	145353.20	78156.10	18899.20	41069.50	41588.20
外商投资企业	4493169.40	3172579.40	95577.80	639032.90	661730.60

13—5 续表4

单位:万元

指 标	应交所得税	亏损企业亏损总额	本年应付职工薪酬	本年应交增值税
总 计	802216.90	81507.60	1419935.70	2628159.60
在总计中:国有控股企业	392723.50	35711.90	809748.60	879997.30
按轻重工业分				
轻工业	56662.80	4625.00	62439.60	60490.00
重工业	745554.10	76882.60	1357496.10	2567669.60
按企业规模分				
大型企业	663990.20	20732.90	1129729.70	1558842.60
中型企业	138226.70	60774.70	290206.00	1069317.00
按登记注册类型分				
内资企业	694656.40	74108.80	1268310.20	2332768.80
国有企业	141292.20	1897.10	323423.50	357764.40
集体企业				
股份合作企业				
有限责任公司	436020.90	31034.80	699449.30	1037856.60
国有独资公司	211774.80		313825.30	381535.00
其他有限责任公司	224246.10	31034.80	385624.00	656321.60
股份有限公司	115340.10	19814.40	214710.90	912518.20
私营企业	2003.20	21362.50	30726.50	24629.60
其他企业				
港、澳、台商投资企业	6597.30	7398.80	22632.20	14857.00
外商投资企业	100963.20		128993.30	280533.80

13－6 年销售收入2000万元以上全部独立法人工业企业分行业主要经济指标(2013年)

单位:万元

指标	企业单位数(个)	亏损企业	工业总产值(当年价)	工业销售产值(当年价)
按工业行业种类分	390	90	42679352.30	45295054.20
采矿业				
煤炭开采和洗选业	182	30	23105622.70	22599896.70
石油和天然气开采业	3		5311383.30	5423567.30
非金属矿采选业	8		41006.80	40852.40
制造业				
农副食品加工业	3	1	667487.90	667556.80
食品制造业	5	1	74901.90	75146.60
饮料制造业	4	1	104856.10	104687.10
纺织业	11	4	1315300.50	1387502.90
纺织服装、鞋、帽制造业	1		3372.90	3372.90
木材加工及木、竹、藤、棕、草制品业	1	1	3329.00	2198.70
印刷业和记录媒介的复制	2		3974.10	3974.10
石油加工、炼焦及核燃料加工业	10	2	2116351.80	1887156.50
化学原料及化学制品制造业	60	18	3115145.90	6598304.80
医药制造业	5	1	117026.10	114470.20
塑料制品业	5	1	49147.80	49002.20
非金属矿物制品业	22	12	297484.00	263366.70
黑色金属冶炼及压延加工业	3		1841149.40	1722726.10
有色金属冶炼及压延加工业	3	1	535640.40	534938.30
金属制品业	4	1	154388.30	155128.00
通用设备制造业	1		32303.40	38519.50
专用设备制造业	4	2	116872.90	117362.00
交通运输设备制造业	7	1	317292.70	350547.80
电气机械及器材制造业	2	1	91402.60	91402.60
电力、燃气及水的生产和供应业				
电力、热力的生产和供应业	31	10	2266479.00	2069186.00
燃气生产和供应业	8		958081.20	957781.40
水的生产和供应业	5	2	39351.60	36406.60

13－6 续表1

单位：万元

指　　标	资产总计	流动资产合计	固定资产合计	固定资产原价
按工业行业种类分	66992473.50	23242247.20	26974662.40	34640054.40
采矿业				
煤炭开采和洗选业	38984468.90	15173273.50	13639756.10	17192043.00
石油和天然气开采业	527235.00	82356.70	64315.20	120167.70
非金属矿采选业	28575.00	12934.80	11990.20	12862.10
制造业				
农副食品加工业	43232.10	19467.60	13166.30	35361.80
食品制造业	198444.40	57571.90	117443.00	126040.20
饮料制造业	315029.10	129169.50	16101.80	21285.70
纺织业	2536683.00	844222.40	382047.30	449883.60
纺织服装、鞋、帽制造业	1743.80	1185.50	558.30	604.20
木材加工及木、竹、藤、棕、草制品业	27822.10	18145.30	7431.40	8926.80
印刷业和记录媒介的复制	12701.60	8232.90	3764.90	7146.00
石油加工、炼焦及核燃料加工业	3956331.70	908784.90	2343920.50	2965081.10
化学原料及化学制品制造业	5637849.70	1744655.50	2338360.60	3142023.70
医药制造业	108840.30	33419.80	54923.50	60405.60
塑料制品业	86561.50	33555.00	3457.40	31248.00
非金属矿物制品业	866103.30	376604.80	295709.50	414184.30
黑色金属冶炼及压延加工业	3634004.90	1357955.00	2275927.20	2209089.00
有色金属冶炼及压延加工业	285370.70	219599.00	20958.00	25489.20
金属制品业	415677.90	392857.80	6688.80	7732.10
通用设备制造业	67827.60	36655.60	23392.50	26386.40
专用设备制造业	116715.90	68975.70	37338.90	44708.30
交通运输设备制造业	994431.10	234591.40	373266.70	434360.20
电气机械及器材制造业	155996.20	80182.10	71014.10	78712.10
电力、燃气及水的生产和供应业				
电力、热力的生产和供应业	7138211.20	1084694.70	4435683.20	6595280.20
燃气生产和供应业	473879.00	129062.70	331209.20	497150.70
水的生产和供应业	378737.50	194093.10	106237.80	133882.40

13－6 续表 2

单位：万元

指　　标	负债合计	流动负债合计	所有者权益合计	实收资本
按工业行业种类分	35883246.80	18049605.70	30770654.30	10264068.30
采矿业				
煤炭开采和洗选业	18087215.20	8190829.10	20864279.30	4284609.60
石油和天然气开采业	101015.90	44385.80	368418.80	32134.80
非金属矿采选业	15729.10	10189.80	12282.60	154927.80
制造业				
农副食品加工业	30352.30	23571.90	12879.90	9090.00
食品制造业	123754.40	72652.90	74238.90	57000.00
饮料制造业	221482.00	148977.50	93547.10	73897.60
纺织业	1457827.60	801991.00	1078854.30	171565.60
纺织服装、鞋、帽制造业	585.70	585.70	1158.10	800.00
木材加工及木、竹、藤、棕、草制品业	32768.50	14268.50	-4946.40	5643.00
印刷业和记录媒介的复制	3809.90	3809.90	8891.60	2602.20
石油加工、炼焦及核燃料加工业	1759069.20	1248810.50	1912223.70	1587246.00
化学原料及化学制品制造业	3982529.80	2272461.50	1647199.80	1141846.70
医药制造业	36158.80	28182.10	71265.40	49986.40
塑料制品业	21658.40	16236.00	64835.70	64689.90
非金属矿物制品业	564445.70	431200.40	301502.90	169614.00
黑色金属冶炼及压延加工业	2083340.70	1340353.50	1532721.20	844000.00
有色金属冶炼及压延加工业	246743.20	214891.20	38627.50	23013.20
金属制品业	391004.10	390636.80	23820.10	25000.00
通用设备制造业	44444.60	34036.60	23383.00	21830.00
专用设备制造业	99616.80	96736.80	17099.10	26285.00
交通运输设备制造业	666925.80	473711.00	327432.60	79200.00
电气机械及器材制造业	82124.10	81124.10	73872.10	25000.00
电力、燃气及水的生产和供应业				
电力、热力的生产和供应业	5356429.50	1848407.60	1849329.00	1275232.60
燃气生产和供应业	157365.40	103258.80	316263.40	95770.00
水的生产和供应业	316850.10	158296.70	61474.60	43083.90

13－6 续表3

单位：万元

指　　标	主营业务收入	主营业务成本	主营业务税金及附加	营业利润	利润总额
按工业行业种类分	44073288.10	29419210.60	782697.20	8982265.20	9024681.70
采矿业					
煤炭开采和洗选业	24497598.60	14874700.70	537734.90	5955874.00	5948497.60
石油和天然气开采业	5332702.70	4431072.90	5480.10	821066.90	821065.80
非金属矿采选业	49207.70	18827.20	567.60	14053.10	14053.10
制造业					
农副食品加工业	671073.10	371216.70	2656.10	216107.30	216125.30
食品制造业	71368.90	52941.60	56.70	5605.60	5680.20
饮料制造业	140384.50	50670.80	3087.60	23926.80	23531.70
纺织业	1403794.60	834472.10	5558.10	354379.70	355110.20
纺织服装、鞋、帽制造业	3372.90	2629.10	25.50	290.80	291.00
木材加工及木、竹、藤、棕、草制品业	2049.20	1832.00	13.10	-2031.50	-2031.50
印刷业和记录媒介的复制	11515.20	8504.60	97.80	1401.90	1410.60
石油加工、炼焦及核燃料加工业	1899757.00	1489687.90	119285.90	68506.10	69944.00
化学原料及化学制品制造业	3013499.40	2287706.00	21408.80	252806.90	265420.60
医药制造业	94503.20	62672.70	389.10	12362.30	12363.00
塑料制品业	53985.80	36191.50	180.70	10067.60	10646.90
非金属矿物制品业	262010.90	215402.30	873.00	18385.60	23788.50
黑色金属冶炼及压延加工业	1721567.50	1435641.90	30974.10	96683.50	120802.10
有色金属冶炼及压延加工业	538326.70	348736.30	33642.80	90408.20	90438.20
金属制品业	154307.00	149647.10	337.80	424.30	4549.50
通用设备制造业	38513.70	33987.00	160.90	1363.40	1526.00
专用设备制造业	118683.90	94670.00	306.90	12584.50	12688.80
交通运输设备制造业	368913.90	314270.50	1799.80	6844.30	6688.50
电气机械及器材制造业	91402.70	76424.70	742.20	-1918.90	-1918.90
电力、燃气及水的生产和供应业					
电力、热力的生产和供应业	2460071.50	1248331.80	12719.70	967509.00	965976.60
燃气生产和供应业	1025564.10	941909.60	3041.80	56139.70	56912.60
水的生产和供应业	49113.40	37063.60	1556.20	-575.90	1121.30

13－6 续表4

单位:万元

指　标	应交所得税	亏损企业亏损总额	本年应付职工薪酬	本年应交增值税
按工业行业种类分	1160143.80	218737.20	1596041.50	3164984.70
采矿业				
煤炭开采和洗选业	898976.30	93377.70	972150.90	1785366.90
石油和天然气开采业	470.50		37488.30	697042.10
非金属矿采选业	1166.50		2859.90	1579.30
制造业				
农副食品加工业	39143.20	1342.00	955.00	51531.00
食品制造业	650.10	25.70	9169.80	2717.20
饮料制造业	4738.50	2534.40	5977.20	2094.50
纺织业	57976.80	3464.10	49696.30	55990.60
纺织服装、鞋、帽制造业			490.00	134.50
木材加工及木、竹、藤、棕、草制品业		2031.50	528.50	
印刷业和记录媒介的复制	94.10		1356.00	465.00
石油加工、炼焦及核燃料加工业	14005.60	9116.10	121065.80	118948.50
化学原料及化学制品制造业	40851.80	28999.50	104055.10	105317.70
医药制造业	2238.80	887.50	3745.10	1465.80
塑料制品业	1260.10	319.80	1455.10	533.40
非金属矿物制品业	2359.40	18142.50	24249.30	14215.00
黑色金属冶炼及压延加工业	22403.90		77667.90	86747.90
有色金属冶炼及压延加工业	16361.80	460.70	3661.20	56432.20
金属制品业	284.70	1231.20	2068.50	583.80
通用设备制造业	297.40		2572.20	1588.00
专用设备制造业	0.60	5088.70	5901.20	917.30
交通运输设备制造业	3077.10	9.20	9409.00	
电气机械及器材制造业	533.30	4569.70	685.70	25.60
电力、燃气及水的生产和供应业				
电力、热力的生产和供应业	45203.20	45229.20	148820.30	173486.10
燃气生产和供应业	7467.10		5598.10	6542.10
水的生产和供应业	583.00	1907.70	4415.10	1260.20

13－7 大中型工业企业分行业主要经济指标(2013年)

单位:万元

指标	企业单位数(个)	亏损企业	工业总产值(当年价)	工业销售产值(当年价)
按工业行业种类分	103	16	32201898.70	34973394.80
采矿业				
煤炭开采和洗选业	51	5	17126883.10	16711300.10
石油和天然气开采业	1		5195063.20	5312065.40
非金属矿采选业				
制造业				
农副食品加工业				
食品制造业	1		53664.60	53664.60
饮料制造业	1	1	11200.90	10976.90
纺织业	5	1	1168955.80	1246470.20
纺织服装、鞋、帽制造业				
木材加工及木、竹、藤、棕、草制品业				
印刷业和记录媒介的复制				
石油加工、炼焦及核燃料加工业	7	1	1992736.00	1766563.60
化学原料及化学制品制造业	10	2	2324130.40	5834860.20
医药制造业	1		58044.30	58044.30
塑料制品业				
非金属矿物制品业	3	2	98391.60	76348.90
黑色金属冶炼及压延加工业	2		1787485.20	1669061.90
有色金属冶炼及压延加工业				
金属制品业				
通用设备制造业	1		32303.40	38519.50
专用设备制造业	2	1	81100.40	82587.20
交通运输设备制造业	3		268606.90	306502.10
电气机械及器材制造业				
电力、燃气及水的生产和供应业				
电力、热力的生产和供应业	14	2	1992717.4	1795814.4
燃气生产和供应业				
水的生产和供应业	1	1	10615.50	10615.50

13－7 续表1

单位:万元

指 标	资产总计	流动资产合计	固定资产合计	固定资产原价
按工业行业种类分	56296878.20	18639717.70	23298816.30	30128367.40
采矿业				
煤炭开采和洗选业	33301186.70	12621364.90	12070979.50	15380523.80
石油和天然气开采业	459988.60	56881.80	35683.70	97774.90
非金属矿采选业				
制造业				
农副食品加工业				
食品制造业	138521.30	35374.40	96629.80	105964.00
饮料制造业	292526.00	115659.50	7659.70	11906.70
纺织业	2424877.50	764276.10	370916.70	417252.50
纺织服装、鞋、帽制造业				
木材加工及木、竹、藤、棕、草制品业				
印刷业和记录媒介的复制				
石油加工、炼焦及核燃料加工业	3912126.30	895771.70	2327361.10	2940768.80
化学原料及化学制品制造业	4926400.20	1419167.20	2044086.10	2761044.60
医药制造业	34930.90	13427.70	12711.00	17813.50
塑料制品业				
非金属矿物制品业	553087.50	265027.80	125803.00	198479.40
黑色金属冶炼及压延加工业	3588529.50	1315401.90	2273127.60	2202005.80
有色金属冶炼及压延加工业				
金属制品业				
通用设备制造业	67827.60	36655.60	23392.50	26386.40
专用设备制造业	85883.00	55097.60	23731.30	29153.60
交通运输设备制造业	827055.80	152241.90	354146.00	400602.90
电气机械及器材制造业				
电力、燃气及水的生产和供应业				
电力、热力的生产和供应业	5516217.40	760898.10	3511937.20	5509401.00
燃气生产和供应业				
水的生产和供应业	167719.90	132471.50	20651.10	29289.50

13－7 续表2

单位：万元

指　　标	负债合计	流动负债合计	所有者权益合计	实收资本
按工业行业种类分	29111806.70	13953351.40	26776010.20	8421869.90
采矿业				
煤炭开采和洗选业	14816204.90	6501415.60	18443299.90	3664135.30
石油和天然气开采业	51518.10		360670.20	26634.80
非金属矿采选业				
制造业				
农副食品加工业				
食品制造业	88899.80	38961.80	49621.50	50000.00
饮料制造业	211284.80	144558.70	81241.20	68000.00
纺织业	1367620.80	716601.50	1057255.70	140654.40
纺织服装、鞋、帽制造业				
木材加工及木、竹、藤、棕、草制品业				
印刷业和记录媒介的复制				
石油加工、炼焦及核燃料加工业	1731871.80	1226865.50	1895215.70	1573992.40
化学原料及化学制品制造业	3455070.70	1962609.10	1471329.20	915927.40
医药制造业	20276.70	14599.20	14654.20	4000.00
塑料制品业				
非金属矿物制品业	354961.50	280084.10	198126.00	92705.50
黑色金属冶炼及压延加工业	2054774.40	1311787.20	1515812.10	840000.00
有色金属冶炼及压延加工业				
金属制品业				
通用设备制造业	44444.60	34036.60	23383.00	21830.00
专用设备制造业	79896.70	79896.70	5986.30	10285.00
交通运输设备制造业	540258.90	394307.00	286796.90	60000.00
电气机械及器材制造业				
电力、燃气及水的生产和供应业				
电力、热力的生产和供应业	4131523.6	1172670.4	1368097.8	952485.1
燃气生产和供应业				
水的生产和供应业	163199.40	74958.00	4520.50	1220.00

13－7 续表3

单位：万元

指　　标	主营业务收入	主营业务成本	主营业务税金及附加	营业利润	利润总额
按工业行业种类分	33533346.30	22674042.60	600788.90	6872459.10	6887662.90
采矿业					
煤炭开采和洗选业	18492871.30	11580269.80	408164.30	4348058.20	4343917.50
石油和天然气开采业	5302085.00	4403058.00	5468.10	819185.70	819185.70
非金属矿采选业					
制造业					
农副食品加工业					
食品制造业	53664.60	41614.00		2735.90	2803.40
饮料制造业	9382.30	4864.60	2376.30	-2139.30	-2534.40
纺织业	1261774.60	741265.10	4864.70	334385.60	334714.50
纺织服装、鞋、帽制造业					
木材加工及木、竹、藤、棕、草制品业					
印刷业和记录媒介的复制					
石油加工、炼焦及核燃料加工业	1775309.20	1372845.20	118894.60	65626.60	67064.20
化学原料及化学制品制造业	2216458.40	1614442.90	18742.90	225392.50	238114.40
医药制造业	58508.90	35104.40	250.90	11116.10	11116.10
塑料制品业					
非金属矿物制品业	70432.80	65935.60	1.80	11540.10	13160.30
黑色金属冶炼及压延加工业	1669061.90	1389011.50	30766.50	94965.50	118971.40
有色金属冶炼及压延加工业					
金属制品业					
通用设备制造业	38513.70	33987.00	160.90	1363.40	1526.00
专用设备制造业	82597.20	61002.30	211.90	12916.50	13012.60
交通运输设备制造业	324868.30	277422.90	875.70	3334.80	3228.90
电气机械及器材制造业					
电力、燃气及水的生产和供应业					
电力、热力的生产和供应业	2166293.80	1044435.30	9927.30	945919.40	925279.40
燃气生产和供应业					
水的生产和供应业	11524.30	8784.00	83.00	-1941.90	-1897.10

13—7 续表4

单位:万元

指　　标	应交所得税	亏损企业亏损总额	本年应付职工薪酬	本年应交增值税
按工业行业种类分	802216.90	81507.60	1419935.70	2628159.60
采矿业				
煤炭开采和洗选业	636030.30	28903.90	880430.10	1451778.30
石油和天然气开采业			36768.60	695469.10
非金属矿采选业				
制造业				
农副食品加工业				
食品制造业	420.80		7596.80	2617.20
饮料制造业		2534.40	2146.00	752.00
纺织业	54241.10	193.50	46981.40	55741.20
纺织服装、鞋、帽制造业				
木材加工及木、竹、藤、棕、草制品业				
印刷业和记录媒介的复制				
石油加工、炼焦及核燃料加工业	13147.00	8693.40	119705.30	100730.10
化学原料及化学制品制造业	31380.60	2502.10	86164.20	88265.90
医药制造业	2000.90		3338.60	688.10
塑料制品业				
非金属矿物制品业	-777.00	9764.60	11957.90	4299.60
黑色金属冶炼及压延加工业	22073.80		75651.70	84517.90
有色金属冶炼及压延加工业				
金属制品业				
通用设备制造业	297.40		2572.20	1588.00
专用设备制造业		3579.90	3817.10	34.20
交通运输设备制造业	204.60		7793.90	
电气机械及器材制造业				
电力、燃气及水的生产和供应业				
电力、热力的生产和供应业	43197.40	23438.70	132635.10	140986.50
燃气生产和供应业				
水的生产和供应业		1897.10	2376.80	691.50

13－8 分旗区年销售收入2000万元以上全部独立法人工业企业主要经济指标(2013年)

单位:亿元

指 标	2012	2013	东胜区	达拉特旗	准格尔旗
企业单位数(个)	371	390	62	56	114
工业总产值(当年价)	3983.66	4267.94	471.13	609.21	1133.69
工业销售产值(当年价)	3903.00	4529.51	474.49	940.73	1100.73
资产合计	6298.58	6699.25	1235.32	462.79	2314.07
流动资产合计	2573.40	2324.22	406.38	129.52	820.99
固定资产合计	2399.42	2697.47	513.04	171.13	943.93
固定资产原价	2669.96	3464.01	555.86	331.65	1243.17
负债合计	3188.06	3588.32	757.41	272.11	1256.30
流动负债合计	1681.31	1804.96	360.37	148.49	556.18
所有者权益合计	3088.02	3077.07	477.64	190.58	1056.32
实收资本	896.18	1026.41	109.33	90.97	329.14
主营业务收入	4273.98	4407.33	646.47	614.11	1186.09
主营业务成本	2850.56	2941.92	441.22	335.50	739.78
主营业务税金及附加	80.59	78.27	12.02	6.25	25.19
营业利润	830.67	898.23	125.93	160.53	294.91
利润总额	900.95	902.47	126.71	160.97	292.66
本年应交所得税	82.84	116.01	11.11	28.66	41.47
本年应交增值税	251.66	316.50	35.58	31.66	89.53
本年应付工资总额	140.86	159.60	18.01	14.22	45.17
年平均人数(万人)	18.42	18.99	2.28	1.89	5.63

13－8 续表

单位:亿元

指　　标	鄂托克前旗	鄂托克旗	杭锦旗	乌审旗	伊金霍洛旗
企业单位数(个)	15	51	20	15	57
工业总产值(当年价)	145.45	541.01	15.77	565.97	785.71
工业销售产值(当年价)	142.82	490.66	16.15	577.79	786.14
资产合计	174.41	1007.65	46.56	182.45	1275.99
流动资产合计	13.98	407.32	14.45	39.78	491.80
固定资产合计	123.47	417.58	26.31	63.21	438.78
固定资产原价	131.63	450.55	31.02	80.28	639.85
负债合计	99.05	668.65	38.94	120.24	375.65
流动负债合计	53.29	426.07	21.27	66.48	172.82
所有者权益合计	75.35	336.61	15.87	56.21	868.48
实收资本	45.99	192.16	10.77	39.85	208.20
主营业务收入	131.04	495.22	17.38	581.21	735.81
主营业务成本	119.68	414.93	12.35	485.88	392.59
主营业务税金及附加	0.60	7.68	0.11	0.76	25.67
营业利润	2.80	17.72	0.08	80.57	215.68
利润总额	2.77	21.57	1.71	80.57	215.51
本年应交所得税	0.43	3.88	0.08	0.57	29.82
本年应交增值税	2.29	19.96	0.49	72.71	64.27
本年应付工资总额	10.18	23.34	0.91	5.56	42.20
年平均人数(万人)	0.77	3.55	0.38	0.37	4.13

13－9　主要年份主要工业产品产量

年　份	原　煤 （万吨）	洗　煤 （万吨）	原　盐 （万吨）	发电量 （万千瓦时）	烧碱（折100%） （吨）
1952	9.23		0.25		36
1957	25.70		3.54	17	4243
1965	32.90		0.12	182	7200
1970	63.40		2.51	445	4798
1975	128.70		0.75	2211	5324
1978	219.30		1.76	3646	631
1980	188.50		3.32	3771	3134
1981	170.30		2.10	4050	3427
1982	226.30		2.08	3844	4816
1983	231.90		2.05	4052	3614
1984	214.24		1.17	4778	6400
1985	261.70	0.90	1.45	5250	5918
1986	291.53	1.29	2.49	5245	6656
1987	379.05	7.48	3.20	7449	7105
1988	424.33	10.36	2.13	7929	11729
1989	522.56	16.59	2.71	8497	21997
1990	610.64	26.20	2.98	7867	11673
1991	700.92	25.94	2.94	6368	8393
1992	763.68	23.00	2.60	11023	16939
1993	967.00	18.00	2.73	46500	13400
1994	1213.00	27.00	3.88	82649	20268
1995	1969.75	39.70	4.48	144688	34932
1996	2073.43	26.00	5.54	336526	42751
1997	2634.10	27.16	5.78	459981	38361
1998	2818.54	47.59	4.00	480800	32447
1999	2549.78	98.75	4.21	695159	40764
2000	2678.91	65.60	5.19	905266	27101
2001	3629.44	43.36	4.67	951747	26707
2002	5919.12	120.26	5.84	1188885	27752
2003	8103.29	193.61	5.48	1503756	15433
2004	12776.99	161.14	6.24	1914326	25580
2005	15252.72	282.91	9.25	2326003	22434
2006	17625.00	195.31	5.32	2750172	13529
2007	19849.90	219.04	11.63	3477496	9747
2008	27877.80	484.20	2.00	4186752	204673
2009	33840.00	937.20	7.56	4356851	250555
2010	44934.20	1588.67	1.68	4875080	366055
2011	58793.75	1831.14	5.33	5574417	331601
2012	63937.90	1558.85		5701067	329226
2013	63071.00	3051.00	1.02	6526850	424733

13－9 续表

年 份	化 肥(折纯)(吨)	呢 绒(万米)	羊绒衫(万件)	水 泥(万吨)	天然气(万立方米)
1952					
1957					
1965					
1970	587				
1975	1340			0.59	
1978	2333			1.31	
1980	2952			1.78	
1981	2868	1.70	1.86	0.78	
1982	3930	6.00	6.63	1.43	
1983	5237	16.10	10.12	3.04	
1984	6639	24.59	16.00	1.72	
1985	6125	35.00	22.43	2.51	
1986	5645	54.73	23.37	3.46	
1987	4320	37.83	32.91	3.09	
1988	5729	29.94	50.88	3.31	
1989	4620	23.70	39.19	3.17	
1990	6847	29.13	18.35	3.84	
1991	11206	29.80	29.88	3.85	
1992	13441	17.99	51.50	6.97	
1993	17600	12.56	124.00	12.00	
1994	26801	25.00	140.00	12.00	
1995	18226	111.00	167.80	18.58	
1996	18922	81.34	293.59	33.28	
1997	17268	94.12	507.47	54.54	
1998	15383	37.25	400.14	67.86	
1999	20193	46.93	404.73	90.06	
2000	7548	53.66	405.90	125.98	45491
2001	10846	32.00	428.00	128.75	70059
2002	17692	46.00	525.76	130.27	84895
2003	18200	26.00	625.90	258.60	115688
2004	30377	26.83	879.00	281.43	171900
2005	19695	37.24	803.17	365.68	385679
2006	19425	33.40	860.10	445.73	530678
2007	18476	21.92	891.22	675.48	704797
2008	276435	6.18	473.61	597.17	1005252
2009	1198866	7.13	516.88	853.21	1460271
2010	555020	6.00	1174.30	823.90	2020487
2011	678468	7.40	1360.21	973.82	2486043
2012	620447	10.30	1010.51	609.69	2590897
2013	534921	–	1189.05	565.71	2706185

13－10　主要工业产品产量

指　　标	2012	2013	东胜区	达拉特旗	准格尔旗
原　煤(万吨)	63937.90	63071.00	8816.19	5154 .04	27889.54
洗　煤(万吨)	1558.85	3051.00			
原　盐(吨)		10217.00			
白　酒(万升)	35406.80	2458.18	348.90	1829.18	
羊绒衫(万件)	1010.51	1189.05	180.60	1008.45	
呢　绒(万米)	10.30	15881.90	15625.90		
化学原料药(吨)	5793.10	5364.50			
中成药(吨)	3045.60	2524.90			
天然气(万立方米)	2590897	2706185			
水　泥(万吨)	609.69	565.71	34.37	194.84	3.45
生　铁(万吨)	13.89	13.17			
铁合金(万吨)	57.22	79.55			6.83
发电量(亿千瓦时)	570.11	652.69	43.10	217.10	204.67
#火　电	550.06	631.62	43.10	217.10	187.67
水　电	16.47	17.00			17.00
焦　炭(万吨)	507.57	740.18			46.06
烧　碱(万吨)	32.92	42.47		35.31	
氮　肥(折 100%)(万吨)	62.04	53.49			

13—10 续表

指 标	鄂托克前旗	鄂托克旗	杭锦旗	乌审旗	伊金霍洛旗
原 煤(万吨)	354.88	3153.68			17702.39
洗 煤(万吨)	327.00	2724.00			
原 盐(吨)	10217.00				
白 酒(万升)					280.10
羊绒衫(万件)					
呢 绒(万米)		256.00			
化学原料药(吨)	366.50				4998.00
中成药(吨)		17.90	2507.00		
天然气(万立方米)				2706185	
水 泥(万吨)		270.57	13.62		48.85
生 铁(万吨)		13.17			
铁合金(万吨)		72.72			
发电量(亿千瓦时)		122.78	4.07	1.16	59.81
#火 电		122.78		1.16	59.81
水 电					
焦 炭(万吨)	103.74	546.62			43.76
烧 碱(万吨)		7.16			
氮 肥(折100%)(万吨)		53.49			

主要统计指标解释

工业总产值 是以货币表现的工业企业在一定时间内工业生产的工业最终产品或提供工业性劳务活动的总价值量。工业总产值计算方法作了如下四个方面的修订：

（1）凡自备原材料，不论其加工繁简程度如何，一律按全价，即包括自备原材料的价值，计算工业总产值。

（2）凡来料加工，加工企业一律按财务上结算的加工费计算工业总产值，即不包括定货者来料的价值。

（3）自制半成品、在制品期末期初差额价值，原则上应计入工业总产值，但如果会计产品成本核算中不计算自制半成品，在制品成本，则不计入工业总产值；如果会计产品成本核算中计算自制半成品、在制品成本的，则计入工业总产值。

（4）从 1995 年第三次工业普查开始，包括今后的工业年度，进度统计报表，工业企业填报现价工业总产值，计算中间投入中的中间物质消耗价值，直接利用现有的会计核算资料，一律按不含增值税的价格计算。

按修订后的新规定计算的工业总产值包括三项内容：本年生产成品价值、对外加工费收入、自制半成品在制品期末期初差额。

轻工业 指提供生活的消费品和制作手工工具的工业，按其所使用的原料不同，可分为两大类：

（1）以农产品为原料的轻工业，是指直接或间接以农产品为基本原料的轻工业。主要包括食品制造、饮料制造、烟草加工、纺织、缝纫、毛皮制作、造纸以及印刷等工业。

（2）以非农业产品为原料的轻工业，是指以工业产品为原料的轻工业。主要包括文教用品、工艺美术用品制造、化学药品制造、合成纤维制造、日用化学制品、日用玻璃制品、日用金属制品、手工工具制造、医疗器械制造、文化和办公用机械制造等工业。

重工业 指生产资料的工业，是为国民经济各部门提供物质技术基础的工业。按其生产和产品用途，可以分为下列三类：

（1）采掘（伐）工业，是指对自然资源的开采，包括石油开采、煤炭开采、金属矿开采、非金属矿开采和木材采伐工业。

（2）原料工业，是指提供国民经济各部门使用的原料动力和燃料的工业。包括金属冶炼及加工、炼焦及焦炭化学、化工原料、水泥、人造板等原材料工业，以及电力、石油和煤炭等加工工业。

（3）制造工业，是指对原料进行加工制造的工业。包括装备国民经济各部门的机械设备制造工业、金属结构、水泥制品等工业，以及为农业提供的生产资料和化肥、农药等工业。

根据上述划分原则，修理业中修理作业对象是工业的划为重工业，否则划为轻工业。

轻重工业总产值的划分也是按“工厂法”计划的，即一个工业企业在正常情况下生产的主要产品的性质属于轻工业，则该企业的全部总产值作为轻工业的总产值，一个工业企业的主要产品的性质属于重工业，则该企业的全部总产值作为重工业总产值。

工业产品生产量 是指报告期内本企业（单位）生产的，经验收合格、符合规定的质量标准或订货合同要求的，办理入库手续的产品数量。

对于企业或单位来讲：不论是主要车间生产的或辅助车间、附属车间、副产品车间生产的；不论是要销售的商品量或本企业的自用量；不论自备原材料生产的或用定货者来料生产的；也不是计划内或计划外生产的，只要是本企业生产的合格品，均应统计为生产量。

工业产品销售量 指报告期内本企业（单位）实际销售的工业产品数量。包括本期生产本期销售的产品和上期生产、本期销售的产品。不包括尚未生产，但已预收货款或预开提货单位的产品数量和本期销售、本期退回的产品数量。

工业产品库存量 是指报告期期初、期末本企业（单位）实际结存的合格产品数量。

独立核算工业企业 工业企业按其行政和财务核算是否独立，分为独立核算工业企业和非独立核算工业企业。

独立核算工业企业,应同时具备下列三个条件:

(1)行政上有独立的组织形式;

(2)经济上独立核算、自负盈亏、编制独立的资金平衡表;

(3)有权与其它单位签订合同,并在银行设有独立户头。独立核算工业企业无论是单一性生产或联合性生产的企业,均以整个企业作为一个基层单位进行统计。

工业增加值 是指货币表现的工业企业(单位)在报告期内进行工业生产活动的最终成果。按照工业增加值的三种表现形态(价值形态、收入形态和产品形态)产生三种计算方法,即:生产法、收入法和支出法。目前,工业增加值计算一般采用生产法和收入法(也称分配法)。

生产法是从生产的角度,以产品的价值构成为基础,计算工业增加值的一种方法。目前暂以工业总产值作为工业总产出,扣除中间投入后,所得余额即为工业增加值。其计算公式为:

报告期工业增加值=报告期工业总产值-报告期工业中间投入

分配法是从生产要素所有者获得收入的角度,以分配项目来计算工业增加值的一种方法。其计算公式为:

工业增加值=劳动者报酬+生产税净额+营业盈余+固定资产折旧

工业经济效益综合指数 工业经济效益综合指数是综合衡量工业经济效益各方面在数量上总体水平一种特殊相对数,是反映工业经济运行质量的指标。工业经济效益综合指数根据反映经济效益各个侧面的若干新时期指标经过综合计算得到,它是以各项工业经济效益指标实际数值分别除以该项指标的全国标准值并乘以各自的权数,加总后除以总权数求得。计算公式为:

工业经济效益综合指数=

$$\sum \frac{\text{某项经济效益指标报告期数值}}{\text{该项指标全国标准值}} \times \text{权数} \div \text{总权数}$$

工业产品销售率 指报告期工业销售产值与同期全部工业总产值之比,是反映工业产品生产已实现销售的程度,分析工业产销衔接情况,研究工业产品满足社会需求程度的重要分析指标。计算公式为:

工业产品销售率(%)=

$$\frac{\text{报告期现价工业销售产值}}{\text{报告期现价工业总产值}} \times 100\%$$

工业资金利税率 是指报告期已实现的利润、税金总额与同期的资产(流动资产和固定资产净值)之比,是反映工业企业资金运用的经济效益,分析资金投入效果的主要分析指标。计算公式为:

资金利税率(%)=

$$\frac{\text{报告期累计实现利税总额}}{\text{报告期流动资产平均余额}+\text{报告期固定资产净值平均余额}} \times 100\%$$

十四、建筑业

鄂尔多斯会展中心

14－1 1997-2013年建筑业企业概况

年　份	企业单位个数(个)	从业人员(万人)	建筑业总产值(万元)
1997	49		44149
1998	54	0.54	64846
1999	53	0.45	82946
2000	52	1.05	134155
2001	51	1.22	165811
2002	60	1.41	256696
2003	62	1.63	380982
2004	63	2.09	482600
2005	68	3.07	684870
2006	75	2.96	1006741
2007	87	2.84	1455481
2008	106	4.21	1534134
2009	130	4.72	2162026
2010	198	6.33	2758006
2011	198	8.38	4108635
2012	191	7.33	4350358
2013	221	8.32	4718022

14—2 建筑业企业主要经济指标(2013年)

指　　标	建筑业总产值（万元）				竣工产值（万元）	房屋建筑施工面积（平方米）	房屋建筑竣工面积（平方米）
		建筑工程产值	安装工程产值	其他产值			
总　　计	4718022	4404987	104942	208093	2081302	6526158	2668378
按登记注册类型分组							
内资企业	4718022	4404987	104942	208093	2081302	6526158	2668378
国有企业	8800	5800	3000		8800	2900	29000
联营企业							
有限责任公司	1081093	1024597	20549	35947	658138	478149	280867
股份有限公司	32703	32703			9687	6850	36800
私营企业	3595427	3341887	81393	172146	1404677	5950509	2321711
其他企业							
按国民经济行业分组							
房屋和土木工程建筑业	4593820	4339677	87239	166904	1997607	6526158	2668378
房屋工程建筑	1690248	1654575	30761	4912	773086	6412233	2554453
土木工程建筑业	2903572	2685102	56478	161992	1224521	113925	113925
建筑安装业	9780	2781	6995	4	260		
建筑装饰业和其他建筑业	114422	62529	10707	41185	83435		
按企业资质等级分组							
施工总承包	4473578	4208727	85600	179252	1934787	6526158	2668378
一级	1985272	1965836	19436		750207	176923	329168
二级	1595991	1433386	30868	131737	659276	1732462	930721
三级及以下	892315	809505	35295	47515	525304	3024466	1408489
专业承包	244444	196260	19342	28841	146515		
一级	10645		6380	4265	5279		
二级	69924	69007	770	146	42870		
三级及以下	163876	127253	12192	24430	98366		

14－2 续表

指　　标	年末自有施工机械设备净值(万元)	年末自有施工机械设备台数(台)	年末自有施工机械设备总功率(千瓦)	年末从业人员(人)	房屋建筑面积竣工率(%)	产值利润率(%)
总　　计	108246	3797	319909	83166	40.89	15.36
按登记注册类型分组						
内资企业	108246	3797	319909	83166	40.89	15.36
国有企业	800	12	80	158		9.09
联营企业						
有限责任公司	32460	1045	169705	9313		18.23
股份有限公司	880	50	2800	858		16.44
私营企业	74106	2690	147324	72837	4.72	14.51
其他企业						
按国民经济行业分组						
房屋和土木工程建筑业	106777	3736	314964	79235		15.43
房屋工程建筑	28060	1896	52194	48105		14.13
土木工程建筑业	78717	1840	262770	31130		16.19
建筑安装业				407		17.65
建筑装饰业和其他建筑业	1469	61	4945	3524		12.39
按企业资质等级分组						
施工总承包	97026	3249	276073	76957		15.50
一级	31284	1030	32082	28998		13.04
二级	46443	1096	204916	25850		18.40
三级及以下	19298	1123	39075	22109		15.79
专业承包	11220	548	43836	6209		12.87
一级	76	12	76	322		5.43
二级	2200	230	18400	1363		22.73
三级及以下	8944	306	25360	4524		9.15

14—3 建筑施工企业主要财务指标(2013年)

单位:万元

指标	资产合计	流动资产合计	其中:存货	固定资产合计	固定资产原价	累计折旧	其中:本年折旧
总计	9041161	6831495	1092742	1111519	1570818	529686	191259
按登记注册类型分组							
内资企业	9041161	6831495	1092742	1111519	1570818	529686	191259
国有企业	17927	2560	500	12147	9020	6400	600
联营企业							
有限责任公司	964089	740380	190693	97216	153981	66699	19665
股份有限公司	27845	25125	204	2686	4512	1827	505
私营企业	8031300	6063429	901345	999471	1403305	454760	170489
其他企业							
按国民经济行业分组							
房屋和土木工程建筑业	8864936	6684752	1081421	1086237	1533614	516702	189273
房屋工程建筑	2251285	1891708	241000	177290	211933	64514	11443
土木工程建筑业	6613651	4793044	840421	908947	1321681	452188	177830
建筑安装业	38194	29277	6519	5740	5514	496	88
建筑装饰业和其他建筑业	138032	117465	4803	19542	31691	12489	1898
按企业资质等级分组							
施工总承包	8607730	6491931	1005492	1051941	1487554	502325	183604
一级	3112716	2424438	171479	390897	505201	119619	97536
二级	3910444	2915997	664157	368883	641056	302004	66226
三级以下	1584570	1151495	169856	292161	341298	80703	19842
专业承包	433432	339565	87249	59579	83264	27361	7654
一级	16722	14733	275	1682	2605	923	64
二级	46376	37332	8249	8079	10169	2261	133
三级以下	370334	287500	78726	49819	70490	24177	7457

14－3 续表1

单位：万元

指标	负债合计	流动负责合计	长期负债合计	所有者权益合计	其中：实收资本	营业收入
总计	5880590	5168945	556295	3160572	863233	4826113
按登记注册类型分组						
内资企业	5880590	5168945	556295	3160572	863233	4826113
国有企业	1700	800	900	16227	255	8800
联营企业						
有限责任公司	507697	477504	21863	456392	143286	1057680
股份有限公司	13755	3041		14090	10300	33682
私营企业	5357438	4687600	533532	2673863	709392	3725952
其他企业						
按国民经济行业分组						
房屋和土木工程建筑业	5778539	5079687	554942	3086397	831188	4700285
房屋工程建筑	1402784	1282921	14576	848501	281261	1649302
土木工程建筑业	4375755	3796766	540366	2237896	549927	3050983
建筑安装业	20133	19203	210	18061	7303	10247
建筑装饰业和其他建筑业	81918	70055	1144	56114	24742	115582
按企业资质等级分组						
施工总承包	5573377	4883348	553652	3034352	811010	4610474
一级	1999431	1839589	138581	1113285	237888	1987472
二级	2668540	2240767	401222	1241904	344040	1753843
三级以下	905407	802992	13849	679163	229082	869159
专业承包	307212	285598	2643	126219	52224	215639
一级	8709	8709		8012	2400	10645
二级	31612	24075	80	14765	5150	39979
三级以下	266891	252814	2563	103443	44674	165015

14－3 续表2

单位:万元

指　标	营业成本	营业税金及附加	其他业务利　润	管理费用	其中:税金	财务费用
总　计	3631504	167667	24382	190386	5448	104590
按登记注册类型分组						
内资企业	3631504	167667	24382	190386	5448	104590
国有企业	7679	425		451	13	20
联营企业						
有限责任公司	715526	40769	162	82701	1626	16859
股份有限公司	26710	1166		398	131	26
私营企业	2881590	125307	24220	106836	3677	87686
其他企业						
按国民经济行业分组						
房屋和土木工程建筑业	3533760	163812	24382	184452	5345	102340
房屋工程建筑	1291415	64515	99	32957	2532	20101
土木工程建筑业	2242345	99297	24283	151495	2813	82239
建筑安装业	6588	253		993	28	556
建筑装饰业和其他建筑业	91156	3603		4940	75	1694
按企业资质等级分组						
施工总承包	3474713	160720	24382	172490	4552	102432
一级	1514442	68216	2204	95475	1357	50669
二级	1311461	55457	22136	48550	844	40295
三级以下	648810	37047	42	28464	2351	11468
专业承包	156791	6947		17897	896	2158
一级	9148	336		436	17	146
二级	20243	1094		2480	30	232
三级以下	127400	5518		14981	849	1781

14－3 续表3

单位：万元

指　　标	营业利润	利润总额	营业外收入	营业外支出	应交所得税	应付职工薪　酬
总　　计	724873	724897	1304	1855	157992	460499
按登记注册类型分组						
内资企业	724873	724897	1304	1855	157992	460499
国有企业	225	800			400	800
联营企业						
有限责任公司	198085	197101	295	1279	45612	623667
股份有限公司	5376	5376			1211	2660
私营企业	521186	521620	1009	575	110769	394672
其他企业						
按国民经济行业分组						
房屋和土木工程建筑业	708993	708997	1274	1847	154634	440583
房屋工程建筑	238563	238829	218	527	54435	266155
土木工程建筑业	470430	470168	1056	1320	100199	174428
建筑安装业	1704	1726	29	6	71	887
建筑装饰业和其他建筑业	14176	14175		1	3287	19029
按企业资质等级分组						
施工总承包	693256	693432	1250	1649	150386	442736
一级	258912	258831	513	594	61167	196242
二级	293215	293711	586	90	60032	152805
三级以下	141130	140890	151	965	29188	93689
专业承包	31617	31465	54	205	7606	17763
一级	579	578		1	144	1577
二级	15891	15893	8	6	3785	2925
三级以下	15147	14995	46	198	3676	132612

主要统计指标解释

建筑施工企业 指从事房屋、构筑物和设备安装生产活动的独立施工单位,分为建筑安装企业和自营施工单位两种组织形式。建筑安装企业是指行政上有独立组织、经济上实行独立核算的企业。一般称为建筑公司、安装公司、工程公司、工程局(处)等。自营施工单位是指附属于现有生产企业、事业内部或行政单位的,为建造和修理本单位固定资产而自行组织的,并同时具备下述条件:(1)对内独立核算;(2)有固定组织和施工队伍;(3)全年施工期在半年以上。

建筑业总产值 在一定时期内完成的以价值表现的生产总量,是反映建筑业生产成果的综合指标。建筑业总产值包括:①施工产值,即建筑企业自行完成的建筑工程产值、设备安装工程产值、建筑物大修理价值及非标准设备制作的产值。②附属、辅助生产单位为外单位提供的建筑制品和工业性作业价值。③为外单位进行建筑安装提供服务的产值和建筑机械租赁收入。④其他产值,如企业所属勘察设计单位向外单位提供的科研成果、技术服务和劳务的收入等。⑤勘察设计产值等。”

施工产值:指建筑施工企业自行完成的按工程进度计算的建筑安装生产总值,它包括建筑工程产值;设备安装工程产值;房屋、构筑物修理产值;非标准设备制造产值。

竣工产值 又称竣工工程产值,一般是以单位工程为对象。它是指在报告期内,按照设计所规定的工程内容全部完成,达到了设计规定的交工条件,经有关部门检查验收鉴定合格的单位工程价值之和。

房屋建筑面积 是指房屋全部平面面积的总和。它从房屋的外墙线算起,包括可供使用的有效面积和墙柱等结构占用面积,多层房屋按各层(包括地下室)面积总和计算,旧房加层或改造,只计算增加的建筑面积;旧房拆除重建,计算其全部面积。临时房屋不计算建筑面积。

房屋建筑施工面积 是指报告期内施过工的全部房屋建筑面积,它包括本期新开工的面积,上期跨入本期继续施工的房屋面积,以及上期停缓建在本期继续施工的房屋面积。本期竣工的房屋面积和本期施工后又停缓建的面积仍应包括在施工面积中。

房屋建筑竣工面积 是指在报告期内房屋建筑按照设计要求已全部完工,达到了使用条件,经检查验收鉴定合格的房屋建筑面积。

住宅竣工面积 指房屋建筑竣工面积中的供居住用的房屋建筑竣工面积。如单位职工家属宿舍和集体宿舍(包括职工单身宿舍和学生宿舍)等房屋建筑竣工面积。

十五、交通运输和邮电

母亲公园

15－1 交通及邮电业务基本情况

指　　标	2002	2003	2004	2005	2006	2007	2008	2009	2010	2011	2012	2013
交　通												
公路通车里程(公里)	7976	8315	9041	9554	12184	13824	14574	15992	17508	17682	18102	18475
#等级公路	6922	7365	8093	8674	9249	9959	11158	13237	15848	15958	16409	16782
高速公路	77	79	136	232	279	279	279	658	658	658	658	682
一级公路			71	71	140	140	160	183	395	395	815	1322
二级公路	634	718	948	1157	1579	1590	1676	1849	1973	2065	2065	2445
等外公路	1054	950	948	880	2935	3865	3416	2755	1659	1724	1693	1693
铁路通车里程(公里)	324	324	324	328	364	669	725	1024	1208	1231	1280	1576
邮　电												
邮电业务收入(万元)	5.72	9.98	14.12	19.48	17.03	7.26	11.44	15.34	20.43	22.85	24.93	28.44
邮政业务收入	0.58	0.60	0.53	0.52	0.52	0.59	0.62	0.72	0.81	0.93	1.19	1.21
电信业务收入	5.14	9.38	13.59	18.96	16.51	6.66	10.82	14.61	19.62	21.91	23.74	27.23
国内业务量												
包　裹(万件)	5.80	7.50	6.52	7.01	6.42	5.74	5.18	5.34	5.86	7.39	8.31	8.22
汇　兑(万笔)	12.70	12.45	12.39	11.34	17.66	32.54	46.51	61.75	93.61	122.89	110.87	77.60
报纸累计份数(万份)	2139	2245	1942	2163	1830	1992	2341	2408	2414	2702	2257	2374
杂志累计份数(万份)	152	144	119	119	104	94	110	114	125	134	167	148
邮政储蓄年末余额(万元)	96150	114264	118462	106310	104266	101704	127954	106607	117716	145255	217556	283586
固定电话用户(万户)	20.80	29.38	31.44	23.60	30.34	33.47	26.96	26.81	24.49	25.03	25.04	23.34
移动电话用户(万户)	28.41	40.69	52.86	76.01	100.01	139.21	164.66	235.29	296.22	299.43	301.24	306.21
互联网注册拨号用户(万户)	0.70	0.40	0.42	0.53	3.10	6.78	6.88	7.16	13.53	10.44	13.07	17.80
邮路单程长度(公里)	4255	4255	4255	4255	4369	4369	4369	4369	4369	4455	4528	5300

注:1.电信业务收入2007年及以前为电信业务总量。

2.2008年开始,电信业务数据来源移动、联通、电信三大运营商。

15－2 主要年份交通线路、客货运输量及周转量

年 份	公路运输					民 航		
	通车里程（公里）	货运量（万吨）	货运周转量（万吨公里）	客运量（万人）	客运周转量（万人公里）	线路	旅客吞吐量（人）	货邮吞吐量（吨）
1990	3068	353	35998	300	25245			
1991	3068	407	37300	372	29535			
1992	3068	474	44813	389	29817			
1993	3068	538	48973	202	12675			
1994	3200	598	51389	188	10014			
1995	3194	1093	84069	254	17433			
1996	3648	2029	134077	736	27775			
1997	3298	2635	181880	807	72057			
1998	5560	2821	190418	837	75187			
1999	6030	3022	226117	821	67252			
2000	6658	3319	250560	861	71280			
2001	7236	4007	278661	1021	72991			
2002	7976	4163	316388	1045	77853			
2003	8315	4321	346588	1065	79875			
2004	9041	9910	755131	1491	114601			
2005	12852	15800	1203277	2001	148935			
2006	12184	21330	1599622	2102	156537			
2007	13824	29512	2239790	2921	221328	4	77488	390
2008	14574	14574	2683956	1784	243368	7	307513	1085
2009	15992	18604	3494511	1948	270381	9	472656	1823
2010	17508	23450	4367811	2095	289554	12	816737	3074
2011	17682	30356	5680800	2305	318700	26	1301806	5993
2012	18102	35258	6877146	2423	335066	38	1800572	9752
2013	18475	40206	7982991	2537	350606	38	1731900	9500

15－3　分旗区交通及邮电业务基本情况(2013年)

指　　标	东胜区	达拉特旗	准格尔旗	鄂托克前旗	鄂托克旗	杭锦旗	乌审旗	伊金霍洛旗
交　通								
公路通车里程(公里)	1135	2376	2675	2031	3642	2786	2018	1812
#国　道	241	177	225		421	159		170
邮　电								
邮政业务总量(万元)	3976	874	1257	323	645	276	388	763
国内业务量								
包　裹(万件)	2.83	0.59	1.62	0.23	0.79	0.27	0.73	1.17
汇　兑(万笔)	19.00	9.84	15.80	2.41	7.02	3.03	5.37	15.08
报纸累计份数(万份)	898	226	348	118	189	129	200	266
杂志累计份数(万份)	56	16	25	7	11	8	9	17
邮政储蓄年末余额(万元)	80754	41386	55853	10668	30503	15751	12679	35992
邮路单程长度(公里)	969	1436	620	327	471	418	623	436

15－4　机动车保有量(2013 年)

单位:辆

项　目	机动车保有量								
	总 计	营 运						非营运	校车
		合　计	#公路客运	#公交客运	#出租客运	#货　运	#租　赁		
总　计	524007	51525	1423	747	6208	41622	203	472476	6
汽车合计	470063	45092	1380	738	6071	35489	200	424965	6
载客汽车	378087	8298	1379	738	6070	14	20	369783	6
大　型	2603	1874	1245	595			3	723	
中　型	835	270	128	140			2	565	
小　型	358507	6145	5	2	6070	8	15	352362	
微　型	16142	9	1	1		6		16133	
载货汽车	72550	27113				26246	10	45437	
重　型	18965	18564				18221	7	401	
中　型	665	386				350		279	
轻　型	52590	8127				7639	3	44463	
微　型	330	36				36		294	
其他汽车	19426	9681	1		1	9229	170	9745	
摩托车	47702	223	42	9	137	32		47479	
挂　车	6240	6208				6100	3	32	
重　型	4658	4633				4525	3	25	
中　型	1582	1575				1575		7	
轻　型									
其他类型	1	1	1						

主要统计指标解释

公路通车里程　是反映公路建设发展规模的重要指标,也是计算运输网密度等指标的基础资料,是指实际达到交通部制定的公路工程技术标准规定的等级的公路长度。

客(货)运量　指运输业实际运送的旅客(货物)数量,货运按吨计算,客运按人计算。客(货)运量反映运输业为国民经济和人民生活服务的数量指标,也是制定和检查运输生产计划,研究运输发展规模和速度的重要指标。

旅客(货物)周转量　指运输业运送的旅客(货物)数量与其相应运输距离的乘积之总和。是反映运输业生产总成果的重要指标,也是编制和检查运输生产计划、计算运输效率、劳动生产率以及核算运输单位成本的主要基础资料。通常以人公里和吨公里为计算单位。计算货物周转量通常按发出站与到达站之间最短距离,也就是计费距离计算。

邮电业务总量　指以货币表现的邮电部门为用户传递信息和提供其他邮电服务的总量,它综合反映一定时期邮电工作的总成果,是研究邮电业务量构成和发展趋势的重要指标。

机动车保有量　是指内燃机车(包含摩托车,汽车,货车,不包含电动车)在某地区的总量。

十六、国内贸易

■ 内蒙古大学鄂尔多斯学院

16－1 主要年份社会消费品零售总额(按销售单位所在地分)

单位:万元

年　份	合　计	市的零售额	县及县以下零售额
1978	13107		13107
1980	17203		17203
1981	17711		17711
1982	20978		20978
1983	22311	7062	15249
1984	24587	8773	15814
1985	38610	10814	27796
1986	49330	16870	32460
1987	63417	22140	41277
1988	77910	27375	50535
1989	73867	26364	47503
1990	90080	31927	58153
1991	123396	44530	78866
1992	147441	57805	89636
1993	176415	68337	108078
1994	220330	98843	121487
1995	271601	114886	156715
1996	334769	141712	193057
1997	379770	162842	216928
1998	422019	178980	243039
1999	482423	204950	277473
2000	556934	215239	341695
2001	641388	256695	384693
2002	925125	342996	582129
2003	1058413	402403	656010
2004	1313486	552741	760745
2005	1528822	640263	888559
2006	1855813	837965	1017848
2007	2233080	1042768	1190312
2008	2782962	1335227	1447735
2009	3131525	1495516	1636009
2010	3721770	2918074	803695
2011	4399977	3606577	793400
2012	5013886	4091483	922403
2013	5538138	4605363	932775

16－2 主要年份社会消费品零售总额(按行业分)

单位:万元

年 份	批发零售贸易业	餐饮业	其他行业
1978	12006	206	895
1980	15252	400	1551
1981	15741	292	1678
1982	18019	396	2563
1983	19243	665	2403
1984	20500	524	3563
1985	35892	706	2012
1986	45998	1098	2234
1987	58779	2135	2503
1988	70667	4089	3154
1989	67112	3380	3375
1990	80590	5655	3835
1991	110120	7409	5867
1992	130750	10003	6688
1993	157735	12701	5979
1994	198353	14006	7971
1995	240087	18228	13286
1996	299821	20511	14437
1997	333162	31294	15314
1998	355584	43023	23412
1999	383355	70456	28612
2000	439747	88254	28933
2001	501708	109462	30218
2002	733097	174429	17599
2003	835291	204484	18638
2004	1029246	262313	21927
2005	1253017	275805	
2006	1562337	293476	
2007	1916784	316296	
2008	2442680	340282	
2009	2772041	359484	
2010	3332805	388965	
2011	3589226	810751	
2012	4263359	750527	
2013	4729070	809068	

16—3 分旗区社会消费品零售总额(2013年)

单位:万元

指　　标	东胜区	达拉特旗	准格尔旗	鄂托克前旗	鄂托克旗	杭锦旗	乌审旗	伊金霍洛旗
社会消费品零售总额	2709797.5	500002.4	840374.9	160000.5	320244.7	300000.2	301702.6	406015.5
同比上年增速(%)	8.0	8.7	7.7	13.6	16.9	25.2	25.2	9.7
按销售单位所在地分								
城镇的零售额	2709797.5	314949.8	562462.9	103776.8	205438.7	197233.7	252858.6	261270.8
乡村的零售额		185052.6	277912.0	56223.7	114806.0	102766.5	48844.0	144744.7
按行业分								
批发零售贸易业	243688.5	65337.8	237819.6	47234.0	69821.3	80457.8	92901.0	55877.0
住宿餐饮业	2466109.0	434664.6	602555.3	112766.5	250423.4	219542.4	208801.6	350138.5

16—4 限额以上批发和零售业商品销售分类情况(2013年)

单位:万元

指标	批发业		零售业	
	销售额	零售额	销售额	零售额
合 计	5305334.3	1413.1	2734179.2	2698405.5
粮油、食品、饮料、烟酒类	400680.2		134478.5	120571.1
服装、鞋帽、针纺织品类			91658.5	91658.5
化妆品类			17392.0	17392.0
金银珠宝类			20238.8	20238.8
日用品类			35451.6	35451.6
五金、电料类	1929.0	1413.1	1427.1	1427.1
体育、娱乐用品类			704.8	704.8
书报杂志类			4955.5	4955.5
电子出版物及音像制品类			541.6	541.6
家用电器和音像器材类			43584.3	43584.3
中西药品类	2443.8		112022.0	112022.0
文化办公用品类			3086.9	3086.9
家具类			8121.1	8121.1
通讯器材类			179.8	179.8
煤炭及制品类	4865391.4		60902.0	60902.0
木材及制品类				
石油及制品类	7.5		1357966.4	1347966.4
化工材料及制品类				
金属材料类	25997.7			
建筑及装潢材料类			2123.0	2123.0
机电产品及设备类			222.8	222.8
汽车类			782451.2	770584.9
种子饲料类				
其他类	8884.7		56671.3	56671.3

16－5 限额以上批发零售贸易业商品销售情况

（2013年，按登记注册类型分）

单位：万元

指　标	法人企业（个）	从业人数（人）	销售合计	批　发	零　售
总　计	194	13050	8477433.4	5482425.6	2995007.8
批发业	20	1264	5338057.2	5333258.9	4798.3
内资企业	20	1264	5338057.2	5333258.9	4798.3
国有企业	2	516	5122908.4	5122908.4	
股份合作企业					
有限责任公司	8	380	86050.8	86050.8	
其他有限责任公司	8	380	86050.8	86050.8	
股份有限公司	1	54	12452	12452	
私营企业	9	314	116646	111847.7	4798.3
私营独资企业					
私营有限责任公司	9	314	116646	111847.7	4798.3
零售业	174	11786	3139376.2	149166.7	2990209.5
内资企业	170	11553	3089850.1	149166.7	2940683.4
国有企业	4	1410	1322442.7		1322442.7
有限责任公司	53	2341	267440.3	19209.8	248230.5
其他有限责任公司	53	2341	267440.3	19209.8	248230.5
股份有限公司	4	345	107661.8		107661.8
私营企业	109	7457	1392305.3	129956.9	1262348.4
私营独资	2	13	3685.2		3685.2
私营合伙					
私营有限责任公司	105	7182	1379092.3	129956.9	1249135.4
私营股份有限公司	2	262	9527.8		9527.8
其他企业					

16－6　限额以上批发、零售业企业商品销售情况

（2013 年，按行业分）

单位：万元

指　　标	法人企业（个）	从业人员（人）	销售合计	批　发	零　售
总　计	194	13050	8477433.4	5482425.6	2995007.8
批发业	20	1264	5338057.2	5333258.9	4798.3
农畜产品批发					
食品、饮料及烟草制品批发	2	641	400680.2	400680.2	
医药及医疗器材批发	1	21	2443.8	2443.8	
中药材及中成药批发					
矿产品、建材及化工产品批发	15	492	4924119.5	4921250.2	2869.3
煤炭及制品批发	14	466	4898121.7	4895252.4	2869.3
建材批发	1	26	25997.8	25997.8	
机械设备、五金交电及电子产品批发	1	59	1929		1929
五金、交电批发	1	59	1929		1929
其他批发	1	51	8884.7	8884.7	
零售业	174	11786	3139376.2	149166.7	2990209.5
综合零售业	29	3308	275516.1		275516.1
百货零售业	23	2660	193247.3		193247.3
超级市场零售业	5	580	76261.5		76261.5
食品、饮料及烟草制品专门零售业	4	508	40316.3	13907.4	26408.9
纺织、服装及日用品专门零售业	1	10	859.1		859.1
文化、体育用品及器材专门零售业	5	89	6791		6791
# 图书零售业	3	37	4364		4364
医药及医疗器材专门零售业	5	226	114265.8		114265.8
# 药品零售业	5	226	114265.8		114265.8
汽车、摩托车、燃料及零配件专门	97	5717	2237701.5	25169.6	2212531.9
# 汽车零售业	81	3774	805881.5	9929.2	795952.3
机动车燃料零售业	14	1919	1366789.2	5240.4	1361548.8
家用电器及电子产品专门零售业	12	483	44935.7		44935.7
# 家用电器零售业	8	423	34970.9		34970.9
计算机、软件及辅助设备零售业	4	60	9964.8		9964.8
通讯设备零售业					
五金、家具及室内装修材料专门零	9	309	59659.9		59659.9
无店铺及其他零售	12	1136	359330.8	110089.7	249241.1

16－7　限额以上批发、零售业企业资产及负债情况

（2013年，按登记注册类型分）

单位：万元

指　　标	资产合计	#流动资产	负债合计	实收资本
总　计	3602295.2	2765137.2	2781536.7	381461.0
批发业	1547661.0	1382835.7	1332240.8	49273.7
内　资	1547661.0	1382835.7	1332240.8	49273.7
国　有	1177755.1	1168027.3	1017708.0	3852.3
有限责任公司	98519.9	73626.7	66394.5	26300.0
股份有限公司	1511.3	893.0	740.7	1000.0
私营企业	269874.7	140288.7	247397.6	18121.4
#私营独资				
私营有限责任公司	269874.7	140288.7	247397.6	18121.4
零售业	2054634.2	1382301.5	1449295.9	332187.3
内　资	1988642.5	1357451.8	1418717.6	315329.3
国　有	205097.8	82450.6	180416.7	26559.6
有限责任公司	312414.7	175349.1	178311.3	88555.0
股份有限公司	6520.6	1920.1	4639.7	1076.5
私营企业	1464609.4	1097732.0	1055349.9	199138.2
#私营独资	4280.5	1054.4	445.6	827.0
私营合伙				
私营有限责任公司	1453642.6	1094464.5	1052848.4	196198.9
私营股份有限公司	6686.3	2213.1	2055.9	2112.3
其他企业				

16－8 限额以上批发、零售业企业资产及负债情况

（2013 年，按行业分）

单位：万元

指　　标	资产合计	#流动资产	负债合计	实收资本
总　计	3602295.2	2765137.2	2781536.7	381461.0
批发业	1547661.0	1382835.7	1332240.8	49273.7
食品、饮料及烟草制品批发	145963.7	130209.6	19880.0	3605.3
医药及医疗器材批发	688.6	470.9	203.8	300.0
矿产品、建材及化工产品批发	1385770.4	1241617.4	1301494.6	40508.4
煤炭及制品批发	1377393.9	1234135.7	1294719.5	39508.4
建材批发	8376.5	7481.7	6775.1	1000.0
机械设备、五金交电及电子产品批发	5765.8	3464.1	4583.7	860.0
五金、交电批发	5765.8	3464.1	4583.7	860.0
其他机械设备及电子产品批发				
其他批发	9472.5	7073.7	6078.7	4000.0
零售业	2054634.2	1382301.5	1449295.9	332187.3
综合零售业	212990.3	123325.9	172408.9	32977.1
百货零售业	180560.6	105528.6	144103.6	22820.5
超级市场零售业	16449.5	6809.6	20325.1	2156.6
食品、饮料及烟草制品专门零售业	81656.6	56755.1	55673.3	8219.0
纺织、服装及日用品专门零售业	410.3	255.2	208.1	160.0
文化、体育用品及器材专门零售业	17744.4	15722.7	10332.8	11006.9
图书零售业	2669.8	1805.4	1852.8	706.9
医药及医疗器材专门零售业	27131.0	23683.3	17753.7	5171.8
药品零售业	27131.0	23683.3	17753.7	5171.8
医疗用品及器材零售				
汽车、摩托车、燃料及零配件专门	821829.0	503339.9	581575.2	166094.1
汽车零售	446357.5	326047.5	308766.3	87430.9
汽车零配件零售	59218.5	58170.0	59386.7	3000.0
机动车燃料零售	316253.0	119122.4	213422.2	75663.2
家用电器及电子产品专门零售业	64875.3	51092.0	47303.1	16824.2
家用电器零售业	54302.1	40806.5	39130.2	14641.0
计算机、软件及辅助设备零售业	10573.2	10285.5	8172.9	2183.2
通讯设备零售业				
五金、家具及室内装修材料专门零	54232.5	24375.2	34736.6	17903.0
无店铺及其他零售	773764.8	583752.2	529304.2	73831.2

16－9 限额以上批发、零售贸易企业主要财务指标情况

（2013年，按登记注册类型分）

单位：万元

指　　标	主营业务收入	主营业务成本	利润总额	本年应交增值税	全部从业人员年平均人数（人）
总　计	8208482.4	7521695.7	164334.1	353329.4	13050
批发业	5283695.1	5046053.3	83123.3	180941.6	1264
内　资	5283695.1	5046053.3	83123.3	180941.6	1264
国　有	5065481.6	4869741.0	123467.7	179646.3	516
有限责任公司	86050.9	75532.2	2441.4	373.8	380
股份有限公司	12452.3	12171.3	-832.7	308.5	54
私营企业	119710.3	88608.8	-41953.1	613.0	314
#私营独资企业					
私营有限责任公司	119710.3	88608.8	-41953.1	613.0	314
零售业	2924787.3	2475642.4	81210.8	172387.8	11786
内　资	2880726.4	2443959.0	72534.4	171428.7	11553
国　有	1180826.2	1073576.9	-11337.1	132925.7	1410
有限责任公司	249079.9	218247.4	6777.5	6194.2	2341
股份有限公司	107661.8	84940.5	16283.0	23.0	345
私营企业	1343158.5	1067194.2	60811.0	32285.8	7457
#私营独资	3685.2	2663.6	763.8	47.8	13
私营合伙					
私营有限责任公司	1329945.5	1057315.2	58445.8	32237.2	7182
私营股份有限公司	9527.8	7215.4	1601.4	0.8	262
其他企业					

16－10 限额以上批发、零售业主要财务指标情况

（2013 年，按行业分）

单位：万元

指 标	主营业务收入	主营业务成本	利润总额	本年应交增值税	全部从业人员年平均人数（人）
总 计	8208482.4	7521695.7	164334.1	353329.4	13050
批发业	5283695.1	5046053.3	83123.3	180941.6	1264
农畜产品批发					
食品、饮料及烟草制品批发	343253.4	254030.3	54942.2	18652.9	641
医药及医疗器材批发	2443.8	2209.0	123.6	34.2	21
中药材及中成药批发					21
矿产品、建材及化工产品批发	4927184.2	4781698.0	27748.8	162248.0	492
煤炭及制品批发	4901186.4	4762837.7	21241.6	162054.6	466
建材批发	25997.8	18860.3	6507.2	193.4	26
其他化工产品批发					
机械设备、五金交电及电子产品批发	1929.0	1483.8	256.8	6.5	59
五金、交电批发	1929.0	1483.8	256.8	6.5	59
其他机械设备及电子产品批发					
其他批发	8884.7	6632.2	51.9		51
零售业	2924787.3	2475642.4	81210.8	172387.8	11786
综合零售业	258306.1	193972.6	16912.1	6596.6	3308
百货零售业	179051.5	132622.5	8508.7	6385.3	2660
超级市场零售业	73247.3	56798.6	9184.4	211.0	580
食品、饮料及烟草制品专门零售业	31735.1	27414.7	617.3	603.9	508
纺织、服装及日用品专门零售业	517.3	515.7	-22.6	10.0	10
文化、体育用品及器材专门零售业	6426.8	4774.4	-1136.8	126.8	89
#图书零售业	4364.0	3096.4	702.7	121.7	37
医药及医疗器材专门零售业	114315.9	80543.6	30013.4	153.3	226
#药品零售业	114315.9	80543.6	30013.4	153.3	226
汽车、摩托车、燃料及零配件专门	2049015.3	1855520.2	17147.1	162357.1	5717
#汽车零售业	757999.8	689817.8	16046.9	30704.6	3774
机动车燃料零售业	1230416.0	1105555.0	4268.5	131561.1	1919
家用电器及电子产品专门零售业	43537.6	38293.5	770.0	472.0	483
#家用电器零售业	34775.3	30019.9	810.8	429.7	423
计算机、软件及辅助设备零售业	8762.3	8273.6	-40.8	42.3	60
通讯设备零售业					
五金、家具及室内装修材料专门零	54603.8	41758.9	4359.0	100.0	309
无店铺及其他零售	366329.4	232848.8	12551.3	1968.1	1136

16－11　限额以上住宿业销售情况(2013年)

单位:万元

指　　标	营业额	客房收入	餐费收入	商品销售收入	其他收入
总　　计	36035.3	10211.7	24686.7	506.6	630.3
旅游饭店	30379.2	7646.1	22283.1	289.2	160.8
一般旅馆	638.0	384.0	159.0	95.0	
其他住宿服务	5018.1	2181.6	2244.6	122.4	469.5

16－12　限额以上餐饮业销售情况(2013年)

单位:万元

指　　标	营业额	商品销售收入
总　　计	118922.2	6435.1
正　　餐	111755.0	1193.1
快　　餐	7167.2	5242.0
其　　他		

16－13 限额以上住宿、餐饮

（2013年，按登记

指　标	资产合计	#流动资产	负债合计	实收资本
总　计	539061.9	212237.2	390027.7	109935.4
住宿业	122952.9	44038.7	74382.4	43176.5
按登记注册类型分组：				
内　资	122952.9	44038.7	74382.4	43176.5
国　有	1310.9	716.1	1228.9	10.0
有限责任公司	27660.7	4444.9	12812.1	4442.0
其他有限责任公司	27660.7	4444.9	12812.1	4442.0
股份有限公司	2100.0	1249.0	1367.0	
私营企业	91295.1	37388.1	58941.0	38171.7
私营独资	25405.5	5958.3	3232.1	22173.4
私营有限责任公司	65889.6	31429.8	55708.9	15998.3
其　他	586.2	240.6	33.4	552.8
按行业小类分组				
旅游饭店	93042.6	26465.3	45514.9	40303.7
一般旅馆	474.6	166.2	164.6	310.0
其他住宿服务	29435.7	17407.2	28702.9	2562.8
餐饮业	416109.0	168198.5	315645.3	66758.9
按登记注册类型分组：				
内　资	404286.8	160188.3	307252.5	64758.9
国　有	16243.7	2474.6	2079.0	10.0
股份合作企业				
联营企业				
有限责任公司	121373.8	56480.6	102835.9	20146.6
股份有限公司	71.5	71.5	71.4	0.1
私营企业	265351.1	100963.7	201223.5	44398.2
#私营独资	3828.5	1570.5	1222.7	1912.0
私营合伙	533.7	40.9	4.6	200.0
私营有限责任公司	260988.9	99352.3	199996.2	42286.2
私营股份有限任公司				
其　他	1246.7	197.9	1042.7	204.0
外商投资企业	11822.2	8010.2	8392.8	2000.0
按行业小类分组				
正　餐	403608.1	159582.9	304372.3	64558.9
快　餐	12500.9	8615.6	11273.0	2200.0

企业主要财务指标情况

注册和行业分）

单位：万元

主营业务收入	主营业务成本	利润总额	应交所得税	全部从业人员年平均人数(人)
153950.6	81579.7	−8829.0	3510.1	11389
35234.3	23007.7	−2039.4	41.3	2069
35234.3	23007.7	−2039.4	41.3	2069
385.6	210.0	25.8		43
5601.0	2950.6	−605.8		425
5601.0	2950.6	−605.8		425
650.0	398.0	110.0		65
27922.7	19098.4	−1572.5	38.3	1484
16037.9	13977.8	231.9		80
11884.8	5120.6	−1804.4	38.3	1404
675.0	350.7	3.1	3.0	52
29800.5	20188.9	−1721.1	20.7	1544
587.1	294.0	28.0		90
4846.7	2524.8	−346.3	20.6	435
118716.3	58572.0	−6789.6	3468.8	9320
112540.1	56210.5	−6845.2	3454.9	9185
2832.9	705.7	−5.0		181
29523.6	15234.8	−2304.1	1329.5	3049
385.9	195.0	−0.5		40
79121.3	39722.6	−4556.2	2125.4	5742
1589.0	805.2	352.7	177.5	145
441.8	221.0	20.0		49
77090.5	38696.4	−4928.9	1947.9	5548
676.4	352.4	20.6		173
6176.2	2361.5	55.6	13.9	135
111541.2	55875.1	−6302.4	3454.9	9034
7175.1	2696.9	−487.2	13.9	286

16－14　亿元以上商品交易市场成交情况(2013年)

单位:个、万元

指　　标	摊位数量	总成交额
合　计	985	648642
食品、饮料、烟酒类	300	557405
#粮油、食品	200	465025
服装鞋帽、针、纺织品类	55	9088
化妆品类	15	1386
金银珠宝类		
日用品类	25	6904
五金、电料类	18	4618
体育、娱乐用品类	3	2309
书报杂志类		
电子出版物及音像制品类	3	4
家用电器和音像器材类	10	464
中西药品类		
文化办公用品类	10	464
家具类		
建筑及装潢材料类		

主要统计指标解释

社会消费品零售总额　指各种经济类型的批发零售贸易业、餐饮业、制造业和其他行业的零售额和农民对非农业居民零售额的总和。

商品购进总额　指各种经济类型的批发零售贸易企业从本企业以外的单位和个人购进或进口作为转卖或加工后转卖的商品。

商品销售总额　指各种经济类型的批发零售贸易企业对本企业以外的单位和个人出售或出口的商品。

期末库存　指报告期末各种经济类型的批发零售贸易企业已取得商品所有权的全部商品。

商品销售收入(营业收入)　指批发零售贸易企业商业销售收入接受其他单位委托代销商品的收入和餐饮企业的营业收入(包括餐费收入、冷热饮收入、服务收入和其他收入)。

商品销售成本(营业成本)　指批发零售贸易企业已销商品应负担的进货原价和餐饮企业的原材料成本、商品进价成本。

十七、对外经济贸易和旅游

伊金霍洛旗全民健身中心

17－1　对外经济贸易和旅游情况

指　　标	2012	2013	2013 年比 2012 年增长（%）
对外经济贸易			
进出口总额（万美元）	42260	113678	168.8
出口额	22903	34578	51.0
进口额	19357	79100	308.2
外商投资基本情况			
年末登记企业数（户）	123	127	3.3
利用外商直接投资合同数量（个）	13	15	15.4
实际利用外资金额（万美元）	152000	160000	5.3
旅　游			
国内旅游人数（万人）	589.5	647.6	9.9
旅游总收入（亿元）	125.4	152.4	21.5
旅游外汇收入（万美元）	1912.0	2139.0	11.9

17－2 主要年份进出口贸易总额

单位:万美元

年　份	进出口总额	出口总额	进口总额
1989	3051	3051	
1990	1093	1093	
1991	3010	3010	
1992	3159	3155	4
1993	1939	1915	24
1994	4310	3643	667
1995	8163	6723	1440
1996	6466	6111	355
1997	6042	5401	641
1998	7919	6634	1285
1999	11805	10952	853
2000	18354	17202	1152
2001	24765	23374	1391
2002	34437	32898	1539
2003	51256	49179	2077
2004	60040	58685	1355
2005	58332	55087	3245
2006	48693	37037	11656
2007	60618	52401	7767
2008	86352	69578	16774
2009	44768	22298	22470
2010	43068	31668	11400
2011	61500	31026	30474
2012	42260	22903	19357
2013	113678	34578	79100

17－3 对外贸易出口总值

单位：万美元

国别名称	2012	2013	2013年比2012年增长(%)
出口总值	22903.0	34577.5	51.0
按国别(地区)分：			
亚　洲	10247.1	14085.9	44.5
# 香　港	247.7	232.5	-6.2
越　南	73.2	18.6	-74.5
日　本	5366.1	7112.5	32.6
菲律宾	1.0		
台　湾	133.7	45.6	-65.9
印　度	446.4	696.8	56.1
印度尼西亚	23.8	-	-
巴基斯坦	76.2	66.2	-13.1
韩　国	892.5	586.7	-34.3
蒙　古	898.5	573.9	-36.1
泰　国	702.4	482.4	-31.3
非　洲	673.6	326.7	-51.5
# 南　非	655.1	268.9	-59.0
马达加斯加			
欧　洲	5563.6	9885.0	77.7
# 德　国	586.3	248.0	-57.7
法　国	1865.1	1720.2	-7.8
意大利	1768.5	4399.8	148.8
英　国	93.9	691.1	636.0
俄罗斯	983.3	1472.0	49.7
北美洲	4128.4	5825.4	41.1
# 美　国	4043.9	5764.6	42.6
加拿大	84.5	60.8	-28.0
大洋洲	1284.9	1245.3	-3.1
# 澳大利亚	1284.9	1231.4	-4.2
新西兰			
拉丁美洲	1005.3	3214.8	219.8
# 墨西哥	2.4		
巴　西	252.6	572.9	126.8
智　利	713.4	1531.6	114.7

17－4　对外贸易出口商品总值

单位：万美元

指　　标	2012	2013	2013 年比 2012 年增长(%)
山羊绒	1577.2	4399.1	178.9
硅铁	11932.1	13415.6	12.4
服装及衣着附件	5487.0	5304.6	-3.3
纺织纱线、织物及制品	292.9	202.5	-30.9
黏土及其他耐火矿物	225.2	337.0	49.6
机电产品	981.5	8866.1	803.3

17－5　对外贸易进出口商品总值

单位：万美元

指　　标	2012	2013	2013 年比 2012 年增长(%)
煤	9698.7	330.3	-96.6
锰矿砂及其精矿	4337.7	7719.8	78.0
机械设备	3639.7	62252.2	1610.4
高新技术产品	1829.6	6981.7	281.6
计算机集成制造技术	1722.0	404.5	-76.5
纺织机械及零件	498.3	75.3	-84.9

17－6　旅游事业发展情况

指　　标	单位	2011	2012	2013
旅行社总数	个	116	121	116
国际旅行社	个	12	20	17
国内旅行社	个	104	101	99
旅行社从业人员	人	723	597	348
国际旅行社	人	79	96	85
国内旅行社	人	644	501	263
星级饭店总数	个	30	31	31
高 A 级旅游景区和全国工农业旅游示范点	个	37	43	44
# 国家 5A 级旅游景区	个	2	2	2
国家 4A 级旅游景区	个	7	11	17
全国工农业旅游示范点	个	4	4	4
旅游人数	万人	506.3	592.9	650.7
# 入境旅游人数	万人	3.2	3.4	3.1
旅游总收入	亿元	95.0	125.4	152.4
# 国际旅游收入	万美元	1686.8	1912	2139

主要统计指标解释

进出口总额 海关进出口总额指实际进出我国国境的货物总金额。包括对外贸易实际出口货物,来料加工装配进出口货物,国家间、联合国及国际组织无偿援助物资和赠送品,华侨、港澳台同胞和外籍华人捐赠品,租赁期满归承租人所有的租赁货物,进料加工进出口物,边境地方贸易及边境地区小额贸易进出口货物(边民互市贸易除外),中外合资经营企业,中外合作经营企业、外商独资企业进出口货物和公用物品,到日离岸价格在规定限额以上的进出口货样和广告品(无商业价值、无使用价值和免费提供出口的除外),从保税仓库提取在中国境内销售的进口货物,以及其他进出口货物。进出口总额用以观察一个国家在对外贸易方面的总规模。我国规定出口货物按离岸价格统计进口货物按到岸价格统计。

利用外资 指我国各级政府、部门、企业和其他经济组织通过对外借款、吸收外商直接投资以及用其他方式筹措的境外现汇、设备、技术等。

对外借款 是我国利用外资的重要部分。指通过对外正式签订借款协议,从境外筹措的资金,包括外国政府贷款、国际金融组织贷款、外国银行商业贷款、出口信贷以及对外发行债券等。1996 年及以前还包括对外发行股票。

外商直接投资 指外国企业和经济组织或个人(包括华侨、港澳台胞以及我国在境外注册的企业)按我国有关政策、法规,用现汇、实物技术等在我国境内开办外商独资企业,与我国境内的企业或经济组织共同举办中外合资经营企业,合作经营企业或合作开发资源的投资(包括外商投资收益的再投资),以及经政府有关部门批准的项目投资总额内企业从境外借入的资金。

外商其他投资 指除对外借款和外商直接投资以外的各种利用外资的形式。包括企业在境内外股票市场公开发行的以外币计价的股票(目前主要是香港证券市场发行的 H 股和在境内证券市场发行的 B 股)发行价总额,国际租赁进口设备的应付款。补偿贸易中外商提供的进口设备,技术、物料的价款、加工装配贸易中外商提供的进口设备、物料的价款。

旅游人数 包括入境国际旅游者人数、出境居民人数和国内旅游者人数。

入境国际旅游者人数 指来中国参观、访问、旅行、探亲、访友、休养、考察、参加会议和从事经济、科技、文化、教育、宗教等活动的外国人、华侨、港澳同胞和台湾同胞的人数。不包括外国在我国的常驻机构,如使领馆、通讯社、企业办事处的工作人员;来我国常住的外国专家、留学生以及在岸逗留不过夜人员。

国内旅游者人数 指我国大陆居民和在我国常住 1 年以上的外国人、华侨、港澳台同胞离开常住于地在境内其他地方的旅游设施内至少停留一夜,最长不超过 6 个月的人数。

国际旅游(外汇)收入 指入境旅游的外国人、华侨、港澳同胞和台湾同胞在中国大陆旅游过程中发生的一切旅游支出,对于国家来说就是国际旅游(外汇)收入。

国际旅行社 指经营对外招徕并接待外国人、华侨、港澳同胞和台湾同胞来中国、归国或回内地旅游业务的旅行社。

国内旅行社 指负责经营招徕、组团、接待国内旅客的旅游业务,以及不对外招徕,负责经营接待国际旅行社或其它涉外部门组织的外国人、华侨、港澳同胞和台湾同胞来中国、归国或回内地的旅游业务的旅行社。

星级饭店 指已评定星级的饭店。

十八、金融和保险

高新产业园区

18—1 银行系统机构、人员数(2013年)

单 位	机构数(个)	年末人数(人)
总 计	607	10140
中国人民银行	8	335
中国农业发展银行	7	150
中国工商银行	47	1134
中国农业银行	57	1070
中国银行	23	511
中国建设银行	39	1038
#准煤建行	8	272
邮储银行	59	337
交通银行	4	129
招商银行	1	45
包商银行	6	285
浦发银行	3	61
华夏银行	2	59
中信银行	5	104
鄂尔多斯银行	49	912
鄂尔多斯农村商业银行	47	630
农村信用社	163	1768
村镇银行	20	508
民生银行	1	53
伊旗农商行	30	412
鄂托克农商行	27	237
兴业银行	1	90

注:2012年7月份伊旗联社改制为伊旗农商行。

18－2 金融机构信贷资金平衡表(2013年,本外币)

单位:万元

负债项目	2013	资产项目	2013
资金来源合计	26501827	**资金运用合计**	26501827
各项存款	23305912	各项贷款	23685854
单位存款	10822000	境内贷款	23685854
个人存款	12272953	短期贷款	10694899
#储蓄存款	11815797	# 个人贷款及透支	2453256
财政性存款	135013	单位普通贷款及透支	7938959
临时性存款	26860	银团贷款	16061
委托类存款	8629	贸易融资	286622
其它存款	40456	中长期贷款	12769858
金融债券		# 个人贷款	3096129
中长期借款	34800	单位普通贷款	9108971
应付及暂收款	347981	普通并购贷款	210890
其中:应付利息	106981	银团贷款	334700
同业往来(来源方)	33263	境外贷款	
系统内资金往来(来源方)	3663017	有价证券	216148
外汇买卖(来源方)	482885	股权及其他投资	1115610
其中:结售汇	482718	应收及预付款	285350
各项准备	650740	# 应收利息	65548
其中:贷款损失准备金	635137	同业往来(运用方)	38630
所有者权益	1895871	系统内资金往来(运用方)	
其中:实收资本	428869	外汇买卖(运用方)	482452
其　他	-3912642	其中:结售汇	482285
		固定资产	545431
		库存现金	132312

18－3 主要年份金融机构各项存贷款余额

单位：万元

年 份	存款合计	企业存款	财政存款	城乡居民储蓄存款	贷款合计
1985	21019	6806	3059	12080	41926
1986	29309	10626	2912	16137	53149
1987	41487	14710	632	21661	67938
1988	43221	15591	–275	26189	93998
1989	53638	14386	2948	34381	109630
1990	74930	19625	2772	48604	143161
1991	88649	22578	2910	61943	171116
1992	104118	28614	1542	77808	211409
1993	129394	27771	4100	106795	310386
1994	235550	48678	6710	161611	369942
1995	292183	76751	7236	206482	722482
1996	355320	87572	5049	254704	917974
1997	458997	119371	15656	321407	1087352
1998	559156	153912	18183	384535	760242
1999	672455	184425	17476	462956	1370963
2000	775576	204541	7857	536251	939224
2001	912011	193655	25156	641132	1124423
2002	1101722	265105	24189	737339	1372344
2003	1410017	349144	22071	916967	1699646
2004	1883683	475954	58092	1192606	2068540
2005	3059224	934526	175188	1620865	2755548
2006	3918887	1221523	217146	1992452	3884105
2007	4821628	1455271	307102	2270020	5035518
2008	7866729	2326805	359342	3244386	6402016
2009	13491676	5248712	534423	4647989	12056728
2010	17608770	6471195	667028	5863378	15621280
2011	20215390	11888820	448955	7807046	19613277
2012	21949177	11215550	244214	10316736	22181093
2013	23256906	10794922	135013	11793909	23685646

注：1.本表自2006年开始部分数据按本外币计算。

2.2011年企业存款更名单位存款，指企业业、事业、机关、部队和社会团体的存款。

18－4 房地产贷款基本情况

单位:万元

指　　标	2013	2013 年比 2012 年增长(%)
合　计		
房地产开发贷款	385001	-30.9
地产开发贷款		-1.0
其中:政府土地储备机构贷款		-1.0
房产开发贷款	385001	-30.9
住房开发贷款	222890	-36.1
其中:保障性住房开发贷款	103710	-7.5
商业用房开发贷款	81311	14.1
其他房产开发贷款	80800	-7.1
购房贷款	2540197	-5.9
# 企业购房贷款	68564	-69.9
商业用房贷款	68564	-69.9
住房贷款		
个人购房贷款	2471633	-7.0
个人商业用房贷款	507578	-14.8
个人住房贷款	1964055	-4.8
新建房贷款	1921277	-4.7
其中:抵押贷款	1891382	-5.0
再交易房贷款	42779	-8.9

18－5 保险收入和赔付

指　　标	2013	2013 年比 2012 年增长(%)
机构总计(家)	178	-8.7
# 地区级	30	3.4
保险保费收入(万元)	323700	-4.9
财产险	174300	-11.5
人身险		
人寿保险	124300	0.5
健康保险	18800	57.0
意外伤害保险	6300	-18.5
赔付支出(万元)	114700	1.1
财产险	85700	-9.2
人身险		
人寿保险	19700	14.2
健康保险	7700	244.4
意外伤害保险	1600	23.4

主要统计指标解释

存款 企业、机关、团体或居民根据可以收回的原则，把货币资金存入银行或其他信用机构保管并取得一定利息的一种信用活动形式。根据存款对象的不同可划分：企业存款、财政存款、机关团体存款、对外贸易存款、城镇居民储蓄存款、农村存款等科目。

贷款 银行或其他信用机构根据必须归还的原则，按一定利率，为企业、个人等提供资金的一种信用活动形式。我国银行贷款，分流动资金贷款、中短期设备贷款以及农房贷款等科目。

城乡居民储蓄存款余额 城乡储蓄存款，包括城镇居民储蓄存款和农民个人储蓄存款两部分。不包括居民的手存现金和工矿企业、部队、机关团体等集团存款。储蓄存款余额，是指城乡居民存入银行及农村信用社储蓄的时点数(存入数扣除取出数的余额)，如月末、季末或年末数额。

保险金额 指保险人承担赔偿或者给付保险金责任的最高限额。

保费 指投保人为取得保险人在约定范围内所承担赔偿责任而支付给保险人的费用。

赔款 指保险人根据保险合同的规定，向被保险人支付的赔偿保险责任损失的金额。

给付 包括死伤医疗给付和满期给付。死伤医疗给付是指保险人根据人寿保险及长期健康保险合同的规定，因被保险人在保险期内发生保险责任范围内的保险事故支付给被保险人(或受益人)的金额。满期给付是指被保险人生存期满，保险人按人寿保险合同规定支付给被保险人的满期保险金额。

十九、教育、科技和文化

成吉思汗陵

19—1 教育事业基本情况(2013年)

单位:所、人

项目	学校数	毕业生数	招生数	在校学生数	教职工数	
					合计	#专任教师
中等专业学校(普通)	4	2589	2942	8620	680	497
中等技术学校	4	1754	1999	5895	680	497
中等师范学校		835	943	2725		
普通高等教育	2	1060	1244	4271	552	419
成人中等专业学校	3				135	110
普通中学	66	28732	28700	85301	10228	7592
高　中	22	11301	11318	33259	4775	2815
初　中	44	17431	17382	52042	5453	4777
职业中学	8	3619	3655	10576	1078	853
小　学	121	17619	22829	111939	9407	7445
学前教育	278	24868	29466	78231	7891	5503
特殊教育	3	5	43	238	107	92

19－2 主要年份各类学校概况

单位：所、人

年 份	学校总数			在校学生数			教职工数		
	中 专	中 学	小 学	中 专	中 学	小 学	中 专	中 学	小 学
1952		1	304		226	20458		44	708
1957		4	283		1456	33251		187	1282
1965	2	11	801	187	4585	70940	70	462	2880
1970	1	19	719		15610	91339	38	2194	2733
1975	1	66	2290	600	40388	160496	58	2486	8393
1978	3	445	1614	1338	72491	157239	208	3959	7810
1980	4	247	1491	2154	60459	139701	341	4244	8455
1981	5	166	1381	2077	53097	134154	425	3950	8058
1982	5	175	1320	2008	46895	127834	483	3944	8131
1983	5	138	1277	2123	44022	128863	532	3654	8232
1984	6	122	1221	2275	45385	142131	584	3394	8086
1985	6	109	1256	2388	48106	148242	598	3643	8403
1986	6	101	1267	2320	48324	154655	854	4070	9977
1987	6	101	1239	2336	53075	153553	684	4455	10002
1988	6	103	1192	2982	53537	148824	808	4633	10018
1989	6	105	1146	3578	55054	145375	870	4810	10034
1990	6	104	1023	3319	57557	143224	886	4987	10050
1991	6	110	995	3336	61194	142076	883	5164	10066
1992	6	103	929	3274	61815	145193	877	5245	10071
1993	6	101	915	3659	55285	145014	867	5335	9928
1994	6	99	898	2726	57894	143048	854	5357	10036
1995	6	90	854	2859	60212	141073	878	5307	9767
1996	6	84	751	2983	60793	139376	884	5353	9749
1997	6	74	601	3361	59240	134471	873	5284	9501
1998	6	69	472	4020	63545	126309	718	4726	7780
1999	6	64	435	4781	64104	120247	746	4992	7891
2000	4	67	407	5227	66832	114255	636	5347	7861
2001	4	89	354	5376	71282	107983	772	5661	7811
2002	4	68	297	4805	75027	101496	734	5398	7566
2003	4	73	266	5199	83033	97290	761	6020	7767
2004	4	76	230	6944	89664	94189	743	6619	7747
2005	6	85	204	7991	97769	96361	779	7668	8260
2006	7	77	167	9387	100435	98125	772	8302	8220
2007	7	75	147	9724	104387	97711	773	8743	8381
2008	8	82	139	9585	101034	107381	726	9257	8452
2009	6	75	130	10827	98420	106324	720	9323	8770
2010	4	69	117	14588	96350	103193	723	9533	8992
2011	4	72	117	10734	98260	106216	775	10674	8702
2012	5	72	122	8822	97736	107485	870	11044	9220
2013	4	74	121	8620	95877	111939	680	11306	9407

19－3 少数民族学校基本情况(2013年)

单位:所、人

项　　目	学校数	毕业生数	招生数	在校学生数	教职工数	
					合　计	#专任教师
普通中学	10	2281	2140	6401	1223	874
初　中	3	1610	1412	4410	674	556
高　中	7	671	728	1991	549	318
职业中学	3	462	500	1750	379	253
小　学	12	1447	1841	9138	1215	902
学前教育	28	3207	3531	10027	1171	822

19－4 各类学校在校学生数

单位:人、%

项　　目	2012	2013	2013年比2012年增长
普通中等专业学校	8822	8620	-2.3
普通中学	86985	85301	-1.9
高　中	33915	33259	-1.9
初　中	53070	52042	-1.9
小　学	107485	111939	4.1
学前教育	73647	78231	6.2
职业中学	10751	10576	-1.6
高　中	10751	10576	-1.6
特殊教育学校	216	238	10.2

19－5 分旗区各类学校概况(2013年)

项 目	市直属	东胜区		达拉特旗	准格尔旗	鄂托克前旗	鄂托克旗	杭锦旗	乌审旗	伊金霍洛旗
			康巴什							
各类学校数(个)	10	105	18	103	92	17	36	24	29	49
普通中等专业学校	3	1								
普通中学	4	13	3	9	12	3	5	5	5	7
高 中	4	2	1	2	3	2	2	2	2	2
初 中		11	2	7	9	1	3	3	3	5
职业中学	1	1		1	1	1	1		1	1
小 学	1	28	6	22	25	5	8	4	6	16
学前教育		62	9	70	53	8	21	14	16	25
各类学校在校学生数(人)	19198	67536	9359	51972	57588	11428	20933	14757	16837	25297
普通中等专业学校	7373	1247								
普通中学	10533	16275	2986	15235	16233	3314	5381	4942	4347	6055
高 中	10207	3100	635	5866	5557	981	1650	1553	1604	2106
初 中	326	13175	2351	9369	10676	2333	3731	3389	2743	3949
职业中学	696	1168		3409	2551	1125	267	148	358	854
小 学	413	29612	3618	19344	22755	4561	8926	5726	7152	9832
学前教育		19234	2755	13949	16049	2428	6359	3941	4960	8556

19－6 国有各类独立科研机构、人员、经费(2013年)

项　　目	合　　计	县以上部门属科技机构合计	自然科学与技术领域	科学信息与文献机构	旗区属科技机构
机构数(个)	9	8	7	1	1
从业人员数(人)	409	378	366	12	31
从事科技活动人员(人)	321	303	293	10	18
# 高级专业人员	105	104	102	2	1
中级专业人员	73	73	70	3	
初级专业人员	89	89	89		
经费支出总额(万元)	9794	9234	9051	183	560
人员费(万元)	4928	4571	4466	105	357
固定资产(万元)	4460	4393	4392	1	67
课题数(个)	29	29	29		
课题经费支出(万元)	1093	1093	1093		
专利受权(件)					
科技论文(篇)	36	36	36		

19－7　全市政府科技拨款情况(2013 年)

单位:万元

项　　目	总　额(决算数)	# 科技厅(委、局)管理
地方财政科技拨款合计	**39883**	**8188**
科技技术拨款	39883	8188
# 科学技术管理事务	3809	2002
基础研究	57	
应用研究	442	117
技术研究与开发	16904	1735
科技条件与服务	276	236
社会科学	513	
科学技术普及	1596	13
科技交流与合作	1811	1252
科技重大专项	1500	500
其他科学技术支出	12975	2333

19－8　科技成果情况(2013 年)

单位:个

项　　目	合　计	独立科研机构	大专院校	企　业	科研机构专制企业	其　他
登记成果数	42	2		30		10
鉴定项目	7	2		5		
验收项目数	25			25		
评审项目数	8					8
行业准入数	1					1
其　　他	1					1

19－9 专利情况(2013年)

单位:项

项　目	合 计	发 明	实用新型	外观设计
专利申请	1041	128	352	561
专利授权	637	30	296	311

19－10 技术贸易情况(2013年)

单位:个、万元

项　目	合同数	合同成交额	
		合 计	# 技术交易额
合 计	75	11343	11343
技术开发合同	1	228	228
技术转让合同	6	6099	6099
技术咨询合同	65	610	610
技术服务合同	3	4406	4406

19－11　各类科技计划项目情况(2013年,工业类)

单位:个、万元

项　　目	项目数	级　别	投　资			
			总　额	拨　款	自　筹	其他
合　计	46		139069	3980	56559	78530
科技型中小型企业技术创新基金	10	国家	1775	710	1065	
科技创新引导奖励资金	1	自治区级	1100	50	1050	
科技创新引导奖励资金	14	市级	13392	540	11452	1400
应用研究与开发资金	3	自治区级	15681	150	5401	10130
应用研究与开发资金	5	市级	560	200	360	
科技合作	1	自治区	30	30		
科技合作	9	市级	1450	1000	450	
科技重大专项	3	自治区	105081	1300	36781	67000

19－12　各类科技计划项目情况(2013年,农社类)

单位:个、万元

项　　目	项目数	级　别			投　资				
		国　家	自治区	市	总　额	科技拨款	地方匹配	自　筹	其他
合　　计	59	1	18	40	21760	2912	1790	17058	
特派员项目	12		4	8	11052	120	1190	9742	
科技富民强县计划	2	1	1		1483	210	600	673	
科技创新引导奖励资金	19		2	17	2648	385		2263	
应用研究与开发资金	19		4	15	1937	630		1307	
科技能力建设	1		1		100	50		50	
自然科学基金	4		4		40	17		23	
科技重大专项	2		2		4500	1500		3000	

19－13　国家高新技术企业基本情况(2013年)

单位：万元、人

企　业　名　称	认定时间	工　业总产值	总收入	利　税	年末就业人员	大专以上人　员	科技活动经费支出总额
内蒙古蒙西高新技术集团有限公司	2011	347028	350462	72841	4971	2561	12878
鄂尔多斯市隆圣矿山机电有限责任公司	2012	456	510	40	42	39	250
内蒙古博源工程有限责任公司	2011		2188	-18	99	98	578
内蒙古鄂尔多斯联合化工有限公司	2010	209564	206119	45282	310	203	11000
神东天隆化工有限责任公司	2011	20626	20626	2255	230	99	1172
内蒙古鄂托克旗盛安九二九有限责任公司	2011	18463	18277	9166	66	20	746
内蒙古双欣环保材料股份有限公司	2012	191745	186400	1046	1450	647	5592
内蒙古康宁爆破有限责任公司	2012		29786	951	115	94	904
鄂尔多斯市陶尔斯陶瓷有限责任公司	2012	3487	3487	-1770.6	360	186	182
内蒙古鄂尔多斯资源股份有限公司	2012	220522	223745	32292	1746	965	6956
鄂尔多斯市天骄资源发展有限责任公司	2012	56576	43843	10371	190	88	1710
内蒙古伊泰煤制油有限责任公司	2013	126613	129336	51667	938	757	7544
鄂尔多斯市中轩生化有限公司	2013	60855	53665	9478	910	409	1242
内蒙古久和能源科技有限公司	2013	55370	53075	-2682	156	122	719
内蒙古乌审召生态产业发展有限公司	2013	378	353	100	55	40	178

19—14 规模以上工业企业办科技机构情况(2013年)

项　　目	机构数(个)	机构人员合计(人)	#博士毕业	#硕士毕业	机构经费支出(万元)	仪器和设备原价(万元)
总　计	32	1861	62	261	68688.2	61713.1
#国有控股企业	14	531	20	93	16510.7	16292.1
按企业规模分组						
大型企业	22	829	39	70	22743.4	19360.9
中型企业	7	938	20	116	32331.9	28058.8
小型企业	3	94	3	15	13612.9	14293.4
微型企业						
按登记注册类型分组						
内资企业	29	1565	54	232	65805.6	53162.5
国有企业	1	57	12	27	876.9	1430.0
股份合作企业						
有限责任公司	19	692	15	77	44515.9	30141.5
国有独资公司	8	62		32	2091.0	959.6
其他有限责任公司	11	630	15	45	42424.9	29181.9
股份有限公司	8	595	17	72	17112.8	10502.9
私营企业	1	221	10	56	3300.0	11088.1
港、澳、台商投资企业						
外商投资企业	3	296	8	29	2882.6	8550.6
按国民经济行业大类分组						
煤炭开采和洗选业	5	125	13	53	8784.5	3518.1
食品制造业						
酒、饮料和精制茶制造业	1	221	10	56	3300.0	11088.1
纺织业	3	221	9	39	9429.0	513.4
石油加工、炼焦和核燃料加工业						
化学原料和化学制品制造业	9	596	16	56	4649.6	23672.3
医药制造业						
非金属矿物制品业	1	65	3	5	9.0	850.0
金属制品	1	13	1	2	10000.0	550.0
黑色金属冶炼和压延加工业	2	253	8	28	1992.6	4070.6
汽车制造业	2	291		4	27280.1	16372.9
通用设备制造业						
电气机械和器材制造业	1	43	2	6	1812.9	138.7
电力、热力、燃气及水生产和供应业	7	33		12	1430.5	939.0

19－15 规模以上工业企业研究与试验发展(R&D)人员情况(2013年)

项　　目	R&D人员合计(人)	按职能分组		按工时分组		
		参加项目人员	管理和服务人员	全时人员	非全时人员	#研究人员
总　　计	5399	4838	561	2239	3160	1869
#国有控股企业	1746	1659	87	603	1143	599
按企业规模分组						
大型企业	3421	3172	249	1086	2335	653
中型企业	1701	1424	277	999	702	1119
小型企业	277	242	35	154	123	97
微型企业						
按登记注册类型分组						
内资企业	5128	4673	455	2016	3112	1694
国有企业	703	696	7	56	647	109
股份合作企业						
有限责任公司	2569	2428	141	1047	1522	507
国有独资公司	210	195	15	44	166	35
其他有限责任公司	2359	2233	126	1003	1356	472
股份有限公司	2359	2233	126	1003	1356	895
私营企业	248	207	41	172	76	183
港、澳、台商投资企业						
外商投资企业	271	165	106	223	48	175
按国民经济行业大类分组						
煤炭开采和洗选业	1478	1446	32	180	1298	182
食品制造业	53	45	8	47	6	11
酒、饮料和精制茶制造业	248	207	41	172	76	183
纺织业	338	272	66	321	17	21
石油加工、炼焦和核燃料加工业	449	425	24	141	308	160
化学原料和化学制品制造业	1814	1601	213	684	1130	823
医药制造业						
非金属矿物制品业	112	89	23	66	46	53
金属制品	73	69	4	12	61	3
黑色金属冶炼和压延加工业	172	75	97	149	23	172
汽车制造	315	302	13	255	60	88
通用设备制造业	36	30	6	9	27	12
电气机械和器材制造业	35	26	9	35		35
电力、热力、燃气及水生产和供应业	276	251	25	168	108	126

19－16 规模以上工业企业研究与

项　　目	R&D经费内部支出合计(万元)	按活动类型分组			按支出用途分组	
		基础研究支出	应用研究支出	试验发展支出	经常费支出	#人员劳务费
总　　计	327459.7	27.5	17207.1	310225.1	292864.8	51252.3
#国有控股企业	88504.5	27.5	3843.1	84633.9	76160.5	12398.1
按企业规模分组						
大　型	198916.0	27.5	17207.1	181681.4	177824.0	34233.2
中　型	102802.1			102802.1	90844.4	15256.3
小　型	25741.6			25741.6	24196.4	1762.8
微　型						
按登记注册类型分组						
内资企业	307780.8	27.5	16834.6	290918.7	282389.8	48329.4
国有企业	21742.4	27.5	3089.4	18625.5	20368.7	3660.1
股份合作企业						
有限责任公司	167764.5		11574.8	156189.7	147522.5	27019.7
国有独资公司	7907.3			7907.3	6023.4	1087.2
其他有限责任公司	159857.2		11574.8	148282.4	141499.1	25932.5
股份有限公司	97653.9		2170.4	95483.5	94428.6	16408.6
私营企业	20620.0			20620.0	20070.0	1241.0
港、澳、台商投资企业						
外商投资企业	19678.9		372.5	19306.4	10475.0	2922.9
按国民经济行业大类分组						
煤炭开采和洗选业	92130.5	27.5	12332.8	79770.2	87672.7	15858.1
食品制造业	1518.7			1518.7	1517.8	560.2
酒、饮料和精制茶制造业	20620.0			20620.0	20070.0	1241.0
纺织业	19137.0		1991.2	17145.8	19102.6	5294.7
石油加工、炼焦和核燃料加工业	26359.1		2331.4	24027.7	25359.1	1682.4
化学原料和化学制品制造业	105429.0			105429.0	87406.1	17978.7
医药制造业						
非金属矿物制品业	1432.0			1432.0	1237.0	490.0
金属制品	15858.0			15858.0	15270.0	140.0
黑色金属冶炼和压延加工业	7548.3		372.5	7175.8	3694.4	2577.4
通用设备制造业	27303.6			27303.6	24015.4	2908.8
汽车制造业	1980.0			1980.0	1026.0	298.0
电气机械和器材制造业	2034.8			2034.8	1874.2	590.0
电力、热力、燃气及水生产和供应业	6108.7		179.2	5929.5	4619.5	1633.0

试验发展（R&D）经费情况（2013 年）

按支出用途分组			按资金来源分组				R&D 经费外部支出（万元）
资产性支出	土建工程	仪器设备	政府资金	企业资金	境外资金	其他资金	
34594.9	763.9	33831.0	7604.5	302469.4		17385.8	16089.7
12344.0	94.7	12249.3	6197.7	78729.8		3577.0	13589.0
21092.0	443.0	20649.0	1006.8	186100.4		11808.8	11327.4
11957.7	35.1	11922.6	377.7	96847.4		5577.0	4262.3
1545.2	285.8	1259.4	6220.0	19521.6			500.0
25391.0	721.5	24669.5	7604.5	285333.0		14843.3	15837.8
1373.7	5.3	1368.4		21742.4			4252.8
20242.0	669.0	19573.0	6280.0	158426.7		3057.8	8097.4
1883.9	31.3	1852.6		7907.3			6010.9
18358.1	637.7	17720.4	6280.0	150519.4		3057.8	2086.5
3225.3	47.2	3178.1	1324.5	84543.9		11785.5	3487.6
550.0		550.0		20620.0			
9203.9	42.4	9161.5		17136.4		2542.5	251.9
4457.8	55.0	4402.8	800.0	82679.5		8651.0	11025.5
0.9		0.9		1518.7			
550.0		550.0		20620.0			
34.4		34.4	206.8	18930.2			4.3
1000.0		1000.0		24809.1		1550.0	124.0
18022.9	362.9	17660.0	297.7	98389.0		6742.3	3626.3
195.0	15.0	180.0	70.0	1362.0			500.0
588.0	38.0	550.0	5870.0	9988.0			
3853.9	42.4	3811.5		7548.3			251.9
3288.2	220.0	3068.2	100.0	27203.6			500.0
954.0		954.0		1980.0			
160.6	21.9	138.7	200.0	1834.8			
1489.2	8.7	1480.5	60.0	5606.2		442.5	57.7

19－17 规模以上工业企业研究与试验发展(R&D)项目情况(2013年)

项　目	项目数(项)	参加项目人员(人)	项目人员折合全时当量(人年)	全部项目经费内部支出(万元)
总　计	241	4838	4245.6	292467.50
#国有控股企业	118	1659	1425.6	79792.20
按企业规模分组				
大型企业	144	3172	2784.0	173093.60
中型企业	82	1424	1332.2	99958.20
小型企业	15	242	129.5	19415.70
微型企业				
按登记注册类型分组				
内资企业	228	4673	4098.9	277510.40
国有企业	37	696	696.0	21433.50
股份合作企业				
有限责任公司	91	2428	1926.0	138777.20
国有独资公司	16	195	93.6	6838.70
其他有限责任公司	75	2233	1832.4	131938.50
股份有限公司	98	1342	1269.9	96724.70
私营企业	2	207	207.0	20575.00
港、澳、台商投资企业				
外商投资企业	13	165	146.8	14957.10
按国民经济行业大类分组				
煤炭开采和洗选业	67	1446	1422.1	90878.60
食品制造业	2	45	42.1	1518.70
酒、饮料和精制茶制造业	2	207	207.0	20575.00
纺织业	19	272	272.0	19135.30
石油加工、炼焦和核燃料加工业	17	425	353.7	25896.30
化学原料和化学制品制造业	87	1601	1328.6	85425.30
医药制造业				
非金属矿物制品业	5	89	26.9	1202.00
金属制品	1	69	6.4	10000.00
黑色金属冶炼和压延加工业	6	75	68.0	3445.00
汽车制造	6	302	292.6	25858.00
通用设备制造业	1	30	16.7	1400.00
电气机械和器材制造业	1	26	26.0	1812.90
电力、热力、燃气及水生产和供应业	27	251	183.4	5320.40

19—18 文化事业基本情况(2013年)

项　　目	2013	项　　目	2013
一、文化部门艺术表演团体		举办展览个数(个)	94
单位数(个)	9	组织文艺活动次数(次)	794
年末职工人数(人)	696	举办训练班次(次)	254
演出场次(次)	1245	训练班结业人数(人次)	12960
# 农村演出(次)	673	总收入(千元)	40693
观众人数(千人次)	1356	固定资产原值(千元)	52264
总收入(千元)	74461	**五、文化站**	
# 财政补助(千元)	71099	机构数(个)	75
上级补助(千元)		从业人员(人)	556
事业收入(千元)	2370	举办展览个数(个)	223
# 演出收入(千元)	2370	组织文艺活动次数(次)	2036
总支出(千元)	78550	举办训练班次(次)	551
固定资产原值(千元)	50754	**六、公共图书馆**	
公用房屋建筑面积(平方米)	22285	单位数(个)	9
二、艺术学校		职工人数(人)	318
学校数(个)		发放借书证书(个)	28711
职工人数(人)		总流通人次(千人次)	1275
在校生数(人)		# 书刊外借人次(千人次)	490
三、文化部门艺术表演场所		总收入(千元)	42428
单位数(个)	3	**七、文物保护管理机构**	
职工人数(人)	51	机构数(个)	8
坐席数(个)	4037	从业人员(人)	85
四、群艺馆、文化馆		**八、博物馆**	
单位数(个)	9	机构数(个)	5
职工人数(人)	271	从业人员(人)	106

19－19 广播电视播出情况(2013 年)

项　目	单位	2013	项　目	单位	2013
广　播			电　视		
广播电台	座	8	电视台	座	8
调频广播发射台	座	134	电视转播发射台	座	73
中短波转播发射台	座	4	有线电视用户数	万户	35.5
广播人口覆盖率	%	95.56	电视人口覆盖率	%	96.23
节目套数	套	11	节目套数	套	11
全年广播节目制作情况	时	12738	全年电视节目制作情况	时	16757
新闻资讯类节目	时	4000	新闻资讯类节目	时	3995
专题服务类节目	时	5340	专题服务类节目	时	1514
综艺类节目	时	800	综艺类节目	时	418
广播剧类节目	时	8	影视剧类节目	时	9290
广告类节目	时	2101	广告类节目	时	12840
其他类节目	时	490	其他类节目	时	
全年公共广播节目播出时间	时		全年公共电视节目播出时间	时	
按节目类型分			按节目类型分		
新闻资讯类节目	时	16567	新闻资讯类节目	时	12495
专题服务类节目	时	14250	专题服务类节目	时	9876
综艺类节目	时	18256	综艺类节目	时	3918
广播剧类节目	时		影视剧类节目	时	20541
广告类节目	时	5005	广告类节目	时	6180
其他类节目	时	7993	其他类节目	时	5909

主要统计指标解释

普通高等学校 指按照国家规定的设置标准和审批程序批准举办，通过国家统一招生考试，招收高中毕业生为主要培养对象，实施高等教育的全日制大学、独立设置的学院和高等专科学校、短期职业大学。成人高等学校：指按照国家有关规定审批，招收通过全国成人高教统一招生考试的具有高中毕业或同等学历的在职从业人员，利用脱产、半脱产、业余或函授等多种形式对其实施高等学历教育，培养高等教育专科或本科毕业水平的专门人才，修业年限，课程设置和总学时数均按高等学历教育要求付诸实施的学校。包括广播电视大学、职工高等学校、农民高等学校、管理干部学院、教育学院、独立设备的函授学院等。

小学学龄儿童入学率 指调查范围内已入小学学习的学龄儿童占校内外学龄儿童总数(包括弱智儿童，不包括盲聋哑儿童)的比重。计算公式为：

小学学龄儿童入学率 = 已入学的小学学龄儿童数 / 校内外小学学龄儿童总数 × 100%

科技活动 指在自然科学、农业科学、医药科学、工程与技术科学、人文与社会科学领域(简称科学技术领域)中，与科技知识的产生、发展、传播和应用密切相关的有组织的活动。可分为研究与试验发展(R&D)、研究与试验发展成果应用及相关的科技服务三类活动。该定义是联合国教科文组织考虑成员国特别是发展中国家开展科技统计工作的需要，而对科技活动所作的统计界定。

科技活动人员 指直接从事科技活动，以及专门从事科技活动管理和为科技活动提供直接服务，累计的实际工作时间占全年制度工作时间 10%及以上的人员。(1)直接从事科技活动的人员包括:在独立核算的科学研究与技术开发机构、高等学校、各类企业及其他事业单位内设的研究室、实验室、技术开发中心及中试车间(基地)等机构中从事科技活动的研究人员、工程技术人员、技术工人及其它人员；虽不在上述机构工作，但编入科技活动项目(课题)组的人员；科技信息与文献机构中的专业技术人员；从事论文设计的研究生等。(2)专门从事科技活动管理和为科技活动提供直接服务的人员，包括:独立核算的科学研究与技术开发机构、科技信息与文献机构、高等学校、各类企业及其他事业单位主管科技工作的负责人，专门从事科技活动的计划、行政、人事、财务、物资供应、设备维护、图书资料管理等工作的各类人员，但不包括保卫、医疗保健人员、司机、食堂人员、茶炉工、水暖工、清洁工等为科技活动提供间接服务的人员。该指标用来反映投入科技活动人力的规模。

专业技术人员 指从事专业技术工作和专业技术管理工作的人员，即企事业单位中已经聘任专业技术职务从事专业技术工作和专业技术管理工作的人员，以及未聘任专业技术职务，现在专业技术岗位上工作的人员。包括工程技术人员，农业技术人员，科学研究人员，卫生技术人员，教学人员，经济人员，会计人员，统计人员，翻译人员，图书资料、档案、文博人员，新闻出版人员，律师、公证人员，广播电视播音人员，工艺美术人员，体育人员，艺术人员及企业政治思想工作人员，共十七个专业技术职务类别。用来反映科技人力资源情况。

科技活动经费筹集 指从各种渠道筹集到的计划用于科技活动的经费，包括政府资金、企业资金、事业单位资金、金融机构贷款、国外资金和其他资金等。反映各社会经济主体对促进科技进步所做的努力。

专利 是专利权的简称，是对发明人的发明创造经审查合格后，由专利局依据专利法授予发明人和设计人对该项发明创造享有的专有权。包括发明、实用新型和外观设计。反映拥有自主知识产权的科技和设计成果情况。

文化事业机构 指从事专业文化工作和为专业文化工作服务的独立建制的单位。不包括这些单位另外举办独立核算的其他机构和各部门的业余文化组织。

艺术表演团体 指从事戏曲、音乐、舞蹈、杂技等专业艺术表演，有独立账户的单位，不包括半工半艺、半农半艺和民间职业剧团。

二十、体育、卫生、社会福利、环境保护和其他

青铜器广场

20－1 体育事业基本情况

指　　标	单位	2012	2013
运动员和裁判情况			
等级运动员	人	299	229
#二级	人	83	
三级	人	216	229
等级裁判	人	604	122
#二级	人	174	122
三级	人	430	
体育场地和人员情况			
# 体育场地		2290	2570
体育场	个	1	4
体育馆	个	110	112
游泳馆	个	8	25
网球场	个	24	24
排球场	个	154	174
篮球馆、篮球场	个	444	487
乒乓球场	个	274	294
羽毛球馆	个	54	56
群众活动馆	个	67	97
健身路径	个	450	565
非标准场地	个	109	137
举办运动会次数	次	19	3
国际	次	1	
国内	次	13	
区内	次	1	
市内		4	3
《国家体育锻炼标准》达标人数	万人	2560	
参加运动会运动员人数	万人	7200	
奖牌情况			
自治区级比赛			
金牌	枚	78	95
银牌	枚	62	73
铜牌	枚	70	124

20－2　医疗卫生事业基本情况

指　　标	2012	2013
卫生机构(个)	1734	1760
#医　院	65	81
市	22	35
县	43	46
乡镇卫生院	105	94
妇幼保健所	9	9
诊　所	713	691
村卫生室	745	713
社区卫生服务中心	28	35
社区卫生服务站	49	58
疾病预防控制中心	9	9
卫生监督所	9	9
其　他	2	2
床位数(张)	8669	9872
#医　院	7051	8262
市	2438	3700
县	4613	4562
卫生技术人员(人)	13674	15028
执业医师	5352	5775
执业助理医师	1075	1118
注册护士	4595	5525
药剂人员	914	910
检验人员	580	654
其　他	1158	1046

注:1.卫生机构、职工人数含诊所、村卫生室、社区卫生服务中心、站;
2.床位数不含诊所。

20－3　主要年份卫生机构、人员、床位数

年　份	卫生机构(个)			
	合　计	#医　院	#卫生院	#防疫站
1957	56	8	11	1
1965	242	13	107	8
1970	195	9	126	3
1975	251	16	131	8
1978	245	17	138	8
1980	262	12	141	9
1981	280	16	136	9
1982	284	15	140	9
1983	287	16	141	9
1984	285	17	142	9
1985	281	17	140	9
1986	284	17	136	9
1987	283	18	137	9
1988	290	19	133	9
1989	300	18	136	9
1990	293	18	137	9
1991	297	18	136	10
1992	298	18	136	10
1993	307	20	136	10
1994	306	20	136	9
1995	306	20	136	9
1996	496	21	137	9
1997	503	21	137	9
1998	489	21	135	9
1999	508	22	132	10
2000	763	21	128	10
2001	1205	22	117	9
2002	450	23	110	9
2003	418	24	110	9
2004	410	23	107	9
2005	542	24	108	9
2006	648	25	105	9
2007	657	23	108	9
2008	1103	26	109	9
2009	1254	26	109	9
2010	1851	50	106	9
2011	1746	53	105	9
2012	1734	65	105	9
2013	1760	81	94	9

20－3 续表

年份	卫生技术人员(人)					床位数(张)
	合计	#中医师	#西医师	#医士	#护士	
1957	335	9	14	64	56	115
1965	1525	552	110	298	102	1073
1970	1537	354	395	320	240	1301
1975	2221	357	326	482	268	2495
1978	2605	462	347	485	252	2559
1980	3245	567	504	482	291	2743
1981	3683	295	501	751	272	2695
1982	3885	195	510	895	378	2727
1983	4048	198	540	894	428	2806
1984	4208	206	539	1041	449	2834
1985	4191	201	538	1065	452	2801
1986	4304	205	527	1094	512	2897
1987	4436	196	577	1045	598	3133
1988	4705	255	799	888	582	3128
1989	4680	308	966	846	653	3170
1990	4781	333	1102	782	628	3198
1991	4948	340	1124	812	643	3237
1992	5110	362	1126	879	700	3327
1993	5089	345	1160	959	616	3568
1994	5161	331	1211	937	577	3400
1995	5221	350	1241	1022	547	3537
1996	5543	376	1476	861	611	3614
1997	5829	383	1528	970	619	3814
1998	5490	361	1463	900	503	3997
1999	5970	491	1560	952	502	4113
2000	6504	561	1661	828	558	4025
2001	6688	550	2201	755	618	3970
2002	5528				1335	3915
2003	5657				1276	4057
2004	5385				1312	4170
2005	5646				1405	4613
2006	6295				1612	4749
2007	6596				1584	4778
2008	7969				1726	9260
2009	8858				2099	9260
2010	11263				3206	7287
2011	12513				3799	7191
2012	13674				4595	8669
2013	15028				5525	9872

注:2002年(包括2002年)以后卫生技术人员不分中医师、西医师、医士。

20－4　分旗区卫生机构、病床数(2013 年)

地　　区	卫生机构(个)	#医　院	#卫生院	#妇幼保健院(所、站)	床位数(张)
东 胜 区	431	36	6	1	4101
达拉特旗	298	8	22	1	1260
准格尔旗	257	9	14	1	1716
鄂托克前旗	112	3	7	1	365
鄂托克旗	163	7	11	1	827
杭 锦 旗	173	2	12	1	440
乌 审 旗	120	6	8	1	390
伊金霍洛旗	206	10	14	1	773

注:市直和康巴什纳入东胜区统计。

20－5　分旗区卫生技术人员(2013 年)

地　　区	卫生技术人员(人)	#执业医师	#执业助理医师	#注册护士	#药技人员
东 胜 区	6192	2309	237	2636	652
达拉特旗	1933	748	230	603	267
准格尔旗	2459	926	188	1001	251
鄂托克前旗	622	266	59	158	57
鄂托克旗	943	378	92	259	112
杭 锦 旗	787	380	68	220	50
乌 审 旗	748	270	90	233	87
伊金霍洛旗	1344	498	154	415	88

20—6 交通事故情况

项　目	2012	2013	2013年比2012年增加(%)
发生数(起)	221	220	-0.5
死亡人数(人)	125	123	-1.6
受伤人数(人)	228	212	-7.0
损失折款(万元)	147.61	108.15	-26.7

注:损失折款指直接损失。

20—7 火灾事故情况

项　目	2012	2013	2013年比2012年增长(%)
发生数(起)	518	56	-89.2
死亡人数(人)			
受伤人数(人)			
损失折款(万元)	309.07	3.46	-98.9

注:损失折款指直接损失。

20－8 社会福利事业基本情况

项　　目	2011	2012	2013
城乡居民最低生活保障人数(人)	80817	78365	72171
城镇居民最低生活保障人数	26389	23551	21949
农村居民最低生活保障人数	54428	54814	50222
城镇低保标准(元/月)	452	493	480
农村低保标准(元/月)	315	356	390
农村五保供养服务			
农村散居五保户人数	4015	4661	4479
单位数(个)	45	42	39
工作人员(人)	304	352	251
床位(张)	2907	3354	5033
年末收养人数(人)	2378	2176	1980

20－9 农村牧区医疗救助情况(2013年)

地　　区	救助人数(人)	救助资金发放(万元)
总　　计	9962	2193
东 胜 区	745	257
达拉特旗	508	228
准格尔旗	7029	709
鄂托克前旗	279	108
鄂托克旗	290	188
杭 锦 旗	309	153
乌 审 旗	661	103
伊金霍洛旗	615	451

20－10　社会保险情况

项　　目	2011	2012	2013
养老保险情况			
基本养老保险人数(万人)	22.97	24.89	26.07
离退休(职)人数(万人)	3.18	3.86	4.30
实缴养老保险费(万元)	212054	260123	310031
当年基金支出(万元)	70394	98291	110313
城镇居民养老参保人数	2.74	2.50	2.70
享受待遇人数(万人)	1.26	0.86	0.91
农牧民养老保险参保人数	47.73	48.63	50.83
享受待遇人数(万人)	15.76	16.42	16.50
城乡居民养老保险基金			
当年基金总收入(万元)	88347	200142	65331
#个人缴纳			20249
当年基金支出	63781	59917	65226
工伤保险情况			
参保职工(万人)	15.37	17.63	21.34
实缴工伤保险费(万元)	9727	12400	15196
工伤保险费支出(万元)	4024	5328	7564
生育保险情况			
参保职工(万人)	18.08	20.06	20.95
# 女性(万人)	6.77	7.10	7.43
实缴生育保险费(万元)	4201	5723	7282
生育保险费支出(万元)	2637	5551	8569

注:从2013年起城乡居民养老保险基金合并实施。

20－10 续表

项　目	2011	2012	2013
失业保险情况			
参保人数(万人)	15.08	16.10	16.90
失业保险费收入(万元)	12681.99	21422.11	24421.66
单　位	8262.16	14271.10	16311.85
个　人	4419.83	7151.00	8109.81
失业保险金支出合计(万元)	2226.37	2391.85	12824.74
# 失业保险金支出	1226.65	1019.13	980.21
医疗补助金支出	14.30	15.39	16.93
职业培训和职业介绍补贴支出	47.68	19.00	36.40
其他促进就业支出	60.74	70.18	9648.91
医疗保险情况			
城镇基本医疗保险人数(万人)	54.10	60.25	64.07
职工基本医疗保险	26.26	31.67	33.06
在　职	21.23	25.73	27.01
退休人员	5.03	5.94	6.05
居民基本医疗保险	27.84	28.58	31.01
实缴基本医疗保险(万元)	78761.18	109690.78	134142.95
职工基本医疗保险	73481.29	96770.12	118709.54
统筹基金	55933.03	67689.63	61628.55
个人账户	17548.26	29080.49	57072.99
居民医疗保险(万元)	5279.89	12920.66	15441.41
农村新型合作医疗参合人数(万人)	90.6	90.3	92.09
基金收入额(万元)	36162	49321	59781
基金支出额(万元)	30626	43038	58757

20－11 工业“三废”排放及治理情况

项　　目	2013
工业废水	
工业用水总量(万吨)	123645.56
工业用水重复利用率(%)	89.72
废水治理设施数(套)	284
废水治理设施处理能力(万吨／日)	50.33
废水治理设施运行费用(万元)	22246.80
工业废水排放量(万吨)	2041.06
化学需氧量排放量(吨)	1530.76
氨氮排放量(吨)	13.62
工业废气	
煤炭消费总量(万吨)	8316.37
燃料油消费量(不含车船用)(万吨)	0.03
废气治理设施数(套)	1171
废气治理设施处理能力(万标立方米／时)	6224.45
废气治理设施设备运行费用(万元)	130930.60
工业废气排放总量(万标立方米)	40599204.24
二氧化硫去除量(吨)	496649.35
二氧化硫排放量(吨)	212067.13
氮氧化物排放量(吨)	205310.62
烟尘去除量(吨)	7419988.58
烟(粉)尘排放量(吨)	103541.27

20－11 续表

项　目	2013
工业固体废物	
工业固体废物产生量(万吨)	5453.96
工业固体废物丢弃量(万吨)	
工业固体废物贮存量(万吨)	692.01
工业固体废物处置量(万吨)	2560.92
工业固体废物综合利用量(万吨)	2614.69
工业固体废物综合利用率(%)	40.36
污染治理	
本年安排污染治理项目数(个)	45
城市环境保护投资(万元)	805586.54
工业污染源治理投资	113632.67
项目“三同时”投资	103522.64
污染治理设施运行费用	167121.19
城市环境基础设施建设投资	420296.04
环境管理与污染防治科技投入	1014
排放收费及使用	
排污费缴纳单位(个)	820
排污费征收额(万元)	23368.69

指　标	工业废气排放量（万标立方米）	废气治理设施数（套）	二氧化硫去除量（吨）
煤炭开采和洗选业	462115.39	250	
黑色金属矿采选业			
农副食品加工业	3367.37	1	
食品制造业	95559.50	7	1261.57
饮料制造业	2491.77	7	
纺织业	5391.56		
化学原料及化学制品制造业	6297945.21	312	23965.58
医药制造业			
非金属矿物制品业	4535301.16	236	8199.46
黑色金属冶炼及压延加工业	103169.30	19	
有色金属冶炼及压延加工业	496206.53	45	
专业设备制造业			
电器机械及器材制造业			
通信设备、计算机及其他电子设备制造业			
电力、热力的生产和供应业	25883026.95	206	439533.43
水的生产和供应业			

污染排放及处理利用情况(2013 年)

二氧化硫排放量(吨)	烟(粉)尘去除量(吨)	烟尘(粉)排放量(吨)	工业固体废物产生量(万吨)	工业固体废物综合利用量(万吨)
6322.03	10738.57	4735.24	3240.37	1370.43
53.12	34.21	2.51	0.01	0.01
61.48	290.97	15.76	1.08	1.08
50.22	97.67	4.73	0.09	0.06
73.82		86.25	0.06	0.06
24740.39	248484.11	3831.87	197.68	167.52
8431.62	302633.92	14999.18	61.75	61.74
1904.85	815.62	345.92	6.01	6.01
1090.95	17226.36	905.95	40.91	22.59
143744.81	5573184.42	29733.10	1296.35	550.78

20－13　城市环境质量情况

项　　目	单位	2011	2012	2013
可吸入颗粒物浓度年均值	mg/m^3	0.058	0.072	0.085
二氧化硫浓度年均值	mg/m^3	0.046	0.034	0.027
二氧化氮浓度年均值	mg/m^3	0.043	0.033	0.027
区域环境噪声平均值	dB(A)	51.4	51.5	49.4
交通干线噪声平均值	dB(A)	62.6	62.7	61.3

主要统计指标解释

卫生机构 包括医疗机构、疾病预防控制中心(防疫站)、采供血机构、卫生监督及监测(检验)机构、医学科研和在职培训机构、健康教育所等。医疗机构包括医院、社区卫生服务中心(站)、疗养院、卫生院、门诊部、诊所(卫生所、医务室)、妇幼保健院(所、站)、专科疾病防治院(所、站)、急救中心(站)和临床检验中心。医疗机构分为非赢利性医疗机构和赢利性医疗机构。

医院 包括综合医院、中医医院、中西医结合医院、民族医院、各类专科医院和护理院。

卫生技术人员 指卫生机构中医生、护理人员、药剂人员、检验人员等卫生技术人员。

医生 指在医疗、预防保健机构工作且取得《执业医师证书》的执业医师和执业助理医师。

社会福利事业单位 指集中收养社会孤老、残、幼的机构,包括由民政部门管理的社会福利院、儿童福利院、精神病人福利院和城镇集体举办的福利院及农村集体举办的敬老院以及优抚医院和具有收养能力的社区服务中心等。该指标主要反映我国在社会福利性单位投入的水平。

农村五保户 指农村中既无劳动能力,又无经济来源的老、弱、孤、残的农民,其生活由集体供养,实行保吃、保穿、保住、保医、保葬(孤儿保教),简称"五保"。享受五保待遇的家庭叫五保户。

基本养老保险 1.参加保险人数:指报告期末按照国家法律、法规和有关政策规定参加基本养老保险的职工人数。包括不能正常缴费、已中断缴费但未终止保险关系的职工人数。2.离休、退休、退职人员;指正式办理了离休、退休、退职手续,并享受相应的离休、退休、退职待遇的人员。

基本医疗保险 1.参加保险人数:指报告期末按国家有关规定参加基本医疗保险的人数。包括参加保险的职工人数和退休人员人数。2. 社会统筹基金收入:指根据国家有关规定,由纳入基本医疗保险范围的缴费单位,按国家规定的缴费基数和缴费比例缴纳的社会统筹基金,以及通过其他方式取得的形成基金来源的款项,包括:单位缴纳的社会统筹基金收入、财政补贴收入、利息收入、其他收入。

失业保险 1.参加保险人数:指报告期末按照国家法律、法规和有关政策规定参加了失业保险的城镇企业事业单位的职工及地方政府规定参加失业保险的其他人员的人数。2.失业保险金:指为保障失业人员的基本生活而按规定支付的失业保险金金额。保险福利费用总额指各单位在工资以外支付给职工和离休、退休、退职人员个人和用于集体的保险福利费用,不包括用于职工的劳动保护费用,由保险福利费用开支的医务人员工资,集体福利机构工作人员和病伤休息期满 6 个月以上人员的工资。

工伤保险 参加保险人数;指报告期末依据国家有关规定参加工伤保险的职工人数。

生育保险 参加保险人数;指报告期末依据有关规定参加生育保险的职工人数。

工业废水排放量 指经过企业厂区所有排放口排到企业外部的工业废水量。包括生产废水、外排的直接冷却水、超标排放的矿井地下水和与工业废水混排的厂区生活污水,不包括外排的间接冷却水(清污不分流的间接冷却水应计算在内)。

工业二氧化硫排放量 指企业在燃料燃烧和生产工艺过程中排入大气的二氧化硫数量。

烟尘排放量 指企业厂区内燃料燃烧产生的烟气中夹带的颗粒物数量。

工业固体废物产生量 指企业在生产过程中产生的固体状、半固体状和高浓度液体状废弃物的总量,包括危险废物、冶炼废渣、粉煤灰、炉渣、煤矸石、尾矿、放射性废物和其他废物等;不包括矿山开采的剥离废石和掘进废石(煤矸石和呈酸性或碱性的废石除外)。酸性或碱性废石指采掘的废石其流经水、雨淋水的 PH值小于 4 或 PH 值大于 10.5 者。

危险废物 指列入国家危险废物名录或根据国家规定的危险废物鉴别标准和鉴别方法认定的,具有爆炸性、易燃性、易氧化性、毒性、腐蚀性、易传染疾病等危险特性之一的废物。

工业固体废物综合利用量 指通过回收、加工、循环、交换等方式,从固体废物中提取或者使其转化为可以利用的资源、能源和其他原材料的固体废物量

（包括当年利用往年的工业固体废物累计贮存量），如用作农业肥料、生产建筑材料、筑路等。综合利用量由原产生固体废物的单位统计。

工业固体废物处置量 指将固体废物焚烧或者最终置于符合环境保护规定要求的场所，并不再回取的工业固体废物量（包括当年处置往年的工业固体废物累计贮存量）。处置方法有填埋（其中危险废物应安全填埋）、焚烧、专业贮存场（库）封场处理、深层灌注、回填矿井等。

二十一、旗县（区）资料

鄂尔多斯文化艺术中心

21－1 东胜区主要经济指标

指　　标	2012	2013	2013年比上年增长(%)
行政区域土地面积(平方公里)	2526	2526	
人口和就业			
年末总人口(人)	263046	268908	2.2
#男性(人)	132036	134972	2.2
#乡村人口(人)	39658	42126	6.2
年末总户数(户)	89707	93330	4.0
#乡村户数(户)	14719	14921	1.4
出生人口(人)	3556	3402	-4.3
死亡人口(人)	1527	654	-57.2
全社会就业人员(人)	277983	281544	1.3
第一产业(人)	6692	5744	-14.2
第二产业(人)	106191	108644	2.3
第三产业(人)	165100	167156	1.2
在岗职工人数(人)	65961	84296	27.8
乡村劳动力(人)	24064	22256	-7.5
#农林牧渔业(人)	6692	6656	-0.5
国民经济综合指标			
生产总值(万元)	8503350	8802777	5.3
第一产业(万元)	14700	14800	0.5
第二产业(万元)	3366826	3282877	4.5
#工业(万元)	2807865	2701600	4.7
第三产业(万元)	5121824	5505100	5.8
人均生产总值(元)	141310	145742	4.9
全社会固定资产投资(万元)	6026112	6501079	7.9
按登记注册类型分			
#国有(万元)	1376076	1193499	-13.3
集体(万元)			
有限责任公司(万元)	3569254	3640188	2.0
股份有限公司(万元)	36158	272112	652.6
私营企业(万元)	15765	46240	1684.9
外商及港澳台投资企业(万元)			
按城乡渠道分			
城镇(万元)	6026112	6501079	7.9
农村(万元)			
公共财政预算收入(万元)	778736	966700	24.1
公共财政预算支出(万元)	810425	930501	14.8
个人储蓄存款余额(万元)	4932576	5554400	12.6
在岗职工工资总额(万元)	466091	614388	31.8

21－1 续表 1

指　　标	2012	2013	2013 年比上年增长(%)
在岗职工平均工资(元)	69303	71123	2.6
全体居民人均可支配收入(元)	26288	28601	8.8
城镇常住居民人均可支配收入(元)	31038	33707	8.6
农村牧区常住居民人均可支配收入(元)			
农村牧区经济			
农作物总播种面积(公顷)	1870	2019	8.0
# 粮食作物播种面积(公顷)	1850	2022	9.3
农牧业机械总动力(万千瓦)	10.85	11	1.4
化肥施用折纯量(吨)	122	716	486.9
农村用电量(万千瓦小时)	656	752	14.6
农林牧渔业总产值(万元)	25916	25703	-5.6
粮食产量(吨)	3800	11687	207.6
油料产量(吨)	6	30	400.0
甜菜产量(吨)			
猪牛羊肉产量(吨)	2250	1930	-14.2
# 猪肉产量(吨)	1472	820	-44.3
牛肉产量(吨)	282	181	-35.8
羊肉产量(吨)	496	929	87.3
羊毛产量(吨)	41	121	195.1
年末牲畜存栏头数(万头只)	7.08	8.00	13.0
# 大牲畜(万头只)	0.24	0.41	70.8
羊(万只)	5.79	6.68	15.4
猪(万头)	0.87	0.92	5.7
规模以上工业			
工业企业单位数(个)	63	62	-1.6
# 内资企业(个)	57	59	3.5
工业总产值(万元)	4497065	4711281	4.8
内资企业(万元)	3459940	3783294	9.3
国有企业(万元)	987198	495834	-49.8
集体企业(万元)			
股份合作企业(万元)			
联营企业(万元)			
有限责任公司(万元)	1732883	2610167	50.6
股份有限公司(万元)	384456	477735	24.3
私营企业(万元)	149650	43638	-70.8
其他企业(万元)	205753	155922	-24.2
港澳台商投资企业(万元)	9578	5987	-37.5
外商投资企业(万元)	1027546	922000	-10.3

21－1 续表 2

指　　标	2012	2013	2013 年比上年增长(%)
工业企业增加值(万元)			6.1
工业企业资产总计(万元)	13154600	12353200	-6.1
工业企业负债合计(万元)	7481100	7574100	1.2
工业企业产品销售收入(万元)	7611600	6464700	-15.1
工业企业利润总额(万元)	2046500	1267100	-38.1
建筑业			
建筑企业单位数(个)	138	166	20.3
建筑企业从业人员(人)	58291	68727	17.9
建筑业总产值(万元)	3472596	3665478	5.6
交通运输邮电通信业			
公路里程(公里)	1204	1135	-5.7
邮电业务总量(万元)	136620	139352	2.0
本地电话用户(户)	85915	85045	-1.0
国内贸易			
社会消费品零售总额(万元)	2508565	2709798	8.0
城镇(万元)	2471012	2709798	9.7
乡村(万元)	37553		
科技教育卫生			
各类专业技术人员(人)	9210	9257	0.5
幼儿园数(所)	59	62	5.1
学龄儿童入学率(%)	100.0	100.0	
小学学校数(所)	36	34	-5.6
小学专任教师数(人)	1875	1914	2.1
小学在校学生数(人)	31867	33230	4.3
普通中学学校数(所)	19	16	-15.8
普通中学专任教师数(人)	2361	2427	2.8
初中在校学生数(人)	15966	15526	-2.8
高中在校学生数(人)	13951	13942	-0.1
卫生机构数(所)	390	431	10.5
# 医院(所)	24	36	50.0
卫生院(所)	7	6	-14.3
床位数(张)	3072	4101	33.5
# 医院(张)	2963	4000	35.0
卫生院(张)	81	73	-9.9
卫生技术人员(人)	5405	6192	14.6
# 医院(人)	2320	4061	75.0
卫生院(人)	70	81	15.7

21－2 达拉特旗主要经济指标

指　　标	2012	2013	2013年比上年增长(%)
行政区域土地面积(平方公里)	8241	8241	
人口和就业			
年末总人口(人)	357563	362444	1.4
#男性(人)	182790	184933	1.2
#乡村人口(人)	143000	144784	1.2
年末总户数(户)	152190	156936	3.1
#乡村户数(户)	50624	51035	0.8
出生人口(人)	5774	5644	-2.3
死亡人口(人)	6794	1884	-72.3
全社会就业人员(人)	233481	237639	1.8
第一产业(人)	66351	66702	0.5
第二产业(人)	51187	51830	1.3
第三产业(人)	115943	119107	2.7
在岗职工人数(人)	22227	31188	40.3
乡村劳动力(人)	99543	99442	-0.1
#农林牧渔业(人)	74070	74131	0.1
国民经济综合指标			
生产总值(万元)	4514593	4802980	10.4
第一产业(万元)	287352	313000	3.7
第二产业(万元)	2873902	2978099	12.0
#工业(万元)	2663122	2745188	12.2
第三产业(万元)	1353339	1511881	8.2
人均生产总值(元)	137535	145943	10.1
全社会固定资产投资(万元)	1902895	2305451	21.2
按登记注册类型分			
#国有(万元)	151827	877801	478.2
集体(万元)			
有限责任公司(万元)	1643633	1229999	-25.2
股份有限公司(万元)	10500	153643	1363.3
私营企业(万元)	5000	21323	326.5
外商及港澳台投资企业(万元)			
按城乡渠道分			
城镇(万元)	1900795	2288014	20.4
农村(万元)	2100	17437	730.3
公共财政预算收入(万元)	165421	190800	15.3
公共财政预算支出(万元)	420975	374465	-11.0
个人储蓄存款余额(万元)	782707	895841	14.5
在岗职工工资总额(万元)	131985	174054	31.9

21－2 续表1

指　　标	2012	2013	2013年比上年增长(%)
在岗职工平均工资(元)	59684	55628	-6.8
全体居民人均可支配收入(元)	18714	20642	10.3
城镇常住居民人均可支配收入(元)	26394	28928	9.6
农村牧区常住居民人均可支配收入(元)	10761	12020	11.7
农村牧区经济			
农作物总播种面积(公顷)	124782	124507	-0.2
#粮食作物播种面积(公顷)	81460	81620	0.2
农牧业机械总动力(万千瓦)	80.00	86.00	7.5
化肥施用折纯量(吨)	45759	39788	-13.0
农村用电量(万千瓦小时)	25521	23852	-6.5
农林牧渔业总产值(万元)	483138	527425	3.9
粮食产量(吨)	565000	609500	7.9
油料产量(吨)	18904	18734	-0.9
甜菜产量(吨)	107157	94068	-12.2
猪牛羊肉产量(吨)	35335	38430	8.8
#猪肉产量(吨)	9003	12076	34.1
牛肉产量(吨)	2996	3296	10.0
羊肉产量(吨)	23336	23058	-1.2
羊毛产量(吨)	4123	4867	18.0
年末牲畜存栏头数(万头只)	200.20	201.07	0.4
#大牲畜(万头只)	5.80	5.87	1.2
羊(万只)	188.30	189.05	0.4
猪(万头)	6.10	6.15	0.8
规模以上工业			
工业企业单位数(个)	46	56	21.7
#内资企业(个)	43	53	23.3
工业总产值(万元)	5515885	6092084	10.4
内资企业(万元)	5323256	5866450	10.2
国有企业(万元)	330356	29173	-91.2
集体企业(万元)			
股份合作企业(万元)	250159		
联营企业(万元)			
有限责任公司(万元)	3005932	3975044	32.2
股份有限公司(万元)	312725	603105	92.9
私营企业(万元)	1169022	1081528	-7.5
其他企业(万元)	255063	177599	-30.4
港澳台商投资企业(万元)	14448	18686	29.3
外商投资企业(万元)	178181	206948	16.1

21－2 续表2

指　　标	2012	2013	2013年比上年增长(%)
工业企业增加值(万元)			16.1
工业企业资产总计(万元)	3707740	4627900	24.8
工业企业负债合计(万元)	1979256	2721100	37.5
工业企业产品销售收入(万元)	5519240	6141100	11.3
工业企业利润总额(万元)	1091918	1609700	47.4
建筑业			
建筑企业单位数(个)	14	13	-7.1
建筑企业从业人员(人)	3021	2703	-10.5
建筑业总产值(万元)	464812	508961	9.5
交通运输邮电通信业			
公路里程(公里)	2376	2376	
邮电业务总量(万元)	34214	33408	-2.4
本地电话用户(户)	26000	24000	-7.7
国内贸易			
社会消费品零售总额(万元)	460007	500002	8.7
城镇(万元)	285220	314949	10.4
乡村(万元)	174787	185052	5.9
科技教育卫生			
各类专业技术人员(人)	6009	6095	1.4
幼儿园数(所)	66	70	6.1
学龄儿童入学率(%)	100.0	100.0	
小学学校数(所)	22	22	
小学专任教师数(人)	1032	1094	6.0
小学在校学生数(人)	18984	19344	1.9
普通中学学校数(所)	9	9	
普通中学专任教师数(人)	1072	1104	3.0
初中在校学生数(人)	9637	9369	-2.8
高中在校学生数(人)	5983	5866	-2.0
卫生机构数(所)	300	298	-0.7
#医院(所)	8	8	
卫生院(所)	22	22	
床位数(张)	1270	1260	-0.8
#医院(张)	911	901	-1.1
卫生院(张)	308	308	
卫生技术人员(人)	1895	1933	2.0
#医院(人)	898	882	-1.8
卫生院(人)	252	231	-8.3

21－3 准格尔旗主要经济指标

指　　标	2012	2013	2013年比上年增长(%)
行政区域土地面积(平方公里)	7551	7551	
人口和就业			
年末总人口(人)	308737	314673	1.9
#男性(人)	157420	159925	1.6
#乡村人口(人)	102618	98216	-4.3
年末总户数(户)	133631	137741	3.1
#乡村户数(户)	36469	35113	-3.7
出生人口(人)	4753	4966	4.5
死亡人口(人)	1836	1163	-36.7
全社会就业人员(人)	185316	192134	3.7
第一产业(人)	36104	35104	-2.8
第二产业(人)	64720	67329	4.0
第三产业(人)	84492	89701	6.2
在岗职工人数(人)	40606	62020	52.7
乡村劳动力(人)	79624	79599	
#农林牧渔业(人)	41131	45184	9.9
国民经济综合指标			
生产总值(万元)	10003994	10505364	8.2
第一产业(万元)	88105	92600	1.8
第二产业(万元)	6401510	6573939	9.7
#工业(万元)	5895641	6042271	10.1
第三产业(万元)	3514379	3838825	5.8
人均生产总值(元)	271111	285511	7.8
全社会固定资产投资(万元)	5501237	6204832	12.8
按登记注册类型分			
#国有(万元)	1123239	1657580	47.6
集体(万元)			
有限责任公司(万元)	3993388	3769204	-5.6
股份有限公司(万元)			
私营企业(万元)			
外商及港澳台投资企业(万元)			
按城乡渠道分			
城镇(万元)	5500547	6179451	12.3
农村(万元)	690	25381	3578.4
公共财政预算收入(万元)	673807	738600	9.6
公共财政预算支出(万元)	694534	726677	4.6
个人储蓄存款余额(万元)	1927530	2222063	15.3
在岗职工工资总额(万元)	262958	469733	78.6

21－3 续表 1

指　　标	2012	2013	2013 年比上年增长(%)
在岗职工平均工资(元)	66068	74589	12.9
全体居民人均可支配收入(元)	23706	25768	8.7
城镇常住居民人均可支配收入(元)	30950	33612	8.6
农村牧区常住居民人均可支配收入(元)	10829	12128	12.0
农村牧区经济			
农作物总播种面积(公顷)	67966	65123	-4.2
#粮食作物播种面积(公顷)	38930	37510	-3.6
农牧业机械总动力(万千瓦)	27.85	28.00	0.5
化肥施用折纯量(吨)	9511	9785	2.9
农村用电量(万千瓦小时)	3546	3689	4.0
农林牧渔业总产值(万元)	148529	156273	0.2
粮食产量(吨)	85000	87669	3.1
油料产量(吨)	3032	3012	-0.7
甜菜产量(吨)	550	517	-6.0
猪牛羊肉产量(吨)	12108	11620	-4.0
#猪肉产量(吨)	7015	6681	-4.8
牛肉产量(吨)	274	305	11.3
羊肉产量(吨)	4819	4634	-3.8
羊毛产量(吨)	538	543	0.9
年末牲畜存栏头数(万头只)	56.32	54.15	-3.9
#大牲畜(万头只)	1.31	1.30	-0.8
羊(万只)	49.45	47.63	-3.7
猪(万头)	5.56	5.22	-6.1
规模以上工业			
工业企业单位数(个)	114	114	
#内资企业(个)	110	108	-1.8
工业总产值(万元)	11510712	11336948	-1.5
内资企业(万元)	11450845	11203769	-2.2
国有企业(万元)	787483	2488316	216.0
集体企业(万元)	14417	9918	-31.2
股份合作企业(万元)	1945156		
联营企业(万元)			
有限责任公司(万元)	5815360	4841480	-16.7
股份有限公司(万元)	1133005	3414203	201.3
私营企业(万元)	877051	449853	-48.7
其他企业(万元)	878374		
港澳台商投资企业(万元)	7327	83199	1035.5
外商投资企业(万元)	52540	49980	-4.9

21－3 续表2

指　　标	2012	2013	2013年比上年增长(%)
工业企业增加值(万元)			11.0
工业企业资产总计(万元)	22186578	23140700	4.3
工业企业负债合计(万元)	12553034	12563000	0.1
工业企业产品销售收入(万元)	12248277	11860900	-3.2
工业企业利润总额(万元)	2450148	2926600	19.4
建筑业			
建筑企业单位数(个)	12	12	
建筑企业从业人员(人)	3491	3091	-11.5
建筑业总产值(万元)	86161	72356	-16.0
交通运输邮电通信业			
公路里程(公里)	2852	2675	-6.2
邮电业务总量(万元)	80000	107800	34.8
本地电话用户(户)	60269	60265	
国内贸易			
社会消费品零售总额(万元)	780027	840374	7.7
城镇(万元)	513569	562463	9.5
乡村(万元)	266458	277912	4.3
科技教育卫生			
各类专业技术人员(人)	9320	7188	-22.9
幼儿园数(所)	52	53	1.9
学龄儿童入学率(%)	100.0	100.0	
小学学校数(所)	25	25	
小学专任教师数(人)	1287	1390	8.0
小学在校学生数(人)	21962	22755	3.6
普通中学学校数(所)	12	12	
普通中学专任教师数(人)	1396	1431	2.5
初中在校学生数(人)	10826	10676	-1.4
高中在校学生数(人)	5768	5557	-3.7
卫生机构数(所)	281	257	-8.5
#医院(所)	9	9	
卫生院(所)	18	14	-22.2
床位数(张)	1590	1716	7.9
#医院(张)	1329	1455	9.5
卫生院(张)	255	255	
卫生技术人员(人)	2332	2459	5.4
#医院(人)	1162	836	-28.1
卫生院(人)	421	274	-34.9

21－4 鄂托克前旗主要经济指标

指　　标	2012	2013	2013年比上年增长(%)
行政区域土地面积(平方公里)	12221	12221	
人口和就业			
年末总人口(人)	76279	77147	1.1
#男性(人)	38688	39059	1.0
#乡村人口(人)	35379	35587	0.6
年末总户数(户)	27708	27799	0.3
#乡村户数(户)	12216	12407	1.6
出生人口(人)	1121	1214	8.3
死亡人口(人)	507	381	-24.9
全社会就业人员(人)	49581	50785	2.4
第一产业(人)	22588	19847	-12.1
第二产业(人)	11494	13114	14.1
第三产业(人)	15499	17824	15.0
在岗职工人数(人)	4675	10707	129.0
乡村劳动力(人)	23683	23792	0.5
#农林牧渔业(人)	19429	19675	1.3
国民经济综合指标			
生产总值(万元)	928438	1182505	19.6
第一产业(万元)	102700	111100	3.3
第二产业(万元)	527164	740809	29.2
#工业(万元)	393739	597510	36.1
第三产业(万元)	298574	330597	7.5
人均生产总值(元)	134800	170390	18.7
全社会固定资产投资(万元)	2013646	2309507	14.7
按登记注册类型分			
#国有(万元)	1707541	1939243	13.6
集体(万元)			
有限责任公司(万元)	64000	279707	337.0
股份有限公司(万元)	8500	9180	8.0
私营企业(万元)	206735		
外商及港澳台投资企业(万元)			
按城乡渠道分			
城镇(万元)	1985846	2309307	16.3
农村(万元)	27800	200	-99.3
公共财政预算收入(万元)	97877	116600	19.1
公共财政预算支出(万元)	216766	264972	22.2
个人储蓄存款余额(万元)	159356	193303	21.3
在岗职工工资总额(万元)	32485	59158	82.1

21－4 续表1

指　　标	2012	2013	2013年比上年增长(%)
在岗职工平均工资(元)	65800	53551	-18.6
全体居民人均可支配收入(元)	19563	21813	11.5
城镇常住居民人均可支配收入(元)	27083	30225	11.6
农村牧区常住居民人均可支配收入(元)	10840	12163	12.2
农村牧区经济			
农作物总播种面积(公顷)	27380	26327	-3.8
#粮食作物播种面积(公顷)	19020	17321	-8.9
农牧业机械总动力(万千瓦)	23.73	25.00	5.4
化肥施用折纯量(吨)	18936	19056	0.6
农村用电量(万千瓦小时)	3693	3822	3.5
农林牧渔业总产值(万元)	172391	18865	4.2
粮食产量(吨)	113000	104464	-7.6
油料产量(吨)	2649	2974	12.3
甜菜产量(吨)			
猪牛羊肉产量(吨)	18035	18384	1.9
#猪肉产量(吨)	3961	4012	1.3
牛肉产量(吨)	2776	2783	0.3
羊肉产量(吨)	11298	11589	2.6
羊毛产量(吨)	1500	1768	17.9
年末牲畜存栏头数(万头只)	88.98	90.06	1.2
#大牲畜(万头只)	3.72	3.50	-5.9
羊(万只)	79.64	80.68	1.3
猪(万头)	5.62	5.87	4.4
规模以上工业			
工业企业单位数(个)	17	15	-11.8
#内资企业(个)	17	15	-11.8
工业总产值(万元)	892066	1454480	63.0
内资企业(万元)	892066	1454480	63.0
国有企业(万元)	447363		
集体企业(万元)			
股份合作企业(万元)			
联营企业(万元)			
有限责任公司(万元)	306454	848218	176.8
股份有限公司(万元)	26240	29126	11.0
私营企业(万元)	112010	577135	415.3
其他企业(万元)			
港澳台商投资企业(万元)			
外商投资企业(万元)			

21－4 续表2

指　　标	2012	2013	2013年比上年增长(%)
工业企业增加值(万元)			44.2
工业企业资产总计(万元)	1177580	1744100	48.1
工业企业负债合计(万元)	637978	990500	55.3
工业企业产品销售收入(万元)	646107	1310400	102.8
工业企业利润总额(万元)	54645	27700	-49.3
建筑业			
建筑企业单位数(个)	6	6	
建筑企业从业人员(人)	2274	4815	111.7
建筑业总产值(万元)	115362	151472	31.3
交通运输邮电通信业			
公路里程(公里)	1929	2031	5.3
邮电业务总量(万元)	7222	7743	7.2
本地电话用户(户)	8817	6284	-28.7
国内贸易			
社会消费品零售总额(万元)	140821	160001	13.6
城镇(万元)	85804	103777	20.9
乡村(万元)	55018	56224	2.2
科技教育卫生			
各类专业技术人员(人)	2786	2251	-19.2
幼儿园数(所)	8	8	
学龄儿童入学率(%)	100.0	100.0	
小学学校数(所)	5	5	
小学专任教师数(人)	263	356	35.4
小学在校学生数(人)	4338	4561	5.1
普通中学学校数(所)	3	3	
普通中学专任教师数(人)	252	319	26.6
初中在校学生数(人)	2269	2333	2.8
高中在校学生数(人)	994	981	-1.3
卫生机构数(所)	110	112	1.8
#医院(所)	2	3	50.0
卫生院(所)	8	7	-12.5
床位数(张)	335	365	9.0
#医院(张)	210	240	14.3
卫生院(张)	105	105	
卫生技术人员(人)	561	622	10.9
#医院(人)	145	178	22.8
卫生院(人)	81	79	-2.5

21－5 鄂托克旗主要经济指标

指　　标	2012	2013	2013年比上年增长(%)
行政区域土地面积(平方公里)	20367	20367	
人口和就业			
年末总人口(人)	96588	97023	0.5
#男性(人)	48851	48958	0.2
#乡村人口(人)	37596	35382	-5.9
年末总户数(户)	39976	40221	0.6
#乡村户数(户)	11444	11217	-2.0
出生人口(人)	1278	1234	-3.4
死亡人口(人)	654	435	-33.5
全社会就业人员(人)	91645	93291	1.8
第一产业(人)	25594	25696	0.4
第二产业(人)	36017	36318	0.8
第三产业(人)	30034	31277	4.1
在岗职工人数(人)	26069	40090	53.8
乡村劳动力(人)	25846	24389	-5.6
#农林牧渔业(人)	22434	21304	-5.0
国民经济综合指标			
生产总值(万元)	3820684	4301329	10.4
第一产业(万元)	67391	75100	5.5
第二产业(万元)	3029803	3382307	11.4
#工业(万元)	2764676	382712	11.5
第三产业(万元)	723490	843923	7.1
人均生产总值(元)	243201	272408	9.6
全社会固定资产投资(万元)	2601030	3070785	18.1
按登记注册类型分			
#国有(万元)	460308	184685	-59.9
集体(万元)			
有限责任公司(万元)	2055828	2676817	30.2
股份有限公司(万元)	33288	21853	-34.4
私营企业(万元)		187430	
外商及港澳台投资企业(万元)			
按城乡渠道分			
城镇(万元)	2551640	3050722	19.6
农村(万元)	49390	20063	-59.4
公共财政预算收入(万元)	171324	271700	58.6
公共财政预算支出(万元)	269202	366247	36.0
个人储蓄存款余额(万元)	489231	618256	26.4
在岗职工工资总额(万元)	165162	240665	45.7

21－5 续表1

指　　标	2012	2013	2013年比上年增长(%)
在岗职工平均工资(元)	63029	59790	-5.1
全体居民人均可支配收入(元)	21025	23465	11.6
城镇常住居民人均可支配收入(元)	27936	31205	11.7
农村牧区常住居民人均可支配收入(元)	10770	12084	12.2
农村牧区经济			
农作物总播种面积(公顷)	22224	23159	4.2
#粮食作物播种面积(公顷)	17060	17913	5.0
农牧业机械总动力(万千瓦)	16.60	18.00	8.4
化肥施用折纯量(吨)	4327	4458	3.0
农村用电量(万千瓦小时)	901	930	3.2
农林牧渔业总产值(万元)	118133	132829	7.0
粮食产量(吨)	107200	110465	3.0
油料产量(吨)	6165	6243	1.3
甜菜产量(吨)			
猪牛羊肉产量(吨)	14100	20789	47.4
#猪肉产量(吨)	2277	4638	103.7
牛肉产量(吨)	1711	2102	22.9
羊肉产量(吨)	10112	14049	38.9
羊毛产量(吨)	585	601	2.7
年末牲畜存栏头数(万头只)	110.00	109.92	-0.1
#大牲畜(万头只)	2.73	2.80	2.6
羊(万只)	103.15	103.06	-0.1
猪(万头)	3.92	4.06	3.6
规模以上工业			
工业企业单位数(个)	50	51	2.0
#内资企业(个)	48	47	-2.1
工业总产值(万元)	5118019	5410084	5.7
内资企业(万元)	4722233	3544256	-24.9
国有企业(万元)	163000	138381	-15.1
集体企业(万元)	3286	1795	-45.4
股份合作企业(万元)			
联营企业(万元)			
有限责任公司(万元)	1606042	2143524	33.5
股份有限公司(万元)	2159962	746008	-65.5
私营企业(万元)	744491	476840	-36.0
其他企业(万元)	45453	37709	-17.0
港澳台商投资企业(万元)			
外商投资企业(万元)	395786	1865828	371.4

21－5 续表2

指 标	2012	2013	2013年比上年增长(%)
工业企业增加值(万元)			12.2
工业企业资产总计(万元)	8699940	10076500	15.8
工业企业负债合计(万元)	5640764	6686500	18.5
工业企业产品销售收入(万元)	4610696	4952200	7.4
工业企业利润总额(万元)	257234	215700	-16.1
建筑业			
建筑企业单位数(个)	5	5	
建筑企业从业人员(人)	1987	1231	-38.0
建筑业总产值(万元)	43377	46270	6.7
交通运输邮电通信业			
公路里程(公里)	3600	3642	1.2
邮电业务总量(万元)	20251	20932	3.4
本地电话用户(户)	18000	18000	
国内贸易			
社会消费品零售总额(万元)	273913	320245	16.9
城镇(万元)	167606	205439	22.6
乡村(万元)	106307	114806	8.0
科技教育卫生			
各类专业技术人员(人)	3365	3580	6.4
幼儿园数(所)	21	21	
学龄儿童入学率(%)	100.0	100.0	
小学学校数(所)	8	8	
小学专任教师数(人)	733	735	0.3
小学在校学生数(人)	8604	8926	3.7
普通中学学校数(所)	5	5	
普通中学专任教师数(人)	647	587	-9.3
初中在校学生数(人)	3814	3731	-2.2
高中在校学生数(人)	1675	1650	-1.5
卫生机构数(所)	165	163	-1.2
# 医院(所)	7	7	
卫生院(所)	12	11	-8.3
床位数(张)	922	827	-10.3
# 医院(张)	761	666	-12.5
卫生院(张)	126	126	
卫生技术人员(人)	846	943	11.5
# 医院(人)	397	429	8.1
卫生院(人)	110	101	-8.2

21－6 杭锦旗主要经济指标

指　　标	2012	2013	2013年比上年增长(%)
行政区域土地面积(平方公里)	18814	18814	
人口和就业			
年末总人口(人)	142279	143264	0.7
#男性(人)	72967	73252	0.4
#乡村人口(人)	69312	75044	8.3
年末总户数(户)	62643	63477	1.3
#乡村户数(户)	23848	26212	9.9
出生人口(人)	2309	1839	-20.4
死亡人口(人)	1615	1221	-24.4
全社会就业人员(人)	86813	82125	-5.4
第一产业(人)	52617	49163	-6.6
第二产业(人)	16420	14708	-10.4
第三产业(人)	17776	18254	2.7
在岗职工人数(人)	11155	10723	-3.9
乡村劳动力(人)	59621	59005	-1.0
#农林牧渔业(人)	51122	49163	-3.8
国民经济综合指标			
生产总值(万元)	700301	770320	7.9
第一产业(万元)	154002	172800	2.8
第二产业(万元)	261103	290946	12.3
#工业(万元)	190194	205145	11.2
第三产业(万元)	285196	306573	6.5
人均生产总值(元)	62695	68748	7.5
全社会固定资产投资(万元)	1251312	1700703	35.9
按登记注册类型分			
#国有(万元)	225466	61169	-72.9
集体(万元)			
有限责任公司(万元)	984948	1639534	66.5
股份有限公司(万元)	6049		
私营企业(万元)			
外商及港澳台投资企业(万元)			
按城乡渠道分			
城镇(万元)	1243841	1677231	34.8
农村(万元)	7471	23472	214.2
公共财政预算收入(万元)	65382	96400	47.4
公共财政预算支出(万元)	253702	274239	8.1
个人储蓄存款余额(万元)	242345	282371	16.5
在岗职工工资总额(万元)	59143	60923	3.0

21－6 续表1

指　　标	2012	2013	2013年比上年增长(%)
在岗职工平均工资(元)	53287	55893	4.9
全体居民人均可支配收入(元)	18389	20301	10.4
城镇常住居民人均可支配收入(元)	26280	28829	9.7
农村牧区常住居民人均可支配收入(元)	10699	11951	11.7
农村牧区经济			
农作物总播种面积(公顷)	66147	68501	3.6
#粮食作物播种面积(公顷)	41770	41980	0.5
农牧业机械总动力(万千瓦)	43.20	44.00	1.9
化肥施用折纯量(吨)	20436	21918	7.3
农村用电量(万千瓦小时)	4654	4722	1.5
农林牧渔业总产值(万元)	255521	287783	7.2
粮食产量(吨)	369000	398800	8.1
油料产量(吨)	46048	54960	19.4
甜菜产量(吨)			
猪牛羊肉产量(吨)	17775	19484	9.6
#猪肉产量(吨)	2055	2230	8.5
牛肉产量(吨)	1155	1459	26.3
羊肉产量(吨)	14565	15795	8.4
羊毛产量(吨)	3589	4845	35.0
年末牲畜存栏头数(万头只)	146.20	147.14	0.6
#大牲畜(万头只)	2.30	2.09	-9.1
羊(万只)	140.10	141.61	1.1
猪(万头)	3.70	3.44	-7.0
规模以上工业			
工业企业单位数(个)	18	20	11.1
#内资企业(个)	18	20	11.1
工业总产值(万元)	105955	157683	48.8
内资企业(万元)	105955	157683	48.8
国有企业(万元)	15698	17687	12.7
集体企业(万元)			
股份合作企业(万元)			
联营企业(万元)			
有限责任公司(万元)	21351	42209	97.7
股份有限公司(万元)	58142	48163	-17.2
私营企业(万元)	10765	37101	244.6
其他企业(万元)		12523	
港澳台商投资企业(万元)			
外商投资企业(万元)			

21－6 续表2

指　　标	2012	2013	2013年比上年增长(%)
工业企业增加值(万元)			15.1
工业企业资产总计(万元)	455177	465600	2.3
工业企业负债合计(万元)	285163	389400	36.6
工业企业产品销售收入(万元)	125892	173800	38.1
工业企业利润总额(万元)	-6851	17100	-349.6
建筑业			
建筑企业单位数(个)	3	4	33.3
建筑企业从业人员(人)	420	437	4.0
建筑业总产值(万元)	8210	10761	31.1
交通运输邮电通信业			
公路里程(公里)	2550	2786	9.3
邮电业务总量(万元)	11831	11936	0.9
本地电话用户(户)	9267	12430	34.1
国内贸易			
社会消费品零售总额(万元)	239536	300000	25.2
城镇(万元)	147120	197234	34.1
乡村(万元)	92416	102767	11.2
科技教育卫生			
各类专业技术人员(人)	3521	3646	3.6
幼儿园数(所)	14	14	
学龄儿童入学率(%)	100.0	100.0	
小学学校数(所)	4	4	
小学专任教师数(人)	457	470	2.8
小学在校学生数(人)	5519	5726	3.8
普通中学学校数(所)	5	5	
普通中学专任教师数(人)	584	585	0.2
初中在校学生数(人)	3609	3389	-6.1
高中在校学生数(人)	1656	1553	-6.2
卫生机构数(所)	175	173	-1.1
# 医院(所)	2	2	
卫生院(所)	12	12	
床位数(张)	395	440	11.4
# 医院(张)	185	230	24.3
卫生院(张)	180	180	
卫生技术人员(人)	786	787	0.1
# 医院(人)	231	223	-3.5
卫生院(人)	188	161	-14.4

21－7 乌审旗主要经济指标

指　　标	2012	2013	2013年比上年增长(%)
行政区域土地面积(平方公里)	11674	11674	
人口和就业			
年末总人口(人)	108797	109706	0.8
#男性(人)	55455	55772	0.6
#乡村人口(人)	50154	50325	0.3
年末总户数(户)	41097	41429	0.8
#乡村户数(户)	18106	18149	0.2
出生人口(人)	1776	1908	7.4
死亡人口(人)	2206	1394	-36.8
全社会就业人员(人)	82763	85825	3.7
第一产业(人)	35728	37035	3.7
第二产业(人)	13441	13938	3.7
第三产业(人)	33594	34852	3.7
在岗职工人数(人)	9477	13415	41.6
乡村劳动力(人)	39565	39869	0.8
#农林牧渔业(人)	32355	32584	0.7
国民经济综合指标			
生产总值(万元)	3101559	3780018	13.0
第一产业(万元)	115715	124600	3.3
第二产业(万元)	2409886	3013616	14.8
#工业(万元)	2158529	2737375	15.4
第三产业(万元)	575958	641802	7.9
人均生产总值(元)	235323	285177	12.1
全社会固定资产投资(万元)	3003623	3601067	19.9
按登记注册类型分			
#国有(万元)	2167467	2604204	20.1
集体(万元)			
有限责任公司(万元)	748743	720888	-3.7
股份有限公司(万元)	3882	47978	1135.9
私营企业(万元)	49070	227997	364.6
外商及港澳台投资企业(万元)			
按城乡渠道分			
城镇(万元)	2915852	3493259	19.8
农村(万元)	87771	107808	22.8
公共财政预算收入(万元)	124583	185400	48.8
公共财政预算支出(万元)	231557	285124	23.1
个人储蓄存款余额(万元)	227512	341850	50.3
在岗职工工资总额(万元)	53231	76616	43.9

21－7 续表 1

指　　标	2012	2013	2013 年比上年增长(%)
在岗职工平均工资(元)	53287	56731	6.5
全体居民人均可支配收入(元)	19450	21726	11.7
城镇常住居民人均可支配收入(元)	27092	30316	11.9
农村牧区常住居民人均可支配收入(元)	10823	12122	12.0
农村牧区经济			
农作物总播种面积(公顷)	41214	42364	2.8
#粮食作物播种面积(公顷)	20680	21750	5.2
农牧业机械总动力(万千瓦)	48.74	50.00	2.6
化肥施用折纯量(吨)	6653	6842	2.8
农村用电量(万千瓦小时)	1452	1563	7.6
农林牧渔业总产值(万元)	196889	215411	4.1
粮食产量(吨)	120400	133341	10.7
油料产量(吨)	1415	1501	6.1
甜菜产量(吨)			
猪牛羊肉产量(吨)	38975	37000	-5.1
#猪肉产量(吨)	26478	24607	-7.1
牛肉产量(吨)	5272	4912	-6.8
羊肉产量(吨)	7225	7481	3.5
羊毛产量(吨)	3115	3201	2.8
年末牲畜存栏头数(万头只)	101.78	108.01	6.1
#大牲畜(万头只)	8.53	8.61	0.9
羊(万只)	78.88	85.14	7.9
猪(万头)	14.37	14.27	-0.7
规模以上工业			
工业企业单位数(个)	12	15	25.0
#内资企业(个)	11	14	27.3
工业总产值(万元)	4795123	5659708	18.0
内资企业(万元)	4653270	5530873	18.9
国有企业(万元)	23708	27363	15.4
集体企业(万元)			
股份合作企业(万元)			
联营企业(万元)			
有限责任公司(万元)	88011	238383	170.9
股份有限公司(万元)	4527920	5242793	15.8
私营企业(万元)	5752	22335	288.3
其他企业(万元)	7878		
港澳台商投资企业(万元)			
外商投资企业(万元)	141853	128835	-9.2

21－7 续表2

指　　标	2012	2013	2013年比上年增长(%)
工业企业增加值(万元)			16.3
工业企业资产总计(万元)	1105601	1824500	65.0
工业企业负债合计(万元)	545104	1202400	120.6
工业企业产品销售收入(万元)	4785602	5812100	21.4
工业企业利润总额(万元)	705401	805700	14.2
建筑业			
建筑企业单位数(个)	5	5	
建筑企业从业人员(人)		1319	
建筑业总产值(万元)	55432	54370	-1.9
交通运输邮电通信业			
公路里程(公里)	1874	2018	7.7
邮电业务总量(万元)	15499	15624	0.8
本地电话用户(户)	13100	11800	-9.9
国内贸易			
社会消费品零售总额(万元)	241011	301703	25.2
城镇(万元)	195234	252859	29.5
乡村(万元)	45777	48844	6.7
科技教育卫生			
各类专业技术人员(人)	3440	2874	-16.5
幼儿园数(所)	12	16	33.3
学龄儿童入学率(%)	100.0	100.0	
小学学校数(所)	6	6	
小学专任教师数(人)	594	607	2.2
小学在校学生数(人)	6660	7152	7.4
普通中学学校数(所)	5	5	
普通中学专任教师数(人)	438	449	2.5
初中在校学生数(人)	2942	2743	-6.8
高中在校学生数(人)	1672	1604	-4.1
卫生机构数(所)	127	120	-5.5
#医院(所)	6	6	
卫生院(所)	12	8	-33.3
床位数(张)	445	390	-12.4
#医院(张)	267	212	-20.6
卫生院(张)	132	132	
卫生技术人员(人)	675	748	10.8
#医院(人)	239	263	10.0
卫生院(人)	118	126	6.8

21－8 伊金霍洛旗主要经济指标

指　　标	2012	2013	2013 年比上年增长(%)
行政区域土地面积(平方公里)	5487	5487	
人口和就业			
年末总人口(人)	167523	170210	1.6
#男性(人)	85184	86330	1.3
#乡村人口(人)	71988	72575	0.8
年末总户数(户)	72066	73474	2.0
#乡村户数(户)	28320	30417	7.4
出生人口(人)	2810	2539	-9.6
死亡人口(人)	1420	650	-54.2
全社会就业人员(人)	160280	178204	11.2
第一产业(人)	39130	38883	-0.6
第二产业(人)	63158	72640	15.0
第三产业(人)	57992	66681	15.0
在岗职工人数(人)	39731	52028	31.0
乡村劳动力(人)	49686	51921	4.5
#农林牧渔业(人)	39130	38883	-0.6
国民经济综合指标			
生产总值(万元)	6356128	6455676	6.6
第一产业(万元)	71441	71000	2.9
第二产业(万元)	3988164	3937476	7.0
#工业(万元)	3642305	3563900	6.9
第三产业(万元)	2296523	2447200	5.9
人均生产总值(元)	268758	271363	6.0
全社会固定资产投资(万元)	3405905	3954250	16.1
按登记注册类型分			
#国有(万元)	1370075	1264743	-7.7
集体(万元)	7858	2493	-68.3
有限责任公司(万元)	790487	1792074	126.7
股份有限公司(万元)	197246	324316	64.4
私营企业(万元)	237291	154547	-34.9
外商及港澳台投资企业(万元)			
按城乡渠道分			
城镇(万元)	3405905	3954250	16.1
农村(万元)			
公共财政预算收入(万元)	623637	751100	20.4
公共财政预算支出(万元)	740234	882568	19.2
个人储蓄存款余额(万元)	1486767	1684697	13.3
在岗职工工资总额(万元)	301319	417564	38.6

21－8 续表 1

指　　标	2012	2013	2013 年比上年增长(%)
在岗职工平均工资(元)	75600	78278	3.5
全体居民人均可支配收入(元)	24070	26164	8.7
城镇常住居民人均可支配收入(元)	30915	33605	8.7
农村牧区常住居民人均可支配收入(元)	10829	12128	12.0
农村牧区经济			
农作物总播种面积(公顷)	29918	31187	4.2
#粮食作物播种面积(公顷)	19980	21818	9.2
农牧业机械总动力(万千瓦)	27.95	28.00	0.2
化肥施用折纯量(吨)	5663	3042	-46.3
农村用电量(万千瓦小时)	5864	5818	-0.8
农林牧渔业总产值(万元)	119309	121023	-3.5
粮食产量(吨)	87000	94574	8.7
油料产量(吨)	78	35	-55.1
甜菜产量(吨)			
猪牛羊肉产量(吨)	8347	7882	-5.6
#猪肉产量(吨)	3299	3079	-6.7
牛肉产量(吨)	880	534	-39.3
羊肉产量(吨)	4168	4269	2.4
羊毛产量(吨)	195	177	-9.2
年末牲畜存栏头数(万头只)	41.63	40.00	-3.9
#大牲畜(万头只)	0.92	0.92	
羊(万只)	37.71	36.23	-3.9
猪(万头)	3.00	2.86	-4.7
规模以上工业			
工业企业单位数(个)	51	57	11.8
#内资企业(个)	50	56	12.0
工业总产值(万元)	7401810	7857086	6.2
内资企业(万元)	7274510	7750547	6.5
国有企业(万元)	915349	1044428	14.1
集体企业(万元)	12063	28636	137.4
股份合作企业(万元)	9845	9619	-2.3
联营企业(万元)			
有限责任公司(万元)	5638296	5786020	2.6
股份有限公司(万元)	240458	178112	-25.9
私营企业(万元)	352316	672181	90.8
其他企业(万元)	106182	31551	-70.3
港澳台商投资企业(万元)	127300	106539	-16.3
外商投资企业(万元)			

21－8 续表 2

指　　标	2012	2013	2013 年比上年增长(%)
工业企业增加值(万元)			8.5
工业企业资产总计(万元)	12527900	12759900	1.9
工业企业负债合计(万元)	2786300	3756500	34.8
工业企业产品销售收入(万元)	7198300	7358100	2.2
工业企业利润总额(万元)	2390100	2155100	-9.8
建筑业			
建筑企业单位数(个)	8	10	25.0
建筑企业从业人员(人)	198	2269	1046.0
建筑业总产值(万元)	100390	208353	107.5
交通运输邮电通信业			
公路里程(公里)	2400	1812	-24.5
邮电业务总量(万元)	689	667	-3.2
本地电话用户(户)	48122	48755	1.3
国内贸易			
社会消费品零售总额(万元)	370008	406016	9.7
城镇(万元)	225920	261271	15.6
乡村(万元)	144088	144745	0.5
科技教育卫生			
各类专业技术人员(人)	7207	6887	-4.4
幼儿园数(所)	22	25	13.6
学龄儿童入学率(%)	100.0	100.0	
小学学校数(所)	16	16	
小学专任教师数(人)	790	830	5.1
小学在校学生数(人)	9536	9832	3.1
普通中学学校数(所)	6	7	16.7
普通中学专任教师数(人)	659	690	4.7
初中在校学生数(人)	4009	3949	-1.5
高中在校学生数(人)	2216	2106	-5.0
卫生机构数(所)	186	206	10.8
# 医院(所)	7	10	42.9
卫生院(所)	14	14	
床位数(张)	640	773	20.8
# 医院(张)	425	558	31.3
卫生院(张)	190	190	
卫生技术人员(人)	1174	1344	14.5
# 医院(人)	380	311	-18.2
卫生院(人)	454	276	-39.2

21－9 各旗县(区)按年末总人口排序(2013年)

位次	旗县(区)名称	年末总人口(人)	位次	旗县(区)名称	年末总人口(人)
1	通辽市科尔沁区	856726	52	乌兰察布市四子王旗	215092
2	包头市昆都仑区	759800	53	乌兰察布市察哈尔右翼后旗	214698
3	赤峰市宁城县	612140	54	乌兰察布市卓资县	214158
4	赤峰市敖汉旗	607422	55	包头市九原区	212800
5	赤峰市松山区	561090	56	锡林郭勒盟太仆寺旗	212064
6	巴彦淖尔市临河区	555995	57	呼和浩特市托克托县	207912
7	包头市东河区	538300	58	呼和浩特市和林格尔县	202067
8	通辽市科尔沁左翼中旗	533834	59	呼和浩特市玉泉区	200284
9	包头市青山区	504200	60	赤峰市巴林右旗	185683
10	赤峰市翁牛特旗	486983	61	通辽市库伦旗	180366
11	通辽市奈曼旗	447759	62	锡林郭勒盟锡林浩特市	179353
12	呼和浩特市赛罕区	430773	63	呼和浩特市武川县	174837
13	呼伦贝尔市扎兰屯市	421793	64	乌兰察布市化德县	173362
14	通辽市科尔沁左翼后旗	405657	65	包头市固阳县	172900
15	通辽市开鲁县	398078	66	呼伦贝尔市满洲里市	171573
16	兴安盟扎赉特旗	397489	67	鄂尔多斯市伊金霍洛旗	170210
17	呼和浩特市新城区	376866	68	呼伦贝尔市根河市	153257
18	呼和浩特市土默特左旗	364859	69	巴彦淖尔市乌拉特中旗	144541
19	鄂尔多斯市达拉特旗	362444	70	呼和浩特市清水河县	144285
20	赤峰市红山区	359003	71	呼伦贝尔市鄂温克族自治旗	143415
21	赤峰市巴林左旗	357185	72	鄂尔多斯市杭锦旗	143264
22	赤峰市喀喇沁旗	352642	73	阿拉善盟阿拉善左旗	142898
23	呼伦贝尔市牙克石市	350775	74	乌海市乌达区	136000
24	巴彦淖尔市乌拉特前旗	344182	75	巴彦淖尔市磴口县 0	122482
25	乌兰察布市商都县	342850	76	锡林郭勒盟多伦县	110308
26	兴安盟科尔沁右翼前旗	339099	77	鄂尔多斯市乌审旗	109706
27	乌兰察布市丰镇市	338260	78	乌海市海南区	106500
28	呼伦贝尔市阿荣旗	331146	79	包头市达尔罕茂明安联合旗	98900
29	乌兰察布市兴和县	330798	80	鄂尔多斯市鄂托克旗	97023
30	呼伦贝尔市莫力达瓦达斡尔族自治旗	330527	81	呼伦贝尔市满洲里扎赉诺尔区	90614
31	赤峰市元宝山区	326595	82	呼伦贝尔市额尔古纳市	83406
32	兴安盟乌兰浩特市	323677	83	锡林郭勒盟正蓝旗	83192
33	兴安盟突泉县	314678	84	通辽市霍林郭勒市	82154
34	鄂尔多斯市准格尔旗	314673	85	锡林郭勒盟东乌珠穆沁旗	80380
35	乌兰察布市集宁区	314297	86	锡林郭勒盟西乌珠穆沁旗	79720
36	乌海市海勃湾区	310600	87	鄂尔多斯市鄂托克前旗	77147
37	巴彦淖尔市杭锦后旗	309764	88	锡林郭勒盟正镶白旗	74659
38	通辽市扎鲁特旗	307149	89	锡林郭勒盟苏尼特右旗	69435
39	赤峰市阿鲁科尔沁旗	300161	90	巴彦淖尔市乌拉特后旗	63908
40	巴彦淖尔市五原县	291549	91	呼伦贝尔市陈巴尔虎旗	58732
41	包头市土默特右旗	280100	92	兴安盟阿尔山市	48516
42	呼伦贝尔市海拉尔区	278288	93	锡林郭勒盟阿巴嘎旗	45323
43	鄂尔多斯市东胜区	268908	94	呼伦贝尔市新巴尔虎左旗	42592
44	呼伦贝尔市鄂伦春自治旗	263904	95	呼伦贝尔市新巴尔虎右旗	35201
45	兴安盟科尔沁右翼中旗	260276	96	锡林郭勒盟苏尼特左旗	34503
46	赤峰市克什克腾旗	253143	97	包头市石拐区	33600
47	乌兰察布市凉城县	244364	98	锡林郭勒盟镶黄旗	31378
48	赤峰市林西县	240906	99	锡林郭勒盟二连浩特市	27052
49	呼和浩特市回民区	237714	100	包头市白云矿区	27000
50	乌兰察布市察哈尔右翼中旗	223643	101	阿拉善盟阿拉善右旗	25492
51	乌兰察布市察哈尔右翼前旗	221177	102	阿拉善盟额济纳旗	18013

21－10　各旗县(区)按生产总值排序(2013年)

位次	旗县(区)名称	生产总值GDP(万元)	位次	旗县(区)名称	生产总值GDP(万元)
1	鄂尔多斯市准格尔旗	10505364	52	包头市固阳县	1122105
2	包头市昆都仑区	10001428	53	锡林郭勒盟西乌珠穆沁旗	1120048
3	鄂尔多斯市东胜区	8802777	54	赤峰市巴林左旗	1106930
4	包头市青山区	8005734	55	巴彦淖尔市五原县	1020767
5	通辽市科尔沁区	7137473	56	呼伦贝尔市鄂温克族自治旗	1019368
6	鄂尔多斯市伊金霍洛旗	6455676	57	赤峰市阿鲁科尔沁旗	1000903
7	呼和浩特市新城区	5673173	58	包头市石拐区	994854
8	呼和浩特市赛罕区	5384480	59	呼伦贝尔市莫力达瓦达斡尔族自治旗	970038
9	鄂尔多斯市达拉特旗	4802980	60	巴彦淖尔市乌拉特中旗	912263
10	包头市东河区	4789959	61	乌兰察布市察哈尔右翼前旗	900872
11	鄂尔多斯市鄂托克旗	4301329	62	呼伦贝尔市陈巴尔虎旗	836650
12	鄂尔多斯市乌审旗	3780018	63	兴安盟科尔沁右翼前旗	813697
13	阿拉善盟阿拉善左旗	3613470	64	呼和浩特市武川县	809403
14	通辽市霍林郭勒市	3205715	65	锡林郭勒盟二连浩特市	790402
15	包头市九原区	3161689	66	鄂尔多斯市杭锦旗	770320
16	包头市土默特右旗	3160937	67	兴安盟扎赉特旗	762618
17	呼和浩特市回民区	3133010	68	乌兰察布市凉城县	761612
18	赤峰市红山区	2701062	69	锡林郭勒盟多伦县	731067
19	巴彦淖尔市临河区	2644317	70	呼伦贝尔市新巴尔虎右旗	729440
20	呼伦贝尔市海拉尔区	2537417	71	乌兰察布市察哈尔右翼后旗	706333
21	呼和浩特市玉泉区	2508937	72	赤峰市巴林右旗	672000
22	呼和浩特市托克托县	2366221	73	赤峰市林西县	661062
23	赤峰市元宝山区	2303593	74	通辽市库伦旗	642969
24	乌海市海勃湾区	2267215	75	赤峰市喀喇沁旗	640461
25	赤峰市松山区	2266945	76	呼和浩特市清水河县	616361
26	呼伦贝尔市牙克石市	2120248	77	巴彦淖尔市乌拉特后旗	614825
27	通辽市开鲁县	2082900	78	兴安盟突泉县	605850
28	呼和浩特市土默特左旗	2068913	79	锡林郭勒盟正蓝旗	600638
29	锡林郭勒盟锡林浩特市	2064748	80	乌兰察布市兴和县	591131
30	呼伦贝尔市满洲里市	1949719	81	呼伦贝尔市鄂伦春自治旗	591075
31	包头市达尔罕茂明安联合旗	1895071	82	乌兰察布市商都县	580235
32	通辽市扎鲁特旗	1858940	83	乌兰察布市卓资县	568841
33	乌海市乌达区	1736636	84	巴彦淖尔市磴口县	563071
34	乌海市海南区	1697449	85	呼伦贝尔市满洲里扎赉诺尔区	552673
35	呼伦贝尔市扎兰屯市	1656746	86	锡林郭勒盟阿巴嘎旗	538121
36	乌兰察布市集宁区	1543449	87	兴安盟科尔沁右翼中旗	519289
37	通辽市科尔沁左翼后旗	1524033	88	乌兰察布市四子王旗	497437
38	通辽市科尔沁左翼中旗	1506200	89	锡林郭勒盟苏尼特右旗	492945
39	赤峰市敖汉旗	1500881	90	阿拉善盟额济纳旗	471314
40	赤峰市宁城县	1493069	91	锡林郭勒盟镶黄旗	444589
41	锡林郭勒盟东乌珠穆沁旗	1476836	92	乌兰察布市察哈尔右翼中旗	436741
42	呼伦贝尔市阿荣旗	1456822	93	乌兰察布市化德县	425601
43	通辽市奈曼旗	1442900	94	锡林郭勒盟太仆寺旗	413372
44	呼和浩特市和林格尔县	1406910	95	呼伦贝尔市额尔古纳市	409188
45	兴安盟乌兰浩特市	1361940	96	锡林郭勒盟苏尼特左旗	403077
46	赤峰市克什克腾旗	1337727	97	呼伦贝尔市根河市	376482
47	乌兰察布市丰镇市	1325693	98	阿拉善盟阿拉善右旗	359615
48	巴彦淖尔市乌拉特前旗	1323431	99	包头市白云矿区	348048
49	赤峰市翁牛特旗	1302586	100	呼伦贝尔市新巴尔虎左旗	327562
50	巴彦淖尔市杭锦后旗	1270190	101	锡林郭勒盟正镶白旗	251801
51	鄂尔多斯市鄂托克前旗	1182505	102	兴安盟阿尔山市	138167

21－11 各旗县(区)按粮食产量排序(2013年)

位次	旗县(区)名称	粮食产量(吨)	位次	旗县(区)名称	粮食产量(吨)
1	通辽市科尔沁左翼中旗	2765000	52	乌兰察布市兴和县	109775
2	呼伦贝尔市莫力达瓦达斡尔族自治旗	1612500	53	包头市达尔罕茂明安联合旗	105317
3	呼伦贝尔市阿荣旗	1544400	54	乌兰察布市察哈尔右翼前旗	105240
4	通辽市科尔沁左翼后旗	1131212	55	乌兰察布市察哈尔右翼中旗	104551
5	兴安盟扎赉特旗	1109980	56	鄂尔多斯市鄂托克前旗	104464
6	通辽市科尔沁区	1108088	57	乌兰察布市察哈尔右翼后旗	100233
7	呼伦贝尔市扎兰屯市	1067653	58	鄂尔多斯市伊金霍洛旗	94574
8	兴安盟科尔沁右翼前旗	1029990	59	乌兰察布市丰镇市	88003
9	通辽市开鲁县	1020135	60	鄂尔多斯市准格尔旗	87669
10	兴安盟突泉县	1005020	61	呼和浩特市赛罕区	84504
11	赤峰市松山区	810500	62	呼和浩特市清水河县	80303
12	赤峰市敖汉旗	806500	63	乌兰察布市卓资县	75870
13	赤峰市宁城县	770000	64	锡林郭勒盟东乌珠穆沁旗	75634
14	巴彦淖尔市乌拉特前旗	769823	65	呼伦贝尔市海拉尔区	70552
15	包头市土默特右旗	758322	66	包头市九原区	65802
16	通辽市奈曼旗	750513	67	乌兰察布市化德县	65453
17	赤峰市翁牛特旗	750000	68	巴彦淖尔市乌拉特后旗	60960
18	巴彦淖尔市临河区	658255	69	兴安盟阿尔山市	60000
19	鄂尔多斯市达拉特旗	609500	70	呼伦贝尔市新巴尔虎左旗	56500
20	兴安盟科尔沁右翼中旗	565010	71	赤峰市红山区	53464
21	呼伦贝尔市牙克石市	555500	72	锡林郭勒盟多伦县	47553
22	呼伦贝尔市鄂伦春自治旗	543500	73	包头市东河区	41130
23	巴彦淖尔市杭锦后旗	531420	74	锡林郭勒盟正蓝旗	39700
24	呼和浩特市土默特左旗	526708	75	呼和浩特市玉泉区	37350
25	通辽市扎鲁特旗	525000	76	锡林郭勒盟锡林浩特市	34744
26	通辽市库伦旗	515013	77	乌海市海南区	28215
27	赤峰市阿鲁科尔沁旗	510258	78	呼伦贝尔市鄂温克族自治旗	20119
28	赤峰市巴林左旗	465000	79	阿拉善盟阿拉善右旗	15500
29	巴彦淖尔市五原县	458033	80	乌兰察布市集宁区	12061
30	呼伦贝尔市额尔古纳市	401000	81	通辽市霍林郭勒市	12000
31	鄂尔多斯市杭锦旗	398800	82	鄂尔多斯市东胜区	11687
32	巴彦淖尔市乌拉特中旗	325865	83	乌海市海勃湾区	10682
33	锡林郭勒盟太仆寺旗	320490	84	包头市昆都仑区	9542
34	赤峰市喀喇沁旗	315000	85	锡林郭勒盟正镶白旗	7765
35	赤峰市林西县	255035	86	包头市石拐区	6529
36	乌兰察布市凉城县	255000	87	呼伦贝尔市新巴尔虎右旗	5750
37	呼和浩特市托克托县	250344	88	呼和浩特市新城区	4514
38	兴安盟乌兰浩特市	230000	89	包头市青山区	3988
39	巴彦淖尔市磴口县	210345	90	呼和浩特市回民区	3465
40	呼和浩特市武川县	200260	91	呼伦贝尔市根河市	2197
41	呼和浩特市和林格尔县	181552	91	锡林郭勒盟镶黄旗	2197
42	赤峰市克什克腾旗	180500	93	乌海市乌达区	2103
43	赤峰市巴林右旗	175000	94	阿拉善盟额济纳旗	1994
44	阿拉善盟阿拉善左旗	168506	95	呼伦贝尔市满洲里市	1228
45	赤峰市元宝山区	159743	96	锡林郭勒盟苏尼特右旗	443
46	乌兰察布市四子王旗	150957	97	锡林郭勒盟二连浩特市	360
47	鄂尔多斯市乌审旗	133341	98	锡林郭勒盟西乌珠穆沁旗	85
48	呼伦贝尔市陈巴尔虎旗	124001	99	包头市白云矿区	
49	包头市固阳县	121360	100	呼伦贝尔市满洲里扎赉诺尔区	
50	乌兰察布市商都县	117857	101	锡林郭勒盟阿巴嘎旗	
51	鄂尔多斯市鄂托克旗	110465	102	锡林郭勒盟苏尼特左旗	

21—12 各旗县(区)按年末牲畜存栏头数排序(2013年)

位次	旗县(区)名称	年末牲畜存栏头数(万头、万只)	位次	旗县(区)名称	年末牲畜存栏头数(万头、万只)
1	通辽市扎鲁特旗	247.34	52	鄂尔多斯市准格尔旗	54.15
2	兴安盟科尔沁右翼前旗	225.49	53	乌兰察布市丰镇市	51.28
3	鄂尔多斯市达拉特旗	201.07	54	乌兰察布市察哈尔右翼前旗	48.27
4	锡林郭勒盟东乌珠穆沁旗	190.26	55	乌兰察布市商都县	45.52
5	通辽市开鲁县	189.92	56	赤峰市宁城县	44.52
6	呼伦贝尔市阿荣旗	171.61	57	巴彦淖尔市磴口县	42.20
7	巴彦淖尔市临河区	167.89	58	乌兰察布市察哈尔右翼中旗	40.94
8	通辽市科尔沁左翼中旗	167.30	59	鄂尔多斯市伊金霍洛旗	40.00
9	通辽市科尔沁区	164.21	60	呼伦贝尔市鄂伦春自治旗	39.70
10	兴安盟科尔沁右翼中旗	163.47	61	乌兰察布市凉城县	38.18
11	赤峰市敖汉旗	149.62	62	赤峰市喀喇沁旗	37.14
12	鄂尔多斯市杭锦旗	147.14	63	乌兰察布市卓资县	35.99
13	通辽市奈曼旗	138.84	64	呼和浩特市武川县	35.66
14	呼伦贝尔市莫力达瓦达斡尔族自治旗	131.24	65	巴彦淖尔市乌拉特后旗	33.54
15	巴彦淖尔市五原县	130.14	66	呼和浩特市托克托县	32.00
16	赤峰市翁牛特旗	129.90	67	呼伦贝尔市牙克石市	30.58
17	赤峰市阿鲁科尔沁旗	129.11	68	呼和浩特市清水河县	30.06
18	巴彦淖尔市乌拉特中旗	128.63	69	锡林郭勒盟正蓝旗	29.78
19	呼伦贝尔市新巴尔虎右旗	128.42	70	呼伦贝尔市额尔古纳市	29.42
20	兴安盟扎赉特旗	125.77	71	兴安盟乌兰浩特市	28.09
21	呼伦贝尔市扎兰屯市	124.38	72	乌兰察布市化德县	24.43
22	巴彦淖尔市乌拉特前旗	117.33	73	锡林郭勒盟正镶白旗	23.94
23	巴彦淖尔市杭锦后旗	116.09	74	锡林郭勒盟镶黄旗	23.46
24	通辽市科尔沁左翼后旗	114.20	75	阿拉善盟阿拉善右旗	22.51
25	鄂尔多斯市鄂托克旗	109.92	76	包头市九原区	22.25
26	赤峰市巴林左旗	108.17	77	锡林郭勒盟多伦县	21.99
27	鄂尔多斯市乌审旗	108.01	78	锡林郭勒盟太仆寺旗	20.90
28	阿拉善盟阿拉善左旗	104.56	79	呼和浩特市赛罕区	20.61
29	赤峰市克什克腾旗	102.30	80	通辽市霍林郭勒市	18.38
30	包头市土默特右旗	102.20	81	赤峰市元宝山区	15.45
31	锡林郭勒盟西乌珠穆沁旗	100.17	82	兴安盟阿尔山市	14.62
32	乌兰察布市四子王旗	96.36	83	呼伦贝尔市满洲里市	10.36
33	鄂尔多斯市鄂托克前旗	90.06	84	呼伦贝尔市海拉尔区	10.28
34	赤峰市巴林右旗	88.67	85	阿拉善盟额济纳旗	8.15
35	呼伦贝尔市新巴尔虎左旗	87.15	86	鄂尔多斯市东胜区	8.00
36	锡林郭勒盟苏尼特右旗	85.41	87	乌海市海南区	7.51
37	通辽市库伦旗	80.85	88	包头市东河区	6.32
38	锡林郭勒盟阿巴嘎旗	75.77	89	呼和浩特市新城区	5.90
39	赤峰市松山区	71.36	90	赤峰市红山区	5.58
40	锡林郭勒盟苏尼特左旗	68.97	91	呼伦贝尔市满洲里扎赉诺尔区	5.20
41	呼伦贝尔市陈巴尔虎旗	66.51	92	呼和浩特市玉泉区	5.09
42	兴安盟突泉县	65.91	93	锡林郭勒盟二连浩特市	4.75
43	呼和浩特市土默特左旗	64.37	94	乌兰察布市集宁区	4.44
44	锡林郭勒盟锡林浩特市	62.87	95	包头市昆都仑区	4.42
45	乌兰察布市察哈尔右翼后旗	61.78	96	包头市石拐区	3.50
46	赤峰市林西县	61.19	97	乌海市海勃湾区	3.13
47	呼伦贝尔市鄂温克族自治旗	61.14	98	包头市青山区	1.65
48	呼和浩特市和林格尔县	59.45	99	呼伦贝尔市根河市	1.61
49	包头市达尔罕茂明安联合旗	57.79	100	乌海市乌达区	1.03
50	乌兰察布市兴和县	56.78	101	呼和浩特市回民区	0.91
51	包头市固阳县	54.57	102	包头市白云矿区	0.14

21－13 各旗县(区)按全体居民人均可支配收入排序(2013年)

位次	旗县(区)名称	全体居民人均可支配收入(元)	位次	旗县(区)名称	全体居民人均可支配收入(元)
1	锡林郭勒盟二连浩特市	35600	52	包头市土默特右旗	17307
2	包头市昆都仑区	35227	53	呼伦贝尔市扎兰屯市	16459
2	包头市青山区	35227	54	呼伦贝尔市根河市	16373
4	包头市白云矿区	35178	55	锡林郭勒盟多伦县	16098
5	通辽市霍林郭勒市	30005	56	呼伦贝尔市新巴尔虎左旗	16037
6	呼和浩特市新城区	29946	57	兴安盟阿尔山市	15894
7	锡林郭勒盟锡林浩特市	29111	58	乌兰察布市丰镇市	15848
8	呼和浩特市回民区	28900	59	巴彦淖尔市磴口县	15834
9	乌海市海勃湾区	28797	60	呼和浩特市托克托县	15696
10	鄂尔多斯市东胜区	28601	61	赤峰市松山区	15601
11	包头市东河区	28451	62	呼伦贝尔市阿荣旗	15114
12	乌海市乌达区	27963	63	巴彦淖尔市乌拉特中旗	14818
13	包头市九原区	27945	64	巴彦淖尔市乌拉特后旗	14789
14	呼和浩特市赛罕区	27659	65	巴彦淖尔市乌拉特前旗	14619
15	呼和浩特市玉泉区	26883	66	呼和浩特市土默特左旗	14532
16	呼伦贝尔市满洲里市	26383	67	呼伦贝尔市鄂伦春自治旗	14060
16	呼伦贝尔市满洲里扎赉诺尔区	26383	68	呼和浩特市和林格尔县	13930
18	鄂尔多斯市伊金霍洛旗	26164	69	乌兰察布市化德县	13558
19	鄂尔多斯市准格尔旗	25768	70	包头市固阳县	13487
20	阿拉善盟额济纳旗	25393	71	锡林郭勒盟正镶白旗	13055
21	乌海市海南区	24998	72	乌兰察布市卓资县	12993
22	呼伦贝尔市海拉尔区	24894	73	锡林郭勒盟太仆寺旗	12917
23	鄂尔多斯市鄂托克旗	23465	74	赤峰市克什克腾旗	12774
24	赤峰市红山区	23078	75	呼和浩特市清水河县	12714
25	锡林郭勒盟东乌珠穆沁旗	22928	76	通辽市开鲁县	12697
26	阿拉善盟阿拉善右旗	22787	77	赤峰市林西县	12435
27	包头市石拐区	22203	78	赤峰市巴林右旗	12398
28	呼伦贝尔市牙克石市	21980	79	乌兰察布市察哈尔右翼后旗	12153
29	阿拉善盟阿拉善左旗	21948	80	通辽市扎鲁特旗	12093
30	鄂尔多斯市鄂托克前旗	21813	81	呼和浩特市武川县	11926
31	鄂尔多斯市乌审旗	21726	82	乌兰察布市凉城县	11875
32	乌兰察布市集宁区	21549	83	赤峰市喀喇沁旗	11573
33	锡林郭勒盟西乌珠穆沁旗	21125	84	乌兰察布市四子王旗	11160
34	呼伦贝尔市鄂温克族自治旗	21092	85	通辽市科尔沁左翼后旗	10985
35	锡林郭勒盟阿巴嘎旗	20905	86	乌兰察布市商都县	10586
36	鄂尔多斯市达拉特旗	20642	87	通辽市科尔沁左翼中旗	10584
37	鄂尔多斯市杭锦旗	20301	88	赤峰市翁牛特旗	10574
38	赤峰市元宝山区	20058	89	通辽市库伦旗	10361
39	锡林郭勒盟镶黄旗	19713	90	赤峰市巴林左旗	10340
40	锡林郭勒盟苏尼特右旗	19324	91	赤峰市宁城县	10118
41	包头市达尔罕茂明安联合旗	19261	92	通辽市奈曼旗	10049
42	通辽市科尔沁区	19226	93	乌兰察布市察哈尔右翼前旗	9963
43	兴安盟乌兰浩特市	19049	94	赤峰市敖汉旗	9942
44	呼伦贝尔市陈巴尔虎旗	18943	95	赤峰市阿鲁科尔沁旗	9940
45	呼伦贝尔市额尔古纳市	18440	96	兴安盟科尔沁右翼前旗	9767
46	巴彦淖尔市临河区	18079	97	呼伦贝尔市莫力达瓦达斡尔族自治旗	9661
47	呼伦贝尔市新巴尔虎右旗	18027	98	兴安盟扎赉特旗	9621
48	锡林郭勒盟正蓝旗	17808	99	兴安盟突泉县	9452
49	巴彦淖尔市五原县	17679	100	兴安盟科尔沁右翼中旗	9442
50	巴彦淖尔市杭锦后旗	17535	101	乌兰察布市兴和县	9381
51	锡林郭勒盟苏尼特左旗	17375	102	乌兰察布市察哈尔右翼中旗	9011

21－14　各旗县(区)按城镇常住居民人均可支配收入排序(2013年)

位次	旗县(区)名称	城镇常住居民人均可支配收入(元)	位次	旗县(区)名称	城镇常住居民人均可支配收入(元)
1	锡林郭勒盟二连浩特市	36574	52	锡林郭勒盟正镶白旗	22474
2	呼和浩特市新城区	36429	53	呼伦贝尔市陈巴尔虎旗	22467
3	呼和浩特市赛罕区	35366	54	赤峰市松山区	22126
4	包头市昆都仑区	35227	55	呼伦贝尔市牙克石市	21982
4	包头市青山区	35227	56	呼伦贝尔市新巴尔虎右旗	21834
6	包头市白云矿区	35178	57	包头市固阳县	21800
7	包头市九原区	33804	58	乌兰察布市卓资县	21527
8	鄂尔多斯市东胜区	33707	59	巴彦淖尔市乌拉特中旗	21190
9	鄂尔多斯市准格尔旗	33612	60	乌兰察布市丰镇市	21125
10	鄂尔多斯市伊金霍洛旗	33605	61	巴彦淖尔市乌拉特后旗	21051
11	呼和浩特市回民区	31892	62	巴彦淖尔市临河区	21035
12	鄂尔多斯市鄂托克旗	31205	63	乌兰察布市化德县	20802
13	呼和浩特市玉泉区	30917	64	巴彦淖尔市杭锦后旗	20747
14	锡林郭勒盟锡林浩特市	30670	65	巴彦淖尔市五原县	20635
15	鄂尔多斯市乌审旗	30316	66	兴安盟乌兰浩特市	20588
16	鄂尔多斯市鄂托克前旗	30225	67	赤峰市宁城县	20374
17	通辽市霍林郭勒市	30005	68	乌兰察布市察哈尔右翼前旗	20307
18	包头市东河区	29945	69	巴彦淖尔市磴口县	20301
19	乌海市海勃湾区	29401	70	呼伦贝尔市额尔古纳市	20177
20	鄂尔多斯市达拉特旗	28928	71	巴彦淖尔市乌拉特前旗	20163
21	鄂尔多斯市杭锦旗	28829	72	乌兰察布市凉城县	20151
22	乌海市海南区	28068	73	呼和浩特市清水河县	20037
23	阿拉善盟阿拉善右旗	27997	74	乌兰察布市四子王旗	19401
24	阿拉善盟额济纳旗	27992	75	通辽市开鲁县	19387
25	乌海市乌达区	27963	76	赤峰市克什克腾旗	19311
26	包头市达尔罕茂明安联合旗	27311	77	乌兰察布市察哈尔右翼后旗	19275
27	阿拉善盟阿拉善左旗	27217	78	呼和浩特市武川县	19136
28	呼伦贝尔市满洲里市	26383	79	乌兰察布市察哈尔右翼中旗	19095
28	呼伦贝尔市满洲里扎赉诺尔区	26383	80	通辽市扎鲁特旗	18996
30	呼和浩特市托克托县	26021	81	赤峰市喀喇沁旗	18851
31	锡林郭勒盟西乌珠穆沁旗	25945	82	赤峰市巴林左旗	18829
32	锡林郭勒盟镶黄旗	25817	83	赤峰市敖汉旗	18814
33	锡林郭勒盟多伦县	25797	84	乌兰察布市商都县	18811
34	锡林郭勒盟东乌珠穆沁旗	25697	85	赤峰市翁牛特旗	18536
35	呼伦贝尔市海拉尔区	25656	86	赤峰市林西县	18512
36	包头市石拐区	25379	87	兴安盟阿尔山市	18508
37	锡林郭勒盟正蓝旗	25311	88	乌兰察布市兴和县	18143
38	锡林郭勒盟阿巴嘎旗	25253	89	呼伦贝尔市根河市	18122
39	包头市土默特右旗	25245	90	呼伦贝尔市新巴尔虎左旗	18045
40	锡林郭勒盟苏尼特左旗	25214	91	通辽市科尔沁左翼后旗	17793
41	呼和浩特市和林格尔县	25102	92	通辽市奈曼旗	17658
42	呼伦贝尔市阿荣旗	25073	93	通辽市科尔沁左翼中旗	17641
43	锡林郭勒盟苏尼特右旗	24713	94	兴安盟科尔沁右翼前旗	17558
44	呼和浩特市土默特左旗	24639	95	兴安盟扎赉特旗	17545
45	锡林郭勒盟太仆寺旗	23619	96	呼伦贝尔市鄂伦春自治旗	17411
46	赤峰市红山区	23525	97	赤峰市阿鲁科尔沁旗	17301
47	通辽市科尔沁区	23376	98	赤峰市巴林右旗	17288
48	赤峰市元宝山区	23254	99	兴安盟突泉县	17108
49	呼伦贝尔市鄂温克族自治旗	23038	100	通辽市库伦旗	16928
50	呼伦贝尔市扎兰屯市	22759	101	兴安盟科尔沁右翼中旗	16849
51	乌兰察布市集宁区	22569	102	呼伦贝尔市莫力达瓦达斡尔族自治旗	15914

21－15　各旗县(区)按农村牧区常住居民人均可支配收入排序(2013年)

位次	旗县(区)名称	农村牧区常住居民人均可支配收入(元)	位次	旗县(区)名称	农村牧区常住居民人均可支配收入(元)
1	锡林郭勒盟东乌珠穆沁旗	19241	52	兴安盟乌兰浩特市	9346
2	锡林郭勒盟锡林浩特市	16787	53	呼伦贝尔市根河市	9323
3	锡林郭勒盟西乌珠穆沁旗	16475	54	锡林郭勒盟镶黄旗	9228
4	锡林郭勒盟阿巴嘎旗	16406	55	包头市固阳县	9103
5	包头市东河区	15023	56	锡林郭勒盟多伦县	9046
6	阿拉善盟额济纳旗	15011	57	呼和浩特市和林格尔县	8641
7	呼和浩特市回民区	14325	58	乌兰察布市丰镇市	8298
8	阿拉善盟阿拉善右旗	14131	59	通辽市科尔沁左翼后旗	7894
9	包头市九原区	14075	60	乌兰察布市凉城县	7824
10	呼伦贝尔市新巴尔虎左旗	13952	61	锡林郭勒盟太仆寺旗	7494
11	呼和浩特市新城区	13769	62	通辽市科尔沁左翼中旗	7435
12	呼和浩特市玉泉区	13728	63	乌兰察布市察哈尔右翼后旗	7282
13	呼和浩特市赛罕区	13014	64	赤峰市克什克腾旗	7236
14	乌海市海勃湾区	12887	65	通辽市奈曼旗	7209
15	赤峰市红山区	12372	66	赤峰市喀喇沁旗	7206
16	赤峰市元宝山区	12240	67	赤峰市敖汉旗	7186
17	阿拉善盟阿拉善左旗	12179	68	乌兰察布市察哈尔右翼前旗	7160
18	鄂尔多斯市鄂托克前旗	12163	69	乌兰察布市卓资县	7021
19	鄂尔多斯市准格尔旗	12128	70	通辽市库伦旗	6972
19	鄂尔多斯市伊金霍洛旗	12128	71	赤峰市宁城县	6947
21	鄂尔多斯市乌审旗	12122	72	乌兰察布市四子王旗	6924
22	鄂尔多斯市鄂托克旗	12084	73	锡林郭勒盟苏尼特右旗	6910
23	通辽市科尔沁区	12059	74	锡林郭勒盟正镶白旗	6760
24	鄂尔多斯市达拉特旗	12020	75	呼伦贝尔市莫力达瓦达斡尔族自治旗	6714
25	鄂尔多斯市杭锦旗	11951	76	赤峰市巴林右旗	6671
26	呼伦贝尔市陈巴尔虎旗	11943	77	赤峰市翁牛特旗	6608
27	巴彦淖尔市临河区	11705	78	乌兰察布市商都县	6544
28	呼伦贝尔市额尔古纳市	11696	79	赤峰市巴林左旗	6515
29	包头市土默特右旗	11655	80	兴安盟阿尔山市	6397
30	巴彦淖尔市五原县	11632	81	呼伦贝尔市鄂伦春自治旗	6364
31	巴彦淖尔市杭锦后旗	11598	82	兴安盟科尔沁右翼前旗	6360
32	呼伦贝尔市阿荣旗	11505	83	兴安盟扎赉特旗	6280
33	乌海市海南区	11289	84	乌兰察布市兴和县	6267
34	巴彦淖尔市磴口县	11268	85	赤峰市阿鲁科尔沁旗	6160
35	锡林郭勒盟正蓝旗	11197	86	赤峰市林西县	6148
36	呼和浩特市土默特左旗	11113	87	兴安盟突泉县	6119
37	巴彦淖尔市乌拉特前旗	11026	88	兴安盟科尔沁右翼中旗	5917
38	呼伦贝尔市扎兰屯市	10770	89	乌兰察布市化德县	5786
39	呼和浩特市托克托县	10718	90	乌兰察布市察哈尔右翼中旗	5676
40	巴彦淖尔市乌拉特中旗	10686	91	呼和浩特市清水河县	5597
41	乌兰察布市集宁区	10664	92	呼和浩特市武川县	5385
42	呼伦贝尔市海拉尔区	10583	93	包头市昆都仑区	
43	呼伦贝尔市鄂温克族自治旗	10008	94	包头市青山区	
44	通辽市开鲁县	9985	95	包头市白云矿区	
45	包头市达尔罕茂明安联合旗	9929	96	呼伦贝尔市满洲里市	
46	呼伦贝尔市新巴尔虎右旗	9780	97	呼伦贝尔市满洲里扎赉诺尔区	
47	通辽市扎鲁特旗	9778	98	呼伦贝尔市牙克石市	
48	锡林郭勒盟苏尼特左旗	9680	99	通辽市霍林郭勒市	
49	巴彦淖尔市乌拉特后旗	9617	100	锡林郭勒盟二连浩特市	
50	赤峰市松山区	9457	101	鄂尔多斯市东胜区	
51	包头市石拐区	9454	102	乌海市乌达区	

21－16 各旗县(区)按在岗职工平均工资排序(2013年)

位次	旗县(区)名称	职工平均工资(元)	位次	旗县(区)名称	职工平均工资(元)
1	鄂尔多斯市伊金霍洛旗	78278	52	乌兰察布市卓资县	49484
2	通辽市科尔沁区	78252	53	呼伦贝尔市额尔古纳市	49162
3	鄂尔多斯市准格尔旗	74589	54	赤峰市喀喇沁旗	48923
4	鄂尔多斯市东胜区	71123	55	赤峰市翁牛特旗	48578
5	锡林郭勒盟多伦县	70405	56	兴安盟乌兰浩特市	48475
6	锡林郭勒盟太仆寺旗	63595	57	赤峰市红山区	48413
7	呼伦贝尔市陈巴尔虎旗	63472	58	呼和浩特市托克托县	48118
8	呼伦贝尔市鄂温克族自治旗	63345	59	呼伦贝尔市新巴尔虎左旗	47828
9	锡林郭勒盟二连浩特市	63166	60	呼伦贝尔市牙克石市	47818
10	包头市白云矿区	61267	61	乌兰察布市化德县	47498
11	锡林郭勒盟西乌珠穆沁旗	61106	62	巴彦淖尔市乌拉特中旗	47394
12	阿拉善盟额济纳旗	59831	63	赤峰市松山区	47102
13	鄂尔多斯市鄂托克旗	59790	64	巴彦淖尔市乌拉特后旗	46768
14	锡林郭勒盟苏尼特左旗	59032	65	呼和浩特市土默特左旗	46515
15	通辽市霍林郭勒市	58834	66	呼伦贝尔市根河市	46471
16	乌兰察布市四子王旗	58795	67	呼和浩特市回民区	46343
17	锡林郭勒盟正蓝旗	58320	68	巴彦淖尔市乌拉特前旗	46301
18	包头市九原区	58156	69	乌兰察布市商都县	46141
19	包头市达尔罕茂明安联合旗	56980	70	赤峰市敖汉旗	46106
20	鄂尔多斯市乌审旗	56731	71	呼和浩特市玉泉区	46041
21	呼伦贝尔市满洲里市	56193	72	呼和浩特市清水河县	45380
22	包头市石拐区	56124	73	包头市东河区	44928
23	包头市青山区	55918	74	巴彦淖尔市临河区	44750
24	鄂尔多斯市杭锦旗	55893	75	呼伦贝尔市阿荣旗	44682
25	阿拉善盟阿拉善右旗	55692	76	赤峰市林西县	44606
26	鄂尔多斯市达拉特旗	55628	77	乌兰察布市察哈尔右翼前旗	44526
27	阿拉善盟阿拉善左旗	55618	78	乌兰察布市察哈尔右翼后旗	44403
28	呼伦贝尔市新巴尔虎右旗	55406	79	乌海市乌达区	44129
29	锡林郭勒盟阿巴嘎旗	55096	80	赤峰市宁城县	44069
30	锡林郭勒盟镶黄旗	54889	81	巴彦淖尔市杭锦后旗	44013
31	呼伦贝尔市海拉尔区	54848	82	通辽市奈曼旗	43256
32	赤峰市元宝山区	54732	83	兴安盟阿尔山市	42956
33	乌海市海南区	54695	84	赤峰市巴林左旗	42077
34	锡林郭勒盟东乌珠穆沁旗	54598	85	巴彦淖尔市五原县	41869
35	包头市昆都仑区	54550	86	乌兰察布市集宁区	41655
36	锡林郭勒盟锡林浩特市	54460	87	赤峰市巴林右旗	41484
37	乌兰察布市凉城县	54378	88	兴安盟扎赉特旗	41313
38	包头市固阳县	54377	89	呼伦贝尔市莫力达瓦达斡尔族自治旗	40874
39	呼伦贝尔市满洲里扎赉诺尔区	54223	90	呼伦贝尔市鄂伦春自治旗	40821
40	乌海市海勃湾区	54161	91	通辽市扎鲁特旗	40691
41	包头市土默特右旗	53912	92	通辽市科尔沁左翼后旗	40600
42	鄂尔多斯市鄂托克前旗	53551	93	兴安盟科尔沁右翼前旗	40434
43	锡林郭勒盟正镶白旗	53409	94	通辽市库伦旗	39970
44	赤峰市阿鲁科尔沁旗	51703	95	呼和浩特市武川县	39955
45	呼和浩特市和林格尔县	51260	96	乌兰察布市兴和县	39086
46	乌兰察布市察哈尔右翼中旗	51226	97	兴安盟突泉县	38740
47	呼和浩特市赛罕区	50295	98	通辽市科尔沁左翼中旗	38366
48	乌兰察布市丰镇市	50233	99	呼伦贝尔市扎兰屯市	37367
49	呼和浩特市新城区	49981	100	巴彦淖尔市磴口县	37146
50	赤峰市克什克腾旗	49922	101	兴安盟科尔沁右翼中旗	36109
51	锡林郭勒盟苏尼特右旗	49692	102	通辽市开鲁县	35026

21－17　各旗县(区)按公共财政预算收入排序(2013年)

位次	旗县(区)名称	公共财政预算收入(万元)	位次	旗县(区)名称	公共财政预算收入(万元)
1	鄂尔多斯市东胜区	966700	52	赤峰市喀喇沁旗	46915
2	鄂尔多斯市伊金霍洛旗	751100	53	呼伦贝尔市新巴尔虎右旗	46438
3	鄂尔多斯市准格尔旗	738600	54	赤峰市敖汉旗	45801
4	通辽市科尔沁区	451978	55	呼伦贝尔市扎兰屯市	45410
5	包头市昆都仑区	382942	56	乌兰察布市丰镇市	45380
6	包头市青山区	363051	57	通辽市奈曼旗	43132
7	呼和浩特市赛罕区	356872	58	赤峰市巴林左旗	42743
8	呼和浩特市新城区	326583	59	锡林郭勒盟正蓝旗	41804
9	鄂尔多斯市鄂托克旗	271700	60	锡林郭勒盟二连浩特市	40241
10	乌海市海勃湾区	246195	61	包头市石拐区	38145
11	阿拉善盟阿拉善左旗	238994	62	赤峰市翁牛特旗	36808
12	通辽市霍林郭勒市	228638	63	赤峰市巴林右旗	36011
13	锡林郭勒盟锡林浩特市	224869	64	呼和浩特市武川县	36010
14	鄂尔多斯市达拉特旗	190800	65	包头市固阳县	35471
15	鄂尔多斯市乌审旗	185400	66	乌兰察布市凉城县	35188
16	赤峰市红山区	181646	67	通辽市开鲁县	34613
17	包头市土默特右旗	178607	68	包头市白云矿区	34502
18	巴彦淖尔市临河区	171258	69	通辽市科尔沁左翼后旗	32661
19	锡林郭勒盟西乌珠穆沁旗	161972	70	赤峰市林西县	31283
20	包头市九原区	157797	71	呼和浩特市清水河县	30850
21	乌兰察布市集宁区	148483	72	呼伦贝尔市满洲里扎赉诺尔区	30606
22	呼和浩特市回民区	141477	73	赤峰市阿鲁科尔沁旗	30276
23	包头市达尔罕茂明安联合旗	133622	74	锡林郭勒盟多伦县	30051
24	呼和浩特市玉泉区	129517	75	乌兰察布市察哈尔右翼前旗	29937
25	赤峰市元宝山区	129138	76	兴安盟科尔沁右翼前旗	28541
26	呼伦贝尔市满洲里市	128086	77	乌兰察布市兴和县	28503
27	包头市东河区	126795	78	乌兰察布市卓资县	27162
28	乌海市海南区	120081	79	通辽市科尔沁左翼中旗	26140
29	锡林郭勒盟东乌珠穆沁旗	116871	80	锡林郭勒盟苏尼特右旗	25362
30	鄂尔多斯市鄂托克前旗	116600	81	呼伦贝尔市莫力达瓦达斡尔族自治旗	24380
31	呼伦贝尔市海拉尔区	111117	82	通辽市库伦旗	24364
32	通辽市扎鲁特旗	108037	83	乌兰察布市察哈尔右翼后旗	24117
33	呼和浩特市托克托县	103292	84	呼伦贝尔市额尔古纳市	21566
34	鄂尔多斯市杭锦旗	96400	85	兴安盟科尔沁右翼中旗	20537
35	呼和浩特市土默特左旗	93904	86	锡林郭勒盟镶黄旗	20140
36	呼和浩特市和林格尔县	93510	87	巴彦淖尔市磴口县	18951
37	赤峰市松山区	84131	88	锡林郭勒盟苏尼特左旗	18464
38	巴彦淖尔市乌拉特前旗	83528	89	乌兰察布市四子王旗	18132
39	乌海市乌达区	82138	90	乌兰察布市化德县	17019
40	巴彦淖尔市乌拉特中旗	82114	91	锡林郭勒盟阿巴嘎旗	16786
41	呼伦贝尔市鄂温克族自治旗	73533	92	乌兰察布市商都县	15543
42	兴安盟乌兰浩特市	72644	93	兴安盟扎赉特旗	15333
43	赤峰市克什克腾旗	70972	94	呼伦贝尔市鄂伦春自治旗	15130
44	巴彦淖尔市乌拉特后旗	63545	95	呼伦贝尔市根河市	13491
45	阿拉善盟额济纳旗	58302	96	呼伦贝尔市新巴尔虎左旗	13065
46	巴彦淖尔市杭锦后旗	57503	97	乌兰察布市察哈尔右翼中旗	12888
47	赤峰市宁城县	54788	98	阿拉善盟阿拉善右旗	10366
48	呼伦贝尔市牙克石市	52268	99	兴安盟阿尔山市	10137
49	巴彦淖尔市五原县	50009	100	锡林郭勒盟正镶白旗	9841
50	呼伦贝尔市陈巴尔虎旗	48888	101	兴安盟突泉县	9697
51	呼伦贝尔市阿荣旗	47544	102	锡林郭勒盟太仆寺旗	9316

二十二、盟市资料

神华煤制油

22－1 各盟市地区生产总值及第一产业增加值(2013年)

单位:亿元、%

地　　区	地区生产总值			第一产业增加值		
	2013	位　次	比上年增长	2013	位　次	比上年增长
全　区	**16832.40**		**9.0**	**1599.41**		**5.2**
呼和浩特市	2705.39	3	10.0	134.72	5	5.3
包　头　市	3424.75	2	9.3	98.65	8	5.2
呼伦贝尔市	1430.81	6	9.5	259.68	2	5.8
兴　安　盟	415.34	12	8.0	123.95	7	4.5
通　辽　市	1781.80	4	9.7	257.44	3	6.7
赤　峰　市	1686.15	5	9.2	260.93	1	5.4
锡林郭勒盟	902.40	7	10.1	91.50	10	5.7
乌兰察布市	833.79	9	9.0	130.98	6	5.2
鄂尔多斯市	**3955.90**	**1**	**9.6**	**95.69**	**9**	**3.3**
巴彦淖尔市	834.90	8	9.0	159.98	4	3.3
乌　海　市	575.09	10	10.5	5.05	12	5.0
阿拉善盟	4435	11	10.0	11.36	11	3.4

注:本表绝对额按当年价格计算,增长速度按可比价格计算。

22－2 各盟市第二产业增加值及全部工业增加值(2013年)

单位:亿元、%

地　　区	第二产业增加值			# 全部工业增加值		
	2013	位　次	比上年增长	2013	位　次	比上年增长
全　区	**9084.19**		**10.7**	**7944.40**		**11.3**
呼和浩特市	826.74	5	14.5	650.05	5	17.2
包　头　市	1696.96	2	10.8	1527.21	2	11.6
呼伦贝尔市	682.19	6	12.2	587.58	6	12.5
兴　安　盟	154.92	12	9.8	122.77	12	12.0
通　辽　市	1027.39	3	11.2	941.22	3	10.0
赤　峰　市	857.21	4	11.4	735.46	4	11.3
锡林郭勒盟	590.10	7	11.6	526.05	7	10.0
乌兰察布市	437.11	9	11.4	389.81	9	12.2
鄂尔多斯市	**2369.33**	**1**	**11.4**	**2109.53**	**1**	**11.6**
巴彦淖尔市	469.50	8	10.8	403.24	8	12.7
乌　海　市	375.95	10	11.8	337.04	11	11.6
阿拉善盟	358.30	11	10.6	338.58	10	10.8

注:本表绝对额按当年价格计算,增长速度按可比价格计算。

22－3　各盟市第三产业增加值及人均地区生产总值(2013年)

地　区	第三产业增加值(亿元)			人均地区生产总值(元)		
	2013	位　次	比上年增长(%)	2013	位　次	比上年增长(%)
全　区	**6148.78**		**7.1**	**67498**		**8.7**
呼和浩特市	1743.93	1	7.9	90941	5	8.3
包 头 市	1629.14	2	7.9	124586	3	7.8
呼伦贝尔市	488.95	6	7.7	56470	8	9.6
兴 安 盟	136.47	11	7.8	25629	12	8.2
通 辽 市	496.97	5	7.2	56955	7	9.9
赤 峰 市	568.01	4	6.8	39126	11	9.3
锡林郭勒盟	220.80	8	7.5	86790	6	9.8
乌兰察布市	265.70	7	6.8	39215	10	9.4
鄂尔多斯市	**1490.88**	**3**	**7.0**	**196728**	**1**	**9.1**
巴彦淖尔市	205.42	9	7.8	49996	9	9.0
乌 海 市	194.09	10	8.0	104420	4	9.5
阿 拉 善 盟	73.85	12	7.7	185757	2	9.3

注:本表绝对额按当年价格计算,增长速度按可比价格计算。

22－4　各盟市农林牧渔业总产值(2013年)

单位:亿元、%

地　区	农林牧渔业总产值	农业产值	林业产值	牧业产值	渔业产值	农林牧渔服务业	比上年增长
全　区	**2699.50**	**1328.07**	**96.14**	**1208.49**	**29.04**	**37.67**	**10.2**
呼和浩特市	235.06	89.06	3.12	138.07	2.64	2.17	10.2
包 头 市	176.87	58.46	0.83	114.49	1.08	2.01	10.8
呼伦贝尔市	431.13	240.03	32.08	141.78	11.52	5.72	10.0
兴 安 盟	209.46	114.52	6.78	83.95	1.73	2.48	9.0
通 辽 市	427.57	249.13	11.39	160.41	2.16	4.47	10.4
赤 峰 市	436.97	256.68	18.44	153.12	2.37	6.37	10.5
锡林郭勒盟	168.92	37.35	2.04	126.79	0.21	2.53	15.3
乌兰察布市	230.09	96.43	6.62	121.67	0.86	4.51	9.5
鄂尔多斯市	**165.51**	**75.61**	**6.63**	**78.22**	**2.01**	**3.04**	**8.9**
巴彦淖尔市	269.14	152.88	8.35	99.86	4.27	3.78	8.0
乌 海 市	8.86	3.68	0.32	4.60	0.07	0.19	7.2
阿 拉 善 盟	19.53	9.72	1.04	8.14	0.14	0.49	9.0

注:农林牧渔业总产值总量为现行价格,增长速度为可比价格。

22－5　各盟市粮食、油料产量及牲畜总头数(2013年)

单位:万吨、万头(只)、%

地　　区	粮食产量		油料产量		年末牲畜总头数		牧业年度牲畜总头数	
	2013	比上年增长	2013	比上年增长	2013	比上年增长	2013	比上年增长
全　区	**2773.0**	**9.7**	**158.1**	**9.0**	**11819.76**	**4.9**	**6743.31**	**1.0**
呼和浩特市	136.90	12.3	7.71	2.6	252.35	–3.3	368.50	–7.3
包 头 市	111.75	9.8	5.26	0.4	254.42	0.1	402.85	4.8
呼伦贝尔市	600.60	6.2	30.95	0.4	856.94	0.9	1881.96	2.7
兴 安 盟	400.00	17.5	4.77	1.3	623.35	0.6	984.46	12.2
通 辽 市	663.00	9.0	11.35	0.0	1079.41	–1.0	1888.04	10.0
赤 峰 市	525.10	5.0	12.85	–0.1	942.92		1963.19	5.8
锡林郭勒盟	36.65	12.3	1.94	2.1	697.79	10.2	1288.19	9.3
乌兰察布市	118.50	33.9	4.90	1.2	503.98	1.0	660.53	–6.4
鄂尔多斯市	**155.05**	**6.9**	**8.75**	**1.2**	**758.26**	**0.9**	**1223.52**	**1.3**
巴彦淖尔市	215.50	10.2	67.55	1.4	735.80	0.8	973.47	5.5
乌 海 市	4.10	7.9	0.15	–2.7	11.68	–0.5	14.67	18.9
阿拉善盟	18.60	3.9	1.94	–1.5	134.99	–7.8	170.37	0.2

22－6　各盟市规模以上工业企业主要指标(2013年)

地　　区	工业企业单位数(个)		工业企业增加值比上年增长(%)	主营业务收入(亿元)		利税总额(亿元)	
	2013	比上年增加		2013	比上年增长(%)	2013	比上年增长(%)
全　区	**4377**	**133**	**12.0**	**19550.83**	**10.7**	**2747.51**	**–4.4**
呼和浩特市	281	8	18.1	1722.54	38.0	269.17	41.9
包 头 市	654	36	12.4	3190.36	5.2	354.11	0.4
呼伦贝尔市	409	15	13.2	1301.14	24.3	236.54	62.0
兴 安 盟	179	9	11.5	299.32	16.4	46.53	18.4
通 辽 市	601	–15	12.2	2886.61	14.9	291.91	3.0
赤 峰 市	563	31	12.2	1994.18	10.5	187.10	–6.5
锡林郭勒盟	376	28	13.3	922.45	11.9	143.91	–17.1
乌兰察布市	388	6	13.8	1032.11	20.8	57.04	48.5
鄂尔多斯市	**390**	**19**	**12.7**	**4407.33**	**3.1**	**1301.42**	**5.5**
巴彦淖尔市	280	5	12.2	793.68	10.0	63.57	–14.8
乌 海 市	154	1	14.2	678.53	2.1	112.01	18.8
阿拉善盟	127	17	12.2	454.10	6.8	38.27	–20.1

22－7 各盟市社会消费品零售总额(2013 年)

单位:亿元、%

地　区	社会消费品零售总额	比上年增长	按销售单位所在地分		
			城　镇	其中:城区	乡　村
全　区	5075.2	11.8	4475.3	3429.7	638.9
呼和浩特市	1142.3	11.8	1042.3	983.9	100.0
包 头 市	1085.7	11.5	1065.0	995.6	20.7
呼伦贝尔市	456.7	12.9	397.2	241.2	59.5
兴 安 盟	173.1	11.4	145.9	96.5	27.2
通 辽 市	372.4	11.0	264.8	143.4	107.6
赤 峰 市	530.7	13.2	434.2	259.8	96.5
锡林郭勒盟	186.2	12.2	148.9	82.1	37.3
乌兰察布市	242.8	12.4	186.1	86.5	56.7
鄂尔多斯市	559.5	10.5	461.4	358.2	98.1
巴彦淖尔市	194.5	12.6	169.5	83.6	25.0
乌 海 市	114.0	13.1	114.0	85.1	
阿拉善盟	56.3	9.9	51.6	21.2	4.7

22－8 各盟市固定资产投资(2013 年)

单位:亿元、%

地　区	2013	比上年增长	城　镇	房地产开发	乡　村
全　区	15375.73	18.4	14935.13	1479.01	440.6
呼和浩特市	1499.83	15.6	1498.79	581.68	1.0
包 头 市	2991.37	18.0	2979.34	206.47	12.0
呼伦贝尔市	1080.03	20.1	1049.66	107.98	30.4
兴 安 盟	513.95	14.6	506.94	33.93	7.0
通 辽 市	1577.65	23.1	1462.33	69.19	115.3
赤 峰 市	1567.47	18.5	1429.27	147.17	138.2
锡林郭勒盟	721.49	17.1	710.56	52.48	10.9
乌兰察布市	800.67	23.1	731.96	30.97	68.7
鄂尔多斯市	2996.04	16.6	2976.38	137.56	19.7
巴彦淖尔市	803.17	14.6	777.23	58.29	25.9
乌 海 市	416.97	20.3	416.93	47.86	
阿拉善盟	303.17	26.1	291.84	5.42	11.3

22－9 各盟市城乡收入及在岗职工平均工资(2013年)

单位:元、%

地区	城镇常住居民人均可支配收入			农村牧区常住居民可支配收入			在岗职工平均工资		
	2013	位次	比上年增长	2013	位次	比上年增长	2013	位次	比上年增长
全区	**26005**		**10.1**	**8985**		**12.9**	**51388**		**9.2**
呼和浩特市	32003	3	9.1	11398	5	12.1	48635	7	9.5
包头市	32694	1	9.2	11547	4	12.1	53100	5	3.8
呼伦贝尔市	22616	7	10.2	9642	8	13.4	49810	6	8.5
兴安盟	18800	12	11.2	6382	12	13.8	42651	12	12.1
通辽市	21349	8	11.6	8924	9	13.2	42929	11	12.1
赤峰市	21148	9	11.4	7284	10	13.3	47751	8	7.2
锡林郭勒盟	25666	6	10.7	10050	7	13.3	56972	2	19.5
乌兰察布市	20895	10	10.4	6964	11	13.7	45588	9	10.3
鄂尔多斯市	**32243**	**2**	**9.0**	**12107**	**2**	**12.1**	**68231**	**1**	**2.0**
巴彦淖尔市	20674	11	10.1	11045	6	12.7	44272	10	9.6
乌海市	28802	4	10.2	11878	3	13.1	53191	4	11.9
阿拉善盟	27399	5	9.7	12869	1	12.8	55921	3	3.8

注:本表绝对额按当年价格计算,增长速度按可比价格计算。

22－10 各盟市财政收支主要指标(2013年)

单位:亿元、%

地区	地方财政总收入			公共财政预算收入		公共财政预算支出		
	2013	位次	增长	2013	增长	2013	位次	增长
全区	**2658.42**		**6.5**	**1719.54**	**10.7**	**3682.15**		**7.5**
呼和浩特市	360.05	2	13.8	182.02	1.9	292.90	6	6.4
包头市	345.00	3	5.6	215.02	15.8	355.20	2	22.0
呼伦贝尔市	151.18	4	4.3	87.14	9.8	314.02	4	6.7
兴安盟	43.34	12	10.1	18.73	6.4	166.74	10	9.7
通辽市	149.34	5	7.3	103.63	16.2	298.32	5	16.7
赤峰市	149.18	6	8.1	91.18	22.3	347.02	3	6.6
锡林郭勒盟	143.29	7	7.0	75.63	15.9	185.59	9	10.2
乌兰察布市	76.17	10	9.4	42.45	22.0	251.29	7	7.5
鄂尔多斯市	**855.37**	**1**	**15.2**	**440.02**	**17.2**	**518.47**	**1**	**7.3**
巴彦淖尔市	97.69	9	8.1	57.93	16.8	192.34	8	5.2
乌海市	102.66	8	8.6	68.49	25.9	90.74	12	14.4
阿拉善盟	65.58	11	8.0	45.19	25.8	93.16	11	23.7

22－11 各盟市主要年份常住人口

单位：万人

地　　区	2004	2005	2006	2007	2008	2009	2010	2011	2012	2013
全　　区	**2392.66**	**2403.11**	**2415.05**	**2428.83**	**2444.33**	**2458.22**	**2472.18**	**2481.71**	**2489.85**	**2497.61**
呼和浩特市	259.10	263.70	267.84	271.78	277.03	282.16	287.36	291.19	294.88	300.11
包 头 市	242.35	244.88	248.37	252.56	256.63	261.09	265.61	269.29	273.16	276.62
呼伦贝尔市	260.70	259.36	258.43	257.15	256.13	255.35	254.62	253.97	253.47	253.19
兴 安 盟	161.54	161.50	161.49	161.35	161.42	161.35	161.32	160.99	160.73	160.34
通 辽 市	310.56	311.07	312.17	312.51	313.13	313.70	314.01	313.64	313.25	312.75
赤 峰 市	443.89	443.06	442.86	441.59	438.83	436.29	433.84	431.93	431.30	430.62
锡林郭勒盟	99.52	100.21	100.55	101.00	101.69	102.26	102.86	103.31	104.06	103.89
乌兰察布市	221.56	218.92	217.44	216.85	215.93	214.97	214.06	213.46	212.94	212.30
鄂尔多斯市	**154.49**	**160.45**	**164.77**	**171.65**	**180.72**	**187.82**	**194.95**	**199.93**	**200.42**	**201.75**
巴彦淖尔市	170.04	169.85	169.79	169.55	168.64	167.81	166.92	166.33	166.92	167.06
乌 海 市	47.68	48.70	49.65	50.80	51.78	52.61	53.45	54.14	54.84	55.31
阿拉善盟	21.23	21.41	21.69	22.04	22.40	22.79	23.19	23.53	23.88	23.85